“十三五”国家重点图书出版物出版规划项目
改革开放四十年中国职工状况丛书

中国职工状况调查数据

1978－2018

本书编辑组◎编

中国工人出版社

图书在版编目（CIP）数据

中国职工状况调查数据：1978—2018 / 本书编辑组编.
—北京：中国工人出版社，2018.12
ISBN 978-7-5008-7103-3

Ⅰ. ①中… Ⅱ. ①本… Ⅲ. ①职工构成—调查报告—中国—1978—2018
Ⅳ. ①D412.7

中国版本图书馆CIP数据核字（2018）第288412号

中国职工状况调查数据（1978—2018）

出 版 人	王娇萍
责任编辑	罗荣波
责任校对	孙迺伟
责任印制	栾征宇
出版发行	中国工人出版社
地　　址	北京市东城区鼓楼外大街45号　邮编：100120
网　　址	http://www.wp-china.com
电　　话	（010）62005043（总编室）　（010）62005039（出版物流部） （010）82075935（工会与劳动关系分社）
发行热线	（010）62004002　62033018　62046264　（010）82081553（传真）
经　　销	各地书店
印　　刷	三河市东方印刷有限公司
开　　本	710毫米×1000毫米　1/16
印　　张	18
字　　数	300千字
版　　次	2018年12月第1版　2018年12月第1次印刷
定　　价	48.00元

目录
CONTENTS

第一次中国职工状况调查数据

（1982 年）

统计数据表

1. 工人阶级现状调查综合统计表

单位：人

一、政治情况		占调查人数%
调查人数	183,611	
党　　员	42,734	23.3
团　　员	20,964	11.4
群　　众	119,913	65.3
二、性别		占调查人数%
调查人数	183,611	
男	141,465	77.0
女	42,146	23.0
三、职工分类		占调查人数%
调查人数	183,611	
生产车间工人	137,470	74.9
生活后勤工人	12,525	6.8
工程技术人员	11,861	6.5
管理人员	21,755	11.8
四、参加工作时间		占调查人数%
调查人数	183,611	
新中国成立前	6,178	3.3
1949—1956 年	29,316	16.0
1957—1965 年	36,511	19.9
1966—1976 年	69,395	37.8
粉碎“四人帮”以后	42,211	23.0
五、来源		占调查人数%
调查人数	183,611	
工　　人	17,984	9.8
复转军人	25,057	13.6
学　　生	72,882	39.7
农　　民	22,825	12.5
上山下乡知识青年	29,795	16.2
待业青年	10,314	5.6
其　　他	4,754	2.6
六、家庭出身		占调查人数%
调查人数	183,611	
工　　人	49,233	26.8
农　　民	106,828	58.1
职　　员	4,975	2.7
干　　部	5,251	2.9
革命军人	1,207	0.7
城市贫民	7,539	4.1
其　　他	8,578	4.7
七、文化程度		占调查人数%
调查人数	183,611	
文　　盲	2,989	1.7
小　　学	39,862	21.7
初　　中	83,931	45.7
高　　中	31,799	17.3
技工学校	6,063	3.3
中　　专	11,064	6.0
大　　学	7,903	4.3
八、工人技术等级		占调查人数%
调查人数	141,219	
徒　　工	6,688	4.7
一 级 工	7,857	5.6
二 级 工	39,767	28.2
三 级 工	35,023	24.8
四 级 工	21,465	15.2
五 级 工	15,748	11.1
六 级 工	10,433	7.4
七 级 工	2,645	1.9
八 级 工	386	0.3
辅 助 工	1,207	0.8
九、工程技术人员和管理人员技术职称		
调查人数	33,616	占有技术职称人数%
有技术职称者	8,602	
技　　师	582	6.8
技 术 员	2,204	25.6
助理工程师	2,968	34.5
工程师	2,792	32.5
高级工程师	56	0.6
十、工程技术人员和管理人员年龄		占调查人数%
调查人数	31,163	
30 岁以下	4,594	14.7
31—39 岁	8,691	27.9
40—49 岁	11,747	37.7
50—59 岁	5,677	18.2
60 岁以上	454	1.5

续表

十一、家庭生活水平		占调查人数%	**先进人物**		
调查人数	164,089		劳动模范	729	0.5
比较富裕	26,474	16.1	先进生产者	17,516	11.7
中　　等	61,203	37.3	新长征突击手	1,972	1.3
能够维持	53,837	32.8	三八红旗手	1,938	1.3
比较困难	22,575	13.8	为四化立功者	7,374	4.9
十二、业余从事劳动	110		**十七、职工违法乱纪情况**		占调查人数%
十三、工人参加业余学习情况			调查人数	183,611	
调查人数	149,995	占参加学习人数%	违法乱纪人数	2,557	1.4
参加学习的人数	51,690		贪　　污	14	—
厂办业校	10,794	20.9	盗　　窃	477	—
市、区业校	1,217	2.4	投机倒把	36	—
电视大学	1,358	2.6	走　　私	7	—
各种技术学习	27,806	53.8	流　　氓	291	—
本厂技校	8,287	16.0	打架斗殴	738	—
自　　学	2,228	4.3	责任事故	277	—
十四、工程技术人员和管理人员参加业余学习情况			旷　　工	170	—
			搞非法刊物或非法组织	19	—
调查人数	33,616	占参加学习人数%	其　　他	528	—
参加学习的人数	18,868		**十八、退休职工情况**		
学政治	3,817	20.2	调查人数	22,667	占调查人数%
学管理	2,735	14.5	继续上班拿补差	2,423	10.7
学技术	5,882	31.2	在外厂拿高工资、补贴	2,001	8.8
学外文	4,217	22.3			
学文化	2,217	11.8	当各种顾问不拿报酬	10	0.04
十五、工人中各类班组长		占工人总数%	在街道搞社会活动	301	2.3
生产班组长	15,441	10.3	搞个体劳动	517	1.3
党小组长	4,179	2.8	搞投机倒把等非法活动	13	0.06
工会小组长	9,944	6.6			
团小组长	2,584	1.7	在　　家	16,888	74.5
十六、工人中各类		占工人总数%	其　　他	514	2.3

注：1. 这个统计表是根据十一个单位的《工人阶级现状调查统计表》综合的。
2. 一至七项的调查人数都是183,611人。
3. 第八项“工人技术等级”统计了141,219人，广州远洋运输公司的8,776名工人未统计在内。
4. 第十一项“家庭生活水平”统计了164,089人，广州远洋运输公司的12,634人没有统计。
北京第三建筑公司只统计了一工区的1,607人，其余6,888人没有统计。
5. 第十八项“退休职工情况”只调查了部分退休职工的情况。
6. 此表各项统计，广州远洋运输公司只统计船上人员。

2. 退休职工情况

单位:人

单　　位	总　数	退休后断续劳动拿补差工资	外厂聘用拿高额工资补　贴	当各类顾问不拿补差工　资	在街道等处搞社　会活　动	在家	搞个体劳　动	搞投机倒把等非　法活　动	其他
总　计	22,667	2,423	2,001	10	301	16,888	517	13	514
北京第三建筑公司	903	8	457	—	7	427	4	—	—
郑州铁路分局	7,693	824	967	—	38	5,231	344	7	282
大 连 造 船 厂	3,254	519	174	3	36	2,348	33	3	138
上海第一百货商店	947	80	6	—	6	852	—	2	1
鞍钢所属八个单位	1,952	154	86	—	19	1,584	99	1	9
大同永定庄煤矿	1,241	115	—	—	1	1,119	6	—	—
大庆油田所属十三个单位	1,360	110	14	7	34	1,155	4	—	36
南京无线电厂	894	238	220	—	13	375	8	—	40
上海第十七棉纺织厂	663	25	16	—	108	511 —	—	3	
长春第一汽车制造厂	3,603	346	61	—	30	3,142	19	—	5
广州远洋运输公司	157	4	—	—	9	144	—	—	—

注:有的单位只统计部分退休职工。

职工思想状况的书面调查统计表

1. 对党的十一届三中全会以来的方针政策的认识 书面调查之一

单位:人

调查项目	调查人数	赞成		不赞成		不关心		不知道		其他	
		人数	占调查人数的%	人数	占调查人数的%	人数	占调查人数的%	人数	占调查人数的%	人数	占调查人数的%
实行全党工作重点转移	20,433	17,795	87.3	41	0.2	571	2.8	1,260	6.2	766	3.7
平反刘少奇同志冤案	20,433	18,384	90.0	91	0.4	683	3.3	625	3.1	650	3.2
落实知识分子政策	19,971	16,759	83.9	143	0.7	1,174	5.9	929	4.7	966	4.8
农村推行各种形式责任制	20,433	14,181	69.4	912	4.5	1,678	8.2	2,337	11.4	1,325	6.5
企业实行经济责任制	20,433	17,238	84.4	190	0.9	757	3.7	1,118	5.5	1,130	5.5
实行对外开放政策	20,433	15,230	74.6	433	2.1	1,429	7	1,745	8.5	1,596	7.8
给已改造为劳动者的原地富分子改订成分	20,433	15,175	74.3	535	2.6	1,713	8.4	1,567	7.7	1,443	7.0
改正错划右派案件	20,433	16,560	81.1	205	1.0	1,247	6.1	1,234	6.0	1,187	5.8
取消"四大"	20,433	13,804	67.6	1,904	9.3	1,394	6.8	1,863	9.1	1,468	7.2
公开审判林彪江青反革命集团	20,353	18,499	90.9	144	0.7	517	2.5	430	2.1	763	3.7
实行民主选举干部	20,433	17,807	87.1	269	1.3	772	3.8	613	3.0	972	4.8
打击经济领域的犯罪活动	20,433	19,214	94.1	27	0.1	238	1.2	312	1.5	642	3.1
精简机构,轮训干部	20,433	17,823	87.3	67	0.3	745	3.6	849	4.2	949	4.6

注:1. 落实知识分子政策一项,有一个调查组在书面调查时遗漏了,这项总人数少了462人。
2. 公审林彪江青反革命集团一项,有一个调查组少统计了80人。
3. 未表态的人数统计在"其他"项内。

2. 老中青职工对党的方针政策的态度比较

单位:人

调查项目	调查人数	其中			赞成							
		老年职工	中年职工	青年职工	小计	占调查人数的%	老年职工	占老职工的%	中年职工	占中年职工的%	青年职工	占青年职工的%
实行全党工作重点转移	9,499	1,737	2,659	5,103	8,306	87.4	1,592	91.6	2,366	88.9	4,348	85.2
平反刘少奇同志冤案	9,499	1,737	2,659	5,103	8,435	88.8	1,614	92.9	2,427	91.2	4,394	86.1
落实知识分子政策	9,037	1,705	2,579	4,753	7,619	84.3	1,505	88.2	2,249	87.2	3,865	81.3
农村推行各种形式责任制	9,499	1,737	2,659	5,103	6,728	70.8	1,383	79.6	1,946	73.1	3,399	66.6
企业实行经济责任制	9,499	1,737	2,659	5,103	8,086	85.1	1,548	89.1	2,285	85.9	4,253	83.3
实行对外开放政策	9,499	1,737	2,659	5,103	7,292	76.7	1,395	80.3	2,089	78.5	3,808	74.6
给已改造为劳动者的原地富分子改订成分	9,499	1,737	2,659	5,103	7,115	74.9	1,427	82.1	2,103	79.0	3,585	70.2
改正错划右派案件	9,499	1,737	2,659	5,103	7,795	82.0	1,519	87.4	2,277	85.6	3,999	78.3
取消“四大”	9,499	1,737	2,659	5,103	6,550	68.9	1,403	80.7	1,839	69.1	3,308	64.8
公开审判林彪、江青反革命集团	9,419	1,737	2,659	5,023	8,611	91.4	1,620	93.2	2,445	91.9	4,546	90.5
实行民主选举干部	9,499	1,737	2,659	5,103	8,316	87.5	1,509	86.8	2,318	87.1	4,489	87.9

注:1. 此表只有郑州铁路分局所属三个单位、南京无线电厂、广州远洋运输公司、上海市第一百货商店部分老中青职工的统计。
2. 表中老年职工是指1959年以前参加工作的,中年职工是指1957年至1965年参加工作的,青年职工是指1966年以来参加工作的。

（续）

老中青职工对党的方针政策的态度比较

单位：人

调查项目	不赞成								不关心				不知道				其他			
	小计	占调查人数的%	老年职工	占老职工的%	中年职工	占中年职工的%	青年职工	占青年职工的%	小计	老年职工	中年职工	青年职工	小计	老年职工	中年职工	青年职工	小计	老年职工	中年职工	青年职工
实行全党工作重点转移	11	0.1	2	0.1	4	0.2	5	0.09	296	16	64	216	465	68	98	299	421	59	127	235
平反刘少奇同志冤案	32	0.3	4	0.2	7	0.4	21	0.4	393	22	76	295	254	23	46	185	385	74	103	208
落实知识分子政策	44	0.5	10	0.6	14	0.8	20	0.4	587	42	106	439	364	51	90	223	423	97	120	206
农村推行各种形式责任制	354	3.7	38	2.2	108	6.2	208	4.0	906	60	187	659	908	124	234	550	603	132	184	287
企业实行经济责任制	63	0.7	3	0.2	19	1.0	41	0.8	396	29	90	277	423	46	120	257	531	111	145	275
实行对外开放政策	207	2.2	59	3.4	69	4.0	79	1.5	750	71	171	508	661	80	158	423	589	132	172	285
给已改造为劳动者的原地富分子改订成分	211	2.2	35	2.0	57	2.1	119	2.3	940	73	197	670	656	79	145	432	577	123	157	297
改正错划右派案件	70	0.7	16	0.9	22	0.8	32	0.6	695	44	138	513	446	46	94	306	493	112	128	253
取消“四大”	856	9.0	126	7.3	300	11.2	430	8.4	766	45	174	547	689	51	154	484	638	112	191	335
公开审判林彪、江青反革命集团	55	0.6	8	0.5	22	0.8	25	0.5	272	17	47	208	162	15	31	116	319	77	114	128
实行民主选举干部	123	1.3	54	3.1	34	1.2	35	0.7	421	44	104	273	238	34	65	139	401	96	138	167

3. 职工对工作目的和理想的认识

书面调查之二 单位：人

单位	调查人数	你工作和劳动的目的是什么？										你的最高理想是什么？											
		为建设社会主义强国	为国富民强	为把本厂办好改善福利	为个人有所成就	为生存的需要	为建立幸福的小家庭	为了赚钱	为吃好玩好穿好	不知道	其他	为实现共产主义	为实现四个现代化	使祖国强大	使本厂有名气	当个好工人好干部	自己有个好职业	自己有名有利生活舒适	好好干活多赚钱	有一个幸福的小家庭	找一个漂亮的爱人	不知道	其他
总 计	20,600	8,698	7,128	2,350	810	3,136	1,481	971	896	102	186	6,362	4,739	5,454	578	2,266	1,533	554	1,535	1,725	335	230	347
占调查人数的%	—	42.2	34.6	11.4	3.9	15.2	7.2	4.7	4.3	0.5	0.9	30.9	23.0	26.5	27.9	11.0	7.4	2.7	7.5	8.4	1.6	1.1	1.7
北京第三建筑公司	2,120	690	607	92	33	324	67	90	62	10	12	475	284	470	19	195	111	54	162	139	33	25	20
郑州铁路分局	3,813	1,900	1,065	186	49	299	126	33	52	18	85	1,495	683	835	40	254	118	20	91	138	23	30	86
大连造船厂	1,446	657	493	37	18	122	50	32	25	6	6	469	320	269	8	166	54	7	52	68	6	12	15
上海第一百货商店	391	92	197	64	27	122	100	61	24	2	1	35	127	126	3	43	74	29	97	108	5	1	9
鞍钢所属八个单位	1,455	613	506	70	16	126	46	30	25	9	14	503	314	281	4	143	45	11	60	57	10	5	22
大同永定庄煤矿	2,398	921	677	171	29	238	143	142	61	7	9	564	542	419	14	150	143	27	207	207	56	17	52

续表

单位	调查人数	你工作和劳动的目的是什么？										你的最高理想是什么？											
		为建设社会主义强国	为国富民强	为把本厂办好改善福利	为个人有所成就	为生存的需要	为建立幸福的小家庭	为了赚钱	为吃好玩好穿好	不知道	其他	为实现共产主义	为实现四个现代化	使祖国强大	使本厂有名气	当个好工人好干部	自己有个好职业	自己有名有利生活舒适	好好干活多赚钱	有一个幸福的小家庭	找一个漂亮的爱人	不知道	其他
大庆油田所属十三个单位	994	440	233	53	52	116	39	20	35	2	1	345	148	153	14	94	95	16	53	41	17	5	11
南京无线电厂	4,838	1,465	1,522	462	115	737	161	76	106	32	45	1,018	875	1,250	80	333	266	101	236	248	27	103	105
上海第十七棉纺织厂	960	536	463	383	150	318	213	204	162	11	5	412	412	394	141	249	246	85	203	162	54	13	5
长春第一汽车制造厂	1,723	1,073	1,012	637	195	501	296	143	214	4	3	806	783	898	188	459	234	121	206	302	51	17	17
广州远洋运输公司	462	311	353	195	126	233	240	140	130	1	5	240	251	359	67	180	147	83	168	255	53	2	5

注：1. 此表的调查总人数比《书面调查》之一的人数多了167人，原因是大同矿多调查了167人。
2. 上海第十七棉纺织厂、广州远洋运输公司、上海第一百货商店、长春第一汽车制造厂有许多人在一个问题里划了二项或二项以上，所以各项人数之和超过调查总人数。

4. 职工对当前主要弊病的看法和他们认为最高兴、最烦恼的事

书面调查之三　　单位：人

单位	调查人数	你认为当前的主要弊病是什么？						你最感烦恼的事是什么？								
		干部特殊化	社会风气不正	政策不合适	民主和法制不健全	制度不优越	其他	物价上涨	党风不正	不求人办不成事	扣分扣奖	人缘关系紧张	小孩无人照顾	住房紧张	业余时间开会	其他
总计	20,618	8,957	9,553	906	1,854	544	800	6,798	4,821	4,646	680	608	950	4,497	792	1,221
占调查人数的%	—	43.4	46.3	4.4	9.5	2.6	3.9	33.0	23.4	22.5	3.3	2.9	4.6	21.8	3.8	5.9
北京第三建筑公司	2,120	802	816	84	134	47	62	611	471	271	12	32	59	394	25	70
郑州铁路分局	3,813	1,392	1,840	60	252	61	208	1,068	876	737	60	41	150	595	71	215
大连造船厂	1,446	539	652	62	90	12	91	449	365	135	8	31	94	287	11	66
上海第一百货商店	391	148	178	6	14	19	5	136	41	42	7	10	18	121	2	8
鞍钢所属八个单位	1,455	739	498	26	90	14	88	438	282	260	17	16	40	277	27	98
大同永定庄煤矿	2,416	1,128	1,009	41	88	26	121	319	373	943	20	24	53	402	24	258
大庆油田所属十三个单位	994	315	514	24	81	12	33	206	289	323	14	25	10	52	51	13
南京无线电厂	4,838	1,835	1,995	138	346	72	119	1,699	736	563	47	64	128	780	150	419
上海第十七棉纺织厂	960	482	580	142	140	111	16	500	233	289	318	103	102	443	213	21
长春第一汽车制造厂	1,723	1,224	1,135	204	429	90	23	1,010	895	770	133	151	140	866	131	24
广州远洋运输公司	462	353	336	116	190	80	34	362	260	313	44	111	156	280	87	29

注：1. 大同永定庄煤矿此表调查人数比表一多185人。
2. 上海第十七棉纺织厂、广州远洋运输公司、上海第一百货商店，长春第一汽车制造厂有许多人在一个问题里划了二或二项以上，所以各项人数之和，超过调查总人数。

职工对当前主要弊病的看法和他们认为最高兴、最烦恼的事　　书面调查之三

单位：人

单位	你最高兴的事是什么？										
	实行计件工资	换个好工种	有一套好住房	入党入团当先进	搞好本职工作	身体健康	学习与旅游	有好名声	有好师傅	国富民强	其他
总计	1,200	1,230	3,304	1,138	4,284	4,771	1,453	390	547	6,070	569
占调查人数的%	5.8	6.0	16.0	5.5	20.8	23.1	7.0	1.9	2.7	29.4	2.8
北京第三建筑公司	41	86	297	68	323	372	88	20	20	591	39
郑州铁路分局	295	176	319	211	881	464	133	29	74	1,078	153
大连造船厂	65	30	182	55	250	309	51	3	4	452	45
上海第一百货商店	7	6	82	5	52	141	30	3	2	57	4
鞍钢所属八个单位	93	43	213	88	246	197	60	14	17	435	49
大同永定庄煤矿	75	90	289	92	337	595	68	36	27	728	79
大庆油田所属十三个单位	36	83	28	65	237	135	80	20	17	275	14
南京无线电厂	131	230	720	106	715	1,118	419	36	43	992	135
上海第十七棉纺织厂	167	198	283	129	353	470	206	93	138	331	9
长春第一汽车制造厂	205	176	670	249	620	693	221	92	115	793	22
广州远洋运输公司	85	112	221	70	270	277	97	44	90	338	20

5. 职工业余活动情况

书面调查之四

单位：人

单位	调查人数	参加政治学习		参加业余化业务学习		家务劳动		读报纸		看小说		看电视电影		从事体育活动		钓鱼养花		打牌下棋		串门聊天		谈恋爱		从事有收入的劳动		上下班路途时间		其他	
		人数	每周平均小时	人数	每周平均小时	人数	每周平均小时	人数	每周平均小时	人数	每周平均小时	人数	每周平均小时	人数	每周平均小时	人数	每周平均小时	人数	每周平均小时	人数	每周平均小时	人数	每周平均小时	人数	每周平均小时	人数	每周平均小时	人数	每周平均小时
北京第三建筑公司	2,120	975	2.4	379	5.7	1,564	13.7	1,312	3.5	537	4.8	1,663	8.7	405	3.8	228	2.0	293	4.2	331	3.6	110	7.8	18	18.4	1,913	10.1	128	8.4
上海第一百货商店	391	347	2.0	149	4.4	336	18.0	298	4	176	5.1	319	5.5	52	2.9	28	1.9	13	3.4	84	3.5	40	4.2	23	21.0	371	6.8	17	10.2
鞍钢所属八个单位	1,455	752	3.2	275	6.1	798	13.5	538	3.6	323	5.3	646	7.4	237	4.0	114	1.8	153	3.5	140	3.9	26	5.1	16	11.4	905	8.5	24	10.1
大同永定庄煤矿	2,258	1,207	4.0	565	3.9	1,379	8.6	790	3.2	527	4.0	1,161	8.4	228	3.2	98	1.5	209	3.9	144	4.6	76	4.6	62	14.0	1,734	9.0	29	4.9
南京无线电厂	4,838	2,214	3.3	1,498	5.6	1,983	17.2	1,582	14.6	1,230	4.4	1,983	7.0	1,042	3.4	257	2.1	410	4.0	508	3.2	195	3.8	339	5.3	2,102	6.5	511	4.1
上海第十七棉纺织厂	200	200	1.5	87	3.2	136	1.8	114	0.7	60	0.9	123	1.2	18	3.4	8	0.4	9	0.4	20	2.5	7	2.4	3	4.8	151	1.2	—	—

第二次中国职工状况调查数据

（1986 年）

《职工队伍状况调查征询问卷》综合统计表(%)

(1)您的职务

工人	干部	专业技术人员
70.17	16.92	12.92

(2)您的性别

男	女
61.85	38.16

(3)您的年龄

25岁以下	26~35岁	36~45岁	46岁以上
21.74	35.37	25.61	17.30

(4)您的学历

识字不多	小学	初中	高中、中专	大专、大学
2.44	11.72	43.02	33.18	9.68

(5)您参加哪些党派组织

中共党员	共青团员	民主党派	没参加
21.12	27.21	0.35	51.34

(6)您参加工作的时间

新中国成立以前	新中国成立至1958年	1959~1965年	1966~1976年	1977年以后
1.94	13.13	13.43	34.68	36.64

（7）您的月基本工资收入

	50 元以下	50～60 元	60～70 元	70～85 元	85～100 元	100 元以上
1979 年	46.13	15.62	9.41	6.24	2.23	0.82
1986 年	15.45	21.89	19.43	20.14	10.91	10.52

注：(1)调查总人数 647,112 人；(2)各栏目数据系百分比；(3)各栏目比例不含弃权数，相加不等于百分之百。

（8）您每月的奖金和津贴大约是

不足 10 元	10～20 元	20～30 元	30～40 元	40～50 元	50 元以上
24.62	39.55	19.23	7.98	3.35	2.32

（9）您家庭的人口数

一人	二人	三人	四人	五人	六人	七人以上
1.52	4.95	31.31	24.19	19.36	10.69	7.79

（10）您家庭成员就业人数

	一人	二人	三人	四人	五人以上
1979 年	18.85	50.56	10.69	6.10	4.26
1986 年	9.73	51.48	15.97	12.13	8.57

（11）您家庭每人每月平均收入（含补贴）

	25 元以下	25～35 元	35～50 元	50～60 元	60～70 元	70 元以上
1979 年	37.00	26.90	17.78	6.08	2.27	1.45
1986 年	9.25	21.78	29.27	18.93	10.44	10.37

（12）您家庭平均每人住房居住面积（不含厨房、厕所、阳台、楼道等）

2 平方米	2～2.9 平方米	3～3.9 平方米	4～4.9 平方米	5 平方米以上	其他
5.57	9.69	15.50	18.15	41.70	7.64

(13)您认为与1979年相比您家的生活水平现在是

提高很多	有所提高	没有变化	略有下降	下降很多
8.98	74.07	11.78	3.84	1.10

(14)您认为2000年我国年工农业总产值翻两番能否办到

能提前办到	有可能办到	把握不大	不能办到	看不清楚
13.71	58.04	11.57	1.53	14.84

(15)您对我国的经济体制改革的认识是

符合马列主义理论,是一条具有中国特色的社会主义道路	34.36
强国富民的必由之路	33.32
社会主义的原则,资本主义的模式	14.77
经济效益好,但性质不清楚	13.33
和资本主义差不多	2.59
其他	1.86

(16)您认为体制改革和您个人的关系是

搞好改革人人有责	搞好改革改善生活	有利于发挥自己的才能和智慧	改革就是承包,可以多挣钱	弊多利少
36.18	36.04	13.50	7.65	5.47

(17)您对我国实行对外开放政策的看法是

建设有中国特色的社会主义的重要政策	28.15
实现四化不可缺少的条件	33.28
促进四化建设是主要方面,但也会带来腐朽思想等消极影响	31.52
妨碍民族工业发展	2.94
与过去的门户开放没什么区别	2.37
其他	1.10

（18）您对发展个体经济的看法是

发展社会主义经济的必要补充	30.22
虽然不是社会主义性质，但对发展国民经济有好处	21.05
对解决就业有利	33.01
助长个人主义和资本主义发展	12.25
是社会主义的历史倒退	1.82
其他	1.06

（19）您对价格体系改革的认识是

理顺价格体系，按价值规律办事，有利于国民经济发展	18.91
物价有升有降，符合经济发展规律和价值规律，有利于经济搞活	24.04
物价稳定，才是社会主义的优越性	39.74
会造成物价失控，人民生活水平下降	6.46
物价不稳，就是通货膨胀	9.59
其他	0.80

（20）您对工资改革的认识是

贯彻按劳分配原则，纠正分配上的平均主义	39.81
高就业低消费，符合我国国情	10.49
赞成拉开档次，但不宜过大	17.38
对物价上涨的一种补偿	22.21
拉开档次是制造矛盾，不利团结，引起互相攀比	7.64
其他	1.85

（21）您对允许和鼓励一部分人先富起来的政策的看法是

先富带后富，有利于社会进步，共同富裕	30.24
给勤劳守法致富提供了良好的社会条件	29.59
为非法牟利者开了绿灯	19.36
可能导致社会贫富两极分化	18.54
其他	1.55

(22)您对扩大企业自主权的看法是

增强了企业活力	有一定的好处	作用不大	弊多利少	有害无益
41.67	38.70	12.49	4.43	2.02

(23)您对改革企业招工制度,实行合同制的看法是

有利于打破铁饭碗,促进技术进步	38.69
有利于加强企业管理,提高劳动生产率	38.48
企业有权辞退合同工,和资本主义差不多	5.69
职业没保证,不利于培养主人翁精神	14.82
其他	1.58

(24)您对近七年我国经济,政治形势的看法是

新中国成立以来最好的时期之一	形势大好,问题也不少	经济形势好社会风气不好	形势不好	其他
15.63	41.12	40.26	1.80	0.59

(25)您对这次整党以来党风变化的看法是

明显好转	有所好转	无明显变化	不如以前	其他
7.05	44.71	36.67	10.28	0.74

(26)您对争取党风和社会风气根本好转的信心如何

充满信心	有信心	信心不大	没有信心	其他
16.90	45.53	29.50	6.54	0.88

(27)您觉得改革使人们之间同志关系发生了哪些新的变化

	比以前好	没变化	不如以前
工人和干部的关系	27.37	31.47	37.77
工人和技术人员的关系	26.84	44.77	20.48
工人之间的关系	30.38	40.12	23.38

（28）您对职工从事业余劳动取得报酬的看法

不影响本职工作，可以搞	退休职工可以搞	弊多利少，不应提倡	有害无益，不可以搞	其他
56. 33	20. 11	13. 42	8. 59	0. 75

（29）您对在工人中评定如技师一类的技术职称有什么看法

提高工人素质的重要措施	有利于提高工人地位稳定职工队伍	评技术职称要看贡献、实际水平	可能在工人中引起新的矛盾	对老工人有利
22. 17	12. 75	54. 62	5. 66	3. 71

（30）您对“一切向钱看”的认识和态度是

腐朽的资产阶级思想和价值观念	30. 17
不管别人怎样，反正我不这样干	20. 48
可以调动职工的积极性	30. 24
人人都向钱看，我也向钱看	11. 10
不管别人怎么看，我就是为了钱干	6. 01

（31）改革以来，您感到工人在企业的主人翁地位是

大有提高	有所提高	没有变化	有所下降	大大下降
6. 64	36. 46	30. 63	18. 34	7. 39

（32）您认为本企业职工代表大会在审议企业重大决策、监督评议干部等方面的作用如何

很有作用	有作用	有时有有时无	走形式的工具	其他
6. 25	23. 01	23. 89	45. 19	0. 90

（33）您有争当先进生产（工作）者的愿望吗

想争取	51.97
虽然很想，但由于种种原因不大可能（如领导和群众关系不好，身体业务条件等方面的原因）	22.81
想是想，但当先进要受讽刺打击，不如不当	6.48
先进、后进一样干活吃饭，没意思	9.79
不想当	8.17

（34）您对入党的愿望是

愿望强烈，正在努力争取	13.24
有愿望，但自己条件还不具备	23.71
有愿望，但看到党风不正，有些党员不如群众，暂时不想争取	23.23
现在还没想过	17.94
我已是中共党员	20.16
其他	1.12

（35）您觉得目前您的劳动积极性是否充分发挥出来了

充分	比较充分	一般化	不充分	很不充分
16.73	32.96	39.18	7.34	3.28

（36）从下列因素中您觉得妨碍您劳动积极性发挥的主要因素是

	顺序一	顺序二	综合
单位性质（是全民所有制还是集体所有制）	5.78	0.63	6.41
工作性质（技术复杂程度和劳动强度等）	5.43	1.54	6.97
工作条件（温度、污染、机械化程度、生产保护条件等）	8.87	2.71	11.58
工作前途（指个人才能发挥能够做出成绩）	7.34	2.65	9.99
单位劳保福利差	11.47	4.87	16.34
工资等级待遇低	20.60	11.61	32.21

续表

单位领导的工作作风和方法不好	15.02	10.18	25.20
与同事间共事关系不融洽	1.00	1.45	2.45
缺乏民主管理的权力	3.33	7.60	10.93
上下班的路程和交通状况	4.80	6.19	10.99
政治上的进步(指入党入团问题)	1.06	2.01	3.07
个人理想、发明创造等情况受到限制	1.24	3.05	4.29
住房条件	7.22	20.33	27.55
个人积极性受压抑	1.24	7.00	8.84
其他	2.33	11.30	13.63

(37)您对党的四项基本原则的看法是

没有四项原则就没有社会主义事业	31.06
实现四个现代化的根本保证	50.38
和开放、改革政策有矛盾	6.07
有些内容过时了	4.70
不知道什么是四项基本原则	6.69

(38)您的最高理想是什么

实现共产主义	24.69
实现四个现代化	12.80
使国家强大	20.33
使本厂有名气	1.88
当个好工人好干部	10.45
个人有个好职业	6.66
个人行有名有利生活舒适	2.10
好好工作多赚钱	6.95
有一个幸福的小家	10.92
找一个漂亮的爱人	1.36
其他	1.22

（39）您认为个人同国家、社会集体的关系应该是

以国家、社会、他人利益为重	33.63
国家、社会、个人利益同时兼顾	51.16
以个人利益为重	2.24
看具体情况而定	12.15
其他	0.39

（40）您对天命、命运有什么看法

唯心主义不可信	剥削阶级骗人的东西	谋事在人成事在命运	不可不信不可全信	其他
41.04	7.67	18.08	31.15	1.31

（41）您认为在职工中进行理想、纪律教育是

很有必要	有必要，但要讲究方法	讲理想、纪律、不如讲实惠	没有必要	其他
34.43	50.67	12.61	1.57	0.39

（42）您对报刊、广播宣传有哪些看法

能及时宣传党的方针政策，帮助职工提高认识	31.76
能反映群众呼声，表达群众意愿	21.47
生动活泼、言之有物，有吸引力	6.67
宣传资本主义过多	1.06
宣传有片面性，造成思想混乱	13.37
商品广告多，篇幅大	22.35
其他	2.44

(43)您觉得当前在职工中是否有必要加强法制教育

很必要	必要	可要可不要	没必要	其他
63.98	30.86	3.39	1.03	0.41

(44)您目前正在参加哪类文化学习

大专以上	中学	小学	读书自学	没有参加
6.55	5.59	0.86	32.42	53.25

(45)您参加技术、专业学习的情况是

企业办的技术业务培训班	6.62
班组日常技术业务学习	8.02
自己攻读专业书	24.37
参加社会的技术专业班	3.35
没有参加技术业务学习	21.80
想参加没有人组织	33.47

(46)您最爱读的书是

马列主义毛泽东思想理论著作	思想修养伦理道德	专业技术书籍	历史书籍	文学艺术作品	其他
8.47	11.95	24.22	10.04	32.14	11.88

(47)您业余时间主要的安排是

读书学习	看报纸电视	体育锻炼	文艺活动	技术革新	搞第二职业赚钱	参加公益活动	搞家务	无固定安排
14.20	26.23	2.75	2.12	0.67	0.73	0.54	25.87	25.98

（48）您最爱看（听）报纸、广播电视哪些内容

时事新闻	科技知识	思想评论	文艺节目	体育节目	理论讲座	群众来信	其他
37.07	6.88	3.45	30.86	11.15	0.87	6.58	1.46

（49）您最爱听（唱）什么歌曲

豪迈、激情的进行曲	革命传统歌曲	抒情歌曲	民歌	台湾校园歌曲	港台流行歌曲	其他
9.81	14.37	38.21	14.95	6.34	9.43	5.07

（50）您最爱读的文艺作品

中国古典小说	18.53
外国古典小说	2.70
反映社会主义建设的小说	11.01
反映革命战争的小说	11.37
爱情小说	8.05
武侠小说	11.41
侦探推理小说	27.07
其他	8.31

（51）您最喜欢看的电影、电视剧是

反映革命战争的影片	17.04
反映工业建设和改革的	11.73
反映农业建设和改革的	1.92
根据中外名著改编的	14.77
领袖人物的传记片	5.54
反映爱情的	6.51
武打的	14.71
侦探推理的	26.50

(52)您对身边的党员评价是

都能起模范带头作用	5.29
大部分能起模范带头作用	38.93
只有小部分能起模范带头作用	38.11
全不能起模范带头作用	2.86
还不如普通群众	13.12
其他	1.09

(53)您认为基层工会应当主要抓些什么工作

项目	顺序一	顺序二	综合	项目	顺序一	顺序二	综合
组织社会主义劳动竞赛、开展先进生产(工作)者的活动	19.37	1.51	20.88	开展文化技术培训、提高职工素质	24.85	6.32	31.17
组织职工参加民主管理	10.14	5.14	15.28	建设职工之家	13.90	7.43	21.33
加强精神文明建设和思想政治工作	4.15	5.98	10.13	组织读书自学活动	2.94	3.91	6.85
开展文艺活动	6.30	6.62	12.92	开展体育活动	3.62	7.98	11.60
抓好生活福利工作	12.64	40.79	53.43	开展合理化建议活动	0.85	9.40	10.25
其他	0.32	2.76	3.08				

(54)您认为本企业工会是否可以称为“职工之家”、“职工之友”

可以称为	有一定差距	只抓生活福利不抓大事	差距很大	不了解工会在干什么
19.45	40.90	3.41	13.84	21.50

（55）您对当前工会工作状况的评价是

能替职工说话办事	9. 30
为职工群众办了一定的好事实事	31. 36
号召多，办实事少	17. 06
除收会费和文体活动外看不到工会的作用	24. 49
很少倾听职工的意见和呼声	8. 52
不像群众组织，像政府机关	8. 48

（56）您对下列哪种思想政治教育的形式和方法最感兴趣

项目	顺序一	顺序二	综合	项目	顺序一	顺序二	综合
请有说服力的典型人物现身说法作讲座或报告	38. 47	3. 04	41. 51	结合本企业建设实际的报告和讨论	12. 39	7. 04	19. 43
以班组为单位的民主讨论会	6. 35	4. 13	10. 48	由职工自由结合的兴趣小组	9. 64	5. 62	15. 26
有组织地开展职工演讲活动	3. 60	5. 60	9. 20	职工读书活动	6. 54	7. 21	13. 75
职工自学活动	3. 52	7. 30	10. 82	参观访问	10. 87	19. 14	30. 01
脱产政治轮训	2. 51	8. 73	11. 24	谈心交朋友	4. 51	26. 34	30. 85
其他	0. 42	1. 91	2. 33				

（57）您对目前企业思想政治工作的评价是

宣传党的方针政策及时，对提高职工的思想认识和劳动积极性很有帮助	21. 81
内容丰富，形式生动活泼，具有较强的针对性	9. 46
宣传搞好生产多，解决思想问题差，实际是只见物不见人	20. 73
空洞说教，形式单调，缺乏吸引力和说服力	16. 17
干部素质低，说一套做一套，阳奉阴违，不能服人	27. 30
还是“批、灌、查”那一套，既使人厌恶，又使人望而生畏	2. 10
其他	1. 30

(58)您对工会主办的文化宫、俱乐部的评价是

社会主义精神文明建设的阵地和窗口	15.72
职工的学校和乐园	11.55
寓思想政治工作于学习和娱乐之中,能较好地丰富职工的业余生活	15.68
只重视娱乐活动,忽视必要的宣传教育	10.27
许多活动内容不健康,影响职工身心健康发展	1.60
收费项目多、标准高,增加职工负担	7.26
只注意抓"钱",不顾社会效益,不像为职工服务的文化福利事业	9.96
活动内容少,服务态度差	20.47
其他	4.99

(59)目前工会文化宫、俱乐部开展的活动哪些对您最有吸引力

项目	顺序一	顺序二	综合	项目	顺序一	顺序二	综合
电影	48.53	3.81	52.34	兴趣小组	1.60	2.65	4.25
电视录像	8.21	11.41	19.62	图书阅览	5.07	15.28	20.35
游艺	5.05	7.50	12.55	体育活动	6.64	13.89	20.53
舞会	5.46	4.08	9.54	联欢交友	1.26	6.05	7.31
书画展览	4.23	3.47	7.70	时事政治报告	1.08	7.91	8.90
科技知识讲座	5.37	5.43	10.80	职工文艺演出	1.83	11.31	13.14
文学创作讲座	2.21	1.59	3.80				

(60)您对改革和完善职工劳保福利待遇方面最为关注并要求解决的问题是

完善劳动保护及福利政策	改进医疗待遇规定	职工退休后的福利待遇	职工退休后的子女就业问题	生活条件和福利设施的改善
29.01	16.92	8.83	11.56	31.68

（61）您对改革和完善职工劳保福利政策实施的看法是

只有发展生产，才能提高和改善职工劳保福利	35.53
改革和完善职工劳保福利待遇要兼顾国家、企业、个人三者利益关系	26.09
改革劳保福利待遇要以增加个人收入为前提	12.51
赞成社会保障资金由国家、企业、个人合理负担，以企业承担为主	2.22
由国家规定原则，企业自行掌握	7.17
如果个人劳保福利待遇还不如现在，就不要改变	14.25
其他	0.83

第三次中国职工状况调查数据

（1992 年）

工人阶级队伍状况调查综合统计表*

01. 您的性别

1. 男	54.6%
2. 女	45.4%

02. 您的年龄（周岁）

1. 35 岁及以下	51.6%
2. 36—50 岁	40.2%
3. 51 岁及以上	8.2%

03. 您的婚姻状况

1. 未婚	17.1%
2. 有配偶	81.2%
3. 丧偶	0.7%
4. 离婚	1.0%

04. 您的健康状况

1. 良好	46.0%
2. 一般	49.2%
3. 体弱多病	4.8%

05. 您的政治面貌

1. 中共党员	25.0%
2. 共青团员	23.9%
3. 民主党派	0.9%
4. 未加入任何党派	50.2%

06. 您的文化程度

1. 不识字或识字不多	0.8%
2. 小学	5.2%
3. 初中	33.7%
4. 高中	23.6%
5. 中技	4.3%
6. 中专	12.3%
7. 大专	13.0%
8. 大学本科	6.6%
9. 研究生及以上	0.5%

07. 您所在单位的所有制性质

1. 全民	73.9%
2. 集体	22.4%
3. 三资	3.0%
4. 其他所有制	0.7%

08. 您的职业

企业：

1. 直接生产工人	30.6%
2. 辅助生产工人	10.5%
3. 服务人员	9.3%
4. 技术人员	7.7%

---

* 由于调查数据较多和篇幅有限，本书刊登的数据只是本次调查的其中一部分，所列数据是平面的汇总数据。本次调查在 12 个地区和 38 个行业之间进行，基本采用的是等样本量抽样，回收的有效调查表是 48532 份，在数据处理时，经过加权处理，恢复了各地区和各行业原来的比例关系。

5. 一般管理干部 10.5%
6. 中层管理干部 4.6%
7. 高层管理干部 0.8%

事业：

8. 工人 4.4%
9. 技术人员（含教员、文艺工作者、科研人员医务人员等） 9.9%
10. 一般干部 2.7%
11. 科级干部 1.2%
12. 处级于部 0.5%
13. 局级以上（含局级）干部 0.1%

机关、团体：

14. 工人 0.8%
15. 技术人员（含教员、文艺工作者、科研人员、医务人员等） 0.9%
16. 一般干部 2.9%
17. 科级干部 1.8%
18. 处级干部 0.7%
19. 局级以上（含局级）干部 0.1%

09. 您的就业身份

1. 固定工 80.6%
2. 原固定工转合同制工 4.2%
3. 合同制工 12.4%
4. 临时工 1.9%
5. 其他 0.9%

10A. 您何年何月就业（按就业年限分组）

1. 1958 年以前 4.0%
2. 1958—1965 年 12.3%
3. 1966—1977 年 35.1%
4. 1978—1984 年 25.3%
5. 1985 年至现在 23.3%

10B. 您何年何月就业（按就业工龄分组）

1. 35 年以上 3.9%
2. 30—35 年 5.9%
3. 25—30 年 8.3%
4. 20—25 年 18.2%
5. 15—20 年 14.0%
6. 10—15 年 19.1%
7. 5—10 年 15.3%
8. 5 年及以下 15.3%

11. 您的技术等级或技术职称

工人：

1. 试用工（学徒工） 2.4%
2. 技术工人 31.4%
3. 非技术工人 18.7%
4. 技师 2.7%

技术人员、干部：

5. 初级职称 20.1%
6. 中级职称 9.4%
7. 高级职称 2.1%
8. 未评定职称 9.0%
9. 本单位不评职称 4.2%

12. 您现在是否本单位职工代表大会代表

1. 是 20.9%
2. 不是 79.1%

13. 您上月从本单位得到的全部收入

1. 100 元及以下 4.9%
2. 100—150 元 17.7%
3. 150—200 元 25.7%
4. 200—300 元 34.8%
5. 300—400 元 11.6%
6. 400—500 元 3.4%
7. 500—800 元 1.6%
8. 800—1000 元 0.1%
9. 1000 元以上 0.2%

14. 您上月从本单位之外得到的收入

1. 50 元及以下 53.2%
2. 50—100 元 19.9%
3. 100—150 元 7.4%
4. 150—200 元 9.1%
5. 200—300 元 5.4%
6. 300—400 元 2.5%
7. 400—500 元 1.0%
8. 500 元以上 1.5%

15. 您的家庭人口数

1. 1 口人 2.4%
2. 2 口人 6.8%
3. 3 口人 50.8%
4. 4 口人 23.5%
5. 5 口人及以上 16.5%

A. 其中：有固定收入人数

1. 1 口人 9.7%
2. 2 口人 63.1%
3. 3 口人 15.1%
4. 4 口人及以上 12.1%

16. 您的家庭上月人均全部实际收入

1. 100 元及以下 30.4%
2. 100—200 元 56.4%
3. 200—300 元 10.5%
4. 300—400 元 1.7%
5. 400—500 元 0.6%
6. 500—600 元 0.1%
7. 600 元以上 0.3%

17. 您的家庭上月人均全部支出

1. 100 元及以下 42.2%
2. 100—200 元 49.6%
3. 200—300 元 5.7%
4. 300—400 元 1.2%
5. 400—500 元 0.4%
6. 500—600 元 0.1%
7. 600 元以上 0.8%

18. 您对您家庭经济生活现状的评价

1. 入不敷出 12.1%
2. 收支相抵 35.8%
3. 略有节余 50.0%
4. 节余较多 1.6%
5. 比较富裕 0.5%

19. 您认为您的收入同本地区以工资为主要生活来源的人的收入相比属于哪个层次

1. 高收入 0.3%

2. 中等偏上　3.4%
3. 中等收入　31.1%
4. 中等偏下　36.8%
5. 低收入　28.4%

20. 您的家庭住房状况

A. 住房类型：
1. 租借私房　4.3%
2. 自有私房　12.7%
3. 住公房　63.5%
4. 新购住房　3.2%
5. 住集体宿舍　5.8%
6. 住临建房　2.0%
7. 婚后挤住老人住房　7.3%
8. 其他　1.2%

B. 家庭人均住房使用面积
1. 3 平方米及以下　3.4%
2. 3—5 平方米　12.4%
3. 5—8 平方米　22.3%
4. 8—14 平方米　39.4%
5. 14—20 平方米　15.6%
6. 20 平方米以上　6.9%

21. 您对您目前住房状况的评价

1. 拥挤　23.6%
2. 比较拥挤　20.5%
3. 基本够住　42.7%
4. 比较宽敞　10.6%
5. 宽敞　2.6%

22. 您对您的居住环境的评价

A. 购物及生活服务
1. 方便　19.3%
2. 一般　56.3%
3. 不方便　24.4%

B. 社会治安状况
1. 较好　21.4%
2. 一般　58.0%
3. 不太好　20.6%

C. 交通状况
1. 方便　22.0%
2. 一般　51.5%
3. 不方便　26.5%

23. 您对业余文化生活的满意程度

1. 满意　4.3%
2. 比较满意　11.9%
3. 一般　52.2%
4. 不太满意　20.0%
5. 不满意　11.6%

24. 您认为下列项目对您的生活来说哪个最重要

（分组一）
1. 家庭收入　69.1%
2. 住房　21.6%
3. 购物及生活服务设施　3.3%
4. 社会治安　4.6%
5. 交通　0.7%
6. 业余文化生活状况　0.7%

（分组二）
1. 家庭收入　11.0%
2. 住房　32.8%
3. 购物及生活服务设施　6.3%
4. 社会治安　31.6%

5. 交通 7.3%

6. 业余文化生活状况 11.0%

25. 您从事劳动的主要目的

1. 干活挣钱 31.6%
2. 成名成家 1.8%
3. 主观为自己，客观为社会 29.2%
4. 劳动是公民应尽的义务 17.6%
5. 为国家繁荣富强 14.3%
6. 不上班太空虚 1.7%
7. 没考虑这个问题 3.8%

26. 您对待劳动的态度

1. 只要能挣钱，多累都干 14.1%
2. 积极主动，认真负责，不计名利 48.1%
3. 按酬付劳 27.2%
4. 能不干就不干 0.8%
5. 领导让干多少就干多少 9.8%

27. 您对您目前的职业是否满意

1. 满意 12.6%
2. 比较满意 23.7%
3. 一般 43.7%
4. 不太满意 12.2%
5. 不满意 7.8%

28. 您就业后跨单位调动工作的情况

1. 没调动过 61.3%
2. 调动过1次 23.7%
3. 调动过2次 7.7%
4. 调动过3次 4.2%
5. 调动4次 1.5%
6. 调动过5次及以上 1.6%

29. 如果您有机会重新选择职业，您首先考虑的因素是：

1. 国家和社会的需要 12.6%
2. 有较高的收入 30.8%
3. 工作清闲自在 2.8%
4. 职业稳定有安全感 26.3%
5. 能满足个人爱好 9.1%
6. 有可能成就个人事业 13.0%
7. 照顾家庭困难 5.4%

30. 如果您想调出现在的工作单位，在下列单位中您最希望去哪些单位，请按您的希望

(分组一)

1. 党政机关 26.8%
2. 国营企业 27.4%
3. 乡镇企业 2.1%
4. 三资企业 24.1%
5. 集体企业 1.1%
6. 事业单位 12.8%
7. 私营企业 1.4%
8. 自办公司或当个体户 4.3%

(分组二)

1. 党政机关 5.7%
2. 国营企业 10.8%
3. 乡镇企业 1.7%
4. 三资企业 14.9%
5. 集体企业 2.5%
6. 事业单位 37.4%
7. 私营企业 4.2%

8. 自办公司或当个体户　22.8%

31. 您目前没有调离本单位的主要原因

1. 热爱本单位或本职工作不愿意调走　32.4%
2. 调动手续太烦琐　7.1%
3. 人际关系好　2.6%
4. 收入高　1.3%
5. 有住房　3.2%
6. 想去的单位去不成　24.8%
7. 领导不放　4.7%
8. 还没选择到合适的单位　23.9%

32. 您在本职工作岗位上积极性发挥如何

1. 充分发挥　20.2%
2. 基本发挥　41.6%
3. 一般　29.9%
4. 基本没发挥　5.9%
5. 远没发挥　2.4%

33. 您认为您所熟悉的同事、工友们的积极性发挥如何

1. 充分发挥　8.6%
2. 基本发挥　32.8%
3. 一般　47.3%
4. 基本没发挥　8.9%
5. 远没发挥　2.4%

34. 您认为影响您积极性发挥的主要因素是什么

（分组一）

1. 收入　44.7%
2. 住房　12.9%
3. 与领导关系　12.9%
4. 与同事关系　3.2%
5. 个人兴趣爱好　7.2%
6. 身体状况　6.7%
7. 个人前途　4.2%
8. 工作条件（温度、污染、机械化程度、劳动保护程度等）　5.4%
9. 工作性质（技术复杂程度和劳动强度等）　1.9%
10. 生活福利　0.9%

（分组二）

1. 收入　8.2%
2. 住房　15.1%
3. 与领导关系　6.7%
4. 与同事关系　3.9%
5. 个人兴趣爱好　8.3%
6. 身体状况　11.3%
7. 个人前途　11.8%
8. 工作条件（温度、污染，机械化程度、劳动保护程度等）　11.7%
9. 工作性质（技术复杂程度和劳动强度等）　8.4%
10. 生活福利　14.6%

35. 您就业后参加文化技术学习、培训的情况

A. 技术业务培训

1. 参加过　52.1%

2. 没参加过 47.9%

B. 电大、函大、职大、业大、高等教育自学考试

1. 参加过 21.0%

2. 没参加过 79.0%

C. 成人中专学习

1. 参加过 10.4%

2. 没参加过 89.6%

D. 参加过初、高中文化补习

1. 参加过 29.5%

2. 没参加过 70.5%

36. 您学习文化技术的积极性如何

1. 积极性很高 21.2%

2. 有积极性 59.1%

3. 无所谓 11.4%

4. 不太积极 5.6%

5. 没兴趣 2.7%

A. 您学习文化技术有积极性和积极性很高的主要原因

1. 适应本职工作需要 63.4%

2. 长工资 12.4%

3. 提干 1.7%

4. 评职称 5.8%

5. 换岗位 3.8%

6. 满足个人兴趣 8.6%

7. 出国 0.4%

8. 其他原因 3.9%

B. 您学习文化技术不太积极和没兴趣的主要原因

1. 学文化技术没用 8.5%

2. 没时间没精力 51.4%

3. 已经够用，没必要再学 8.4%

4. 学习技术考文凭太难了 9.5%

5. 其他原因 22.2%

37. 您目前学习文化技术的情况

1. 有计划有目的地自学 12.1%

2. 参加单位办的技术业务培训 10.5%

3. 参加社会的电大、函大、职大、业大、高等教育自学考试 6.9%

4. 参加中专学习 1.7%

5. 参加初、高中文化补习 2.6%

6. 参加社会的技术专业班 2.4%

7. 有时间找有兴趣的书看一看 33.5%

8. 基本上不学习 8.0%

9. 想学习但没人组织或没条件 22.3%

38. 您目前的文化技术素质与您所从事的工作是否相适应

1. 超过工作要求 6.7%

2. 完全适应 20.3%

3. 基本适应 61.2%

4. 不太适应 9.5%

5. 很不适应 2.3%

A. 您不太适应或很不适应本职工作的主要原因

1. 本职工作专业技术水平要求很高，本人跟不上 8.8%

2. 本职工作与自己专业或爱好不对口 42.3%
3. 能力低 11.4%
4. 其他原因 37.5%

39. 您认为改革开放以来，职工在企事业单位的主人翁地位有何变化

1. 大有提高 7.1%
2. 有所提高 39.2%
3. 没有变化 26.5%
4. 有所下降 19.2%
5. 大大下降 8.0%

40. 您所在单位是否建立了职代会制度

1. 已建立 77.1%
2. 正在建立 2.6%
3. 没有建立 10.5%
4. 不知道 9.8%

41. 您对职代会行使职权情况的评价

A. 听取和审议行政负责人工作报告或有关重要问题的报告
1. 较好 32.0%
2. 一般 55.0%
3. 较差 13.0%

B. 审查同意或否决工资、奖金分配方案及重要规章制度
1. 较好 20.8%
2. 一般 55.2%
3. 较差 24.0%

C. 审议决定职工福利基金使用、住宅分配和其他有关职工生活福利的重大事项
1. 较好 20.3%
2. 一般 50.5%
3. 较差 29.2%

D. 评议、监督各级领导干部，提出奖惩和任免建议
1. 较好 16.6%
2. 一般 49.9%
3. 较差 33.5%

E. 选举或推荐行政领导人员职务
1. 较好 16.2%
2. 一般 51. 5%
3. 较差 32.3%

F. 职代会对决议执行情况的监督
1. 较好 18.3%
2. 一般 54.8%
3. 较差 26.9%

42. 您认为本单位工人、技术人员、管理人员之间的关系如何

1. 融洽 6.5%
2. 比较融洽 22.9%
3. 一般 49.8%
4. 不太融洽 17.5%
5. 紧张 3.3%

A. 如果您选择“不太融洽”或“紧张”，那么您认为主要原因是什么

（分组一）

1. 领导民主作风差 49.5%
2. 知识分子待遇太高 4.8%
3. 工人不好管理 10.2%
4. 领导搞特权，以权谋私 13.7%
5. 知识分子看不起工人 2.8%
6. 领导不尊重知识和人才 2.5%
7. 知识分子不尊重领导 0.2%
8. 领导待遇太高 3.0%
9. 工人地位太低 4.6%
10. 领导管理水平低 5.4%
11. 知识分子贡献大，待遇低 1.7%
12. 工人素质低 0.9%
13. 知识分子高职低能，名不副实 0.5%
14. 工人收入过高 0.2%

（分组二）

1. 领导民主作风差 5.2%
2. 知识分子待遇太高 2.9%
3. 工人不好管理 5.0%
4. 领导搞特权，以权谋私 25.6%
5. 知识分子看不起工人 5.5%
6. 领导不尊重知识和人才 8.6%
7. 知识分子不尊重领导 1.0%
8. 领导待遇太高 8.4%
9. 工人地位太低 16.1%
10. 领导管理水平低 13.7%
11. 知识分子贡献大，待遇低 3.0%
12. 工人素质低 3.2%
13. 知识分子高职低能，名不副实 1.5%
14. 工人收入过高 0.3%

（分组三）

1. 领导民主作风差 4.4%
2. 知识分子待遇太高 1.7%
3. 工人不好管理 5.6%
4. 领导搞特权，以权谋私 3.9%
5. 知识分子看不起工人 1.8%
6. 领导不尊重知识和人才 5.1%
7. 知识分子不尊重领导 1.0%
8. 领导待遇太高 6.6%
9. 工人地位太低 18.1%
10. 领导管理水平低 24.0%
11. 知识分子贡献大，待遇低 5.7%
12. 工人素质低 11.0%
13. 知识分子高职低能，名不副实 9.4%
14. 工人收入过高 1.7%

43. 当您个人利益受到侵害时，工会能否维护您的利益

1. 能够 13.7%
2. 基本能够 26.1%
3. 能起点作用 38.7%
4. 不能够 21.5%

44. 当您行使民主权利遇到障碍时，工会能否帮助您

1. 能够 14.6%

2. 基本能够 26.1%
3. 能起点作用 37.4%
4. 不能够 21.9%

45. 当您有意见和建议时，工会能否帮助您反映

1. 能够 18.0%
2. 基本能够 27.9%
3. 能起点作用 33.9%
4. 不能够 20.2%

46. 您对当前工会工作状况的评价

1. 能发挥作用 14.6%
2. 基本能发挥作用 38.9%
3. 发挥不了多大作用 34.8%
4. 看不到工会的作用 11.7%

47. 当您发现官僚主义和腐败现象侵害群众利益时，您怎么办

1. 通过正常渠道（舆论、组织、法律）提出批评意见或检举 34.9%
2. 发发牢骚或跟周围同志议论 28.9%
3. 集会或游行示威 0.9%
4. 消极怠工 1.6%
5. 保持沉默 33.7%

A. 如果您选择“保持沉默”，那么您认为主要原因是

1. 不知如何行使民主监督权利 7.6%
2. 民主监督没有实际效果23.6%
3. 怕受打击报复 23.9%
4. 认为不存在真正的民主监督权利 14.8%
5. 与己无关 6.9%
6. 这种现象不可避免，没必要大惊小怪 23.2%

48. 当您个人利益受到侵害时，您怎么办

1. 通过正常渠道（舆论、组织、法律）提出批评意见或检举 57.7%
2. 发发牢骚或跟周围同志议论 21.1%
3. 集会或游行示威 0.4%
4. 消极怠工 4.5%
5. 保持沉默 16.3%

49. 在宪法赋予公民的下列政治权利中，您认为哪项权利实际行使起来遇到的障碍和困难比较多

1. 言论自由 20.6%
2. 出版自由 4.5%
3. 结社自由 1.5%
4. 集会自由 3.6%
5. 游行、示威自由 24.6%
6. 宗教信仰自由 1.5%
7. 不受非法拘禁、逮捕、限制、搜查及侵害的权利 9.7%
8. 人格尊严、住宅、通信自由和通信秘密不受侵犯的权利 34.0%

50. 您投票选举本届人大代表情况

1. 参加了投票 70.3%
2. 没有投票 29.7%

51. 您参加投票时对候选人的了解程度

1. 基本了解 23.0%
2. 了解不多 36.3%
3. 不了解 40.7%

52. 您没有投票的原因

1. 因客观原因不能参加投票 31.4%
2. 认为人民代表大会作用不大 6.6%
3. 认为投票选举是走形式 25.3%
4. 对候选人不满意 2.0%
5. 不了解候选人 34.7%

53. 您是否赞成“通过一部分人先富起来，最后达到共同富裕”的说法

1. 赞成 24.3%
2. 比较赞成 26.8%
3. 无所谓 21.2%
4. 不太赞成 15.0%
5. 不赞成 12.7%

54. 您是否赞成“一切方针、政策，法律法规都应该为发展经济和改革开放开绿灯”的说法

1. 赞成 35.5%
2. 比较赞成 29.6%
3. 无所谓 14.5%
4. 不太赞成 11.2%
5. 不赞成 9.2%

55. 您是否赞成“只要有利于发展经济、富国富民，什么所有制都可以存在”的说法

1. 赞成 37.9%
2. 比较赞成 27.1%
3. 无所谓 13.6%
4. 不太赞成 11.3%
5. 不赞成 10.1%

56. 您是否赞成“加大改革力度，扩大对外开放，把国民经济推上一个新台阶”的说法

1. 赞成 56.2%
2. 比较赞成 29.3%
3. 无所谓 10.4%
4. 不太赞成 2.6%
5. 不赞成 1.5%

57. 您是否赞成“扩大对外开放，学习外国一切先进的技术、管理、文化、科技，为发展生产力服务”的说法

1. 赞成 62.6%
2. 比较赞成 26.6%
3. 无所谓 6.4%
4. 不太赞成 3.0%
5. 不赞成 1.4%

58. 您是否赞成"通过加强民主和法制建设，推进国家政治和社会生活的民主化建设进程"的说法

1. 赞成 63.8%
2. 比较赞成 26.8%
3. 无所谓 8.1%
4. 不太赞成 0.9%
5. 不赞成 0.4%

59. 您对十几年来改革开放的总的评价

1. 很好 21.2%
2. 比较好 69.5%
3. 和原来差不多 5.1%
4. 不如改革前 3.6%
5. 很不好 0.6%

60. 如果一些改革措施触及个人的既得利益，您对此采取什么态度？

1. 只要对改革大局有利就支持 43.2%
2. 只要经济上能承受就支持 32.8%
3. 只要经济上吃亏就反对 3.1%
4. 改革只有给我带来好处才支持 20.9%

61. 您认为建设经济特区和经济开发区对我国是否有利

1. 很有利 32.0%
2. 利大于弊 33.3%
3. 说不清楚 32.6%
4. 弊大于利 1.6%
5. 很不利 0.5%

62. 您对您所在单位基层党组织的评价

1. 很有作用 28.3%
2. 有时有作用 39.2%
3. 作用不大 30.0%
4. 不知道本单位有没有党组织 2.5%

63. 您对身边共产党员的评价

1. 大部分能起先锋模范作用 31.9%
2. 少部分能起先锋模范作用 33.2%
3. 和周围群众一样没有先进性 24.5%
4. 还不如群众 10.4%

64. 最近两年，您是否有加入中国共产党的愿望

1. 递过申请，积极要求入党 14.6%
2. 没有递过申请但有入党愿望 26.4%
3. 递过申请但入党愿望不强烈 4.1%
4. 以前有过愿望但现在没有了 17.2%
5. 要求入党太牵扯精力，没有精力考虑 2.3%
6. 没有想过这个问题 35.4%

65. 您对中国实现四个现代化是否有信心

1. 有信心 68.9%
2. 信心不大 14.1%
3. 没有信心 1.8%
4. 说不清楚 15.2%

66. 您的收入有了结余以后，您将主要用于：

（分组一）

1. 改善饮食或买高档消费品 32.5%
2. 储蓄或买股票、债券等 19.2%
3. 买房子 18.7%
4. 为自己或子女的提高和发展创造条件 27.0%
5. 旅游 2.6%

（分组二）

1. 改善饮食或买高档消费品 11.4%
2. 储蓄或买股票、债券等 11.4%
3. 买房子 11.8%
4. 为自己或子女的提高和发展创造条件 46.0%
5. 旅游 19.4%

67. 当您所在单位生产或销售假冒伪劣商品时，您采取什么态度

1. 既反对又抵制 59.3%
2. 反对但不抵制 21.2%
3. 只要对企业有利就不反对 6.8%
4. 只要不让我负责就不反对 3.7%
5. 与我无关 9.0%

68. 当工作需要您额外付出劳动又不增加报酬和荣誉时您采取什么态度

1. 只要是工作需要，不考虑个人名利 39.8%
2. 特殊情况可以长期这样不行 52.5%
3. 迫于压力只好干 5.7%
4. 不干 2.0%

69. 您对政治的关心与参与程度

1. 积极参加一切政治活动 44.6%
2. 政治是领导的事与我无关 4.1%
3. 与其参加政治活动不如干点实事 25.3%
4. 搞政治很危险躲得越远越好 0.8%
5. 随大流 24.1%
6. 反感 1.1%

70. 当出现某种危及社会和公众利益的天灾人祸时，您怎么办

1. 这样的事情应该由政府来管 5.0%
2. 积极参与救助 39.3%
3. 尽力而为，量力而行 49.6%
4. 随大流 5.7%

5. 不关心 0.4%

71. 您认为对于您自己的生活来说，哪个最重要

1. 健康的身体 41.8%
2. 理想的工作 7.7%
3. 和睦的人际关系 3.8%
4. 幸福的婚姻与家庭 22.7%
5. 事业 5.2%
6. 地位 0.4%
7. 知识 1.1%
8. 良好的品行 2.0%
9. 钱财 2.0%
10. 权势 0.6%
11. 名望、名誉 0.2%
12. 稳定的社会环境 10.9%
13. 丰富的文化生活 1.3%
14. 享乐 0.3%

72. 您最崇拜哪种类型的人

1. 歌星、影星 2.2%
2. 英雄人物 7.0%
3. 劳动模范、先进工作者 6.3%
4. 父母 12.4%
5. 毛泽东式的领袖人物 28.3%
6. 艺术家 2.2%
7. 政治家 0.8%
8. 探险者 3.5%
9. 企业家 9.1%
10. 自己 5.2%
11. 有成就的新闻工作者 0.7%
12. 异性 0.2%
13. 科学家 10.1%
14. 自己的老师、师父 2.9%
15. 有成就的个体户 5.8%
16. 国家领导人 1.3%
17. 军事家 2.0%

73. 您对下述观点持什么态度

A. 时间就是金钱

1. 赞成 64.5%
2. 基本赞成 24.4%
3. 无所谓 5.4%
4. 不太赞成 4.1%
5. 不赞成 1. 6%

B. 追求名利的人生观值得提倡

1. 赞成 10.4%
2. 基本赞成 20.2%
3. 无所谓 16.0%
4. 不太赞成 35.4%
5. 不赞成 18.0%

C. 自己的命运应该由自己主宰

1. 赞成 68.6%
2. 基本赞成 21.0%
3. 无所谓 4.1%
4. 不太赞成 4.9%
5. 不赞成 1.4%

D. 平等竞争，优胜劣汰

1. 赞成 74.5%
2. 基本赞成 18.1%
3. 无所谓 4.6%
4. 不太赞成 2.2%

5. 不赞成 0.6%

E. 政治民主是经济发展的保证

1. 赞成 56.4%
2. 基本赞成 29.1%
3. 无所谓 9.8%
4. 不太赞成 3.3%
5. 不赞成 1.4%

74. 您的最高理想是什么

1. 赚更多的钱 7.5%
2. 个人生活安定舒适 12.6%
3. 满足个人兴趣爱好 3.5%
4. 幸福的家庭 27.3%
5. 个人成就 6.0%
6. 为社会服务 3.5%
7. 国家繁荣富强 25.6%
8. 实现共产主义 13.2%
9. 无所谓 0.8%

75. 您的宗教信仰

1. 伊斯兰教 1.1%
2. 天主教 0.9%
3. 基督教 1.0%
4. 东正教 0.1%
5. 佛教 4.9%
6. 道教 0.6%
7. 其他宗教 0.8%
8. 不信仰任何宗教 90.6%

76. 您如何看待个人与国家、社会、集体的关系

1. 以国家、社会、集体利益为重 28.9%
2. 国家、社会、集体和个人利益兼顾 52.2%
3. 以个人利益为重 1.9%
4. 看具体情况而定 17.0%

77. 您认为苏联解体的主要原因是

1. 社会主义根本行不通 3.6%
2. 苏联搞的不是真正的社会主义 12.0%
3. 苏联共产党脱离群众 23.1%
4. 苏联把经济搞糟了 16.9%
5. 是改革原有僵化政治、经济体制 6.7%
6. 说不清楚 37.7%

第四次中国职工状况调查数据

（1997 年）

1997年全国职工队伍状况调查综合数据

1. 省

北京	4.2%
内蒙古	3.5%
辽宁	12.9%
吉林	5.0%
上海	5.8%
江苏	10.6%
福建	4.1%
山东	9.4%
河南	8.8%
湖北	11.0%
广东	6.8%
四川	7.6%
云南	3.4%
陕西	4.2%
甘肃	2.7%

2. 经济区域

沿海经济区域	53.8%
中部经济区域	28.2%
西部经济区域	17.9%

3. 所有制

国有经济	64.2%
集体经济	20.9%
私营经济	1.9%
联营经济	1.4%
股份制经济	4.8%
外商投资经济	4.5%
港澳台投资经济	2.3%

4. 国民经济门类

农、林、牧、渔业	3.3%
采掘业	5.1%
制造业	40.8%
电力煤气水产供业	2.4%
建筑业	5.2%
地勘、水利管理业	1.0%
交通运输邮电通信	6.7%
批发零售贸易餐饮	10.9%
金融、保险业	1.8%
房地产业	0.6%
社会服务业	2.8%
卫生体育社会福利	3.0%
教育文化艺术广电	9.5%
科研综合技术服务	1.1%
国家政党社会团体	5.9%

5. 三次产业

第一次产业	3.3%
第二次产业	53.5%
第三次产业	43.2%

6. 性别

男	54.3%
女	45.7%

7. 年龄

35 岁及以下	46.8%
36—50 岁	46.0%
51 岁及以上	7.2%

8. 户口情况

本地非农业户口	91.2%
本地农业户	5.1%
外地非农业户口	2.1%
外地农业户口	1.6%

9. 婚姻状况

未婚	14.6%
有配偶	82.8%
丧偶	0.8%
离婚	1.8%

10. 健康状况

良好	54.9%
一般	42.0%
体弱多病	3.1%

11. 参加党派情况

中共党员	31.6%
共青团员	24.4%
民主党派成员	0.5%
未加入任何党派	43.5%

12. 宗教信仰

伊斯兰教	1.1%
天主教	0.5%
基督教	0.9%
东正教	0.3%
佛教	5.2%
道教	0.2%
其他宗教	0.5%
不信仰任何宗教	91.2%

13. 文化程度

不识字或识字不多	0.5%
小学	2.5%
初中	25.9%
普通高中	23.1%
中技	4.6%
中专	15.0%
大专	19.4%
大学本科	8.3%
研究生及以上	0.6%

14. 参加工作时期

1958 年前参加工作	1.1%
1959—1966 年参加工作	6.9%
1967—1977 年参加工作	35.4%
1978 年后参加工作	56.6%

15. 目前的就业状况

在职在岗	95.3%
在职下岗	3.1%
失业	0.5%
下岗后再就业	0.7%
其他	0.4%

16. 技术等级或业务技术职称

工人：

熟练工	23.2%
初级技工	7.6%

中级技工	11.8%
高级技工	3.9%
工人技师（含高技）	1.7%
其他	9.1%
技术人员、干部：	
初级职称	21.3%
中级职称	14.2%
高级职称	2.6%
其他	4.5%

17. 职业身份

企业直接生产工人	24.2%
企业辅助生产工人	9.9%
企业服务人员	9.0%
企业技术人员	8.1%
企业一般管理干部	15.9%
企业中层管理干部	7.4%
企业高层管理干部	0.8%
事业工人	4.3%
事业技术人员	9.5%
事业一般干部	3.4%
事业科级干部	1.6%
事业处级干部	0.5%
事业局级干部	0.0%
机关团体工人	0.5%
机关团体技术人员	0.8%
机关团体一般干部	2.2%
机关团体科级干部	1.5%
机关团体处级干部	0.3%
机关团体局级干部	0.0%

18. 单位性质

企业	75.3%
事业	19.3%
机关团体	5.4%

19. 通过什么方式到本单位工作的

毕业分配	30.8%
调动工作	22.1%
复员转业	6.4%
接班顶替	7.9%
招工应聘	26.3%
其他方式	6.4%

20. 月收入档次

100 元及以下	0.8%
100—150 元	0.7%
151—200 元	1.5%
201—300 元	6.9%
301—400 元	13.4%
401—500 元	17.9%
501—800 元	37.5%
801—1000 元	11.0%
1000 元以上	10.3%

21. 月单位外收入分档

100 元及以下	42.5%
100—150 元	3.9%
151—200 元	8.1%
201—300 元	9.1%
301—400 元	8.2%
401—500 元	8.7%
501—800 元	12.5%
801—1000 元	3.3%

1000 元以上	3.7%

22. 单位今年是否以实物形式支付工资

是	2.3%
否	97.7%

23. 所在单位今年是否拖欠过工资

拖欠过	18.9%
没有拖欠过	81.1%

24. 拖欠工资时间

1 个月	22.8%
2 个月	32.4%
3 个月	17.2%
4 个月	8.9%
5 个月	3.4%
6 个月	3.3%
6 个月以上	12.0%

25. 实发工资

1%—10%	0.6%
11%—20%	0.7%
21%—30%	1.9%
31%—40%	1.5%
41%—50%	3.1%
51%—60%	3.5%
61%—70%	5.0%
71%—80%	6.6%
80% 以上	77.1%

26. 家庭人口

1 口人	2.2%
2 口人	7.8%
3 口人	60.2%
4 口人	17.9%
5 口人	7.9%
6 口人	2.5%
7 口人	0.7%
8 口人	0.3%
9 口人	0.2%
10 口人及以上	0.2%

27. 固定收入人数

1 口人	17.4%
2 口人	62.4%
3 口人	12.8%
4 口人	5.5%
5 口人	1.4%
6 口人	0.3%
7 口人	0.1%
8 口人	0.0%
9 口人	0.0%
10 口人及以上	0.1%

28. 家庭月收入

300 元以下	3.2%
301—500 元	8.8%
501—800 元	20.3%
801—1000 元	18.6%
1001—1500 元	25.0%
1501—2000 元	13.3%
2001—3000 元	7.5%
3001—4000 元	1.9%
4000 元以上	1.6%

29. 家庭月支出

300 元以下	4.2%

301—500 元	13.0%
501—800 元	29.7%
801—1000 元	21.6%
1001—1500 元	19.6%
1501—2000 元	7.5%
2001—3000 元	3.2%
3001—4000 元	0.7%
4000 元以上	0.6%

30. 对近年来个人收入水平变化情况的评价

下降很多	5.8%
有所下降	19.0%
没有变化	19.1%
有所提高	52.5%
提高很多	3.6%

31. 对近年来家庭收入水平变化情况的评价

下降很多	7.0%
有所下降	21.4%
没有变化	19.2%
有所提高	49.3%
提高很多	3.1%

32. 认为本人收入水平在本地区属于哪个层次

低收入	21.4%
中等偏下	35.8%
中等收入	36.3%
中等偏上	6.0%
高收入	0.5%

33. 认为当前社会的收入分配差距如何

差距很小	0.6%
差距较小	2.0%
适中	7.0%
差距较大	44.4%
差距很大	46.0%

34. 有了结余资金，将主要用于

储蓄	65.8%
买股票	4.6%
手存现金	5.3%
买债券	2.3%
购买储蓄性保险	4.1%
投资或与别人合资经营	5.7%
换成外币	0.2%
购买收藏品	0.7%
其他方式	11.3%

35. 家庭住房面积

10 平方米及以下	2.1%
11—15 平方米	4.6%
16—20 平方米	6.1%
21—30 平方米	14.4%
31—40 平方米	18.4%
40 平方米以上	54.4%

36. 是否参加了本单位的住房公积金

参加了	68.6%
未参加	31.4%

37. 对目前从事的职业是否满意

很不满意	2.4%
不太满意	9.2%

一般	43.5%
比较满意	35.3%
很满意	9.6%

38. 就业后跨单位调动工作的情况

没调动过	65.7%
调动过1次	23.0%
调动过2次	7.1%
调动过3次	2.8%
调动过4次	0.8%
调动过5次及以上	0.7%

39. 平均调动工作次数

调动过1次	67.0%
调动过2次	20.7%
调动过3次	8.0%
调动过4次	2.2%
调动过5次及以上	2.1%

40. 有机会重新选择职业时最看重的因素之一

收入较高	45.6%
工作清闲	1.4%
职业稳定	25.7%
能发挥专长	13.8%
照顾家庭	1.9%
有福利、有保障	5.7%
有发展机会	4.0%
有社会地位	0.5%
有住房	1.2%
其他	0.2%

41. 有机会重新选择职业时最看重的因素之二

收入较高	5.2%
工作清闲	1.6%
职业稳定	11.8%
能发挥专长	11.0%
照顾家庭	4.5%
有福利、有保障	28.4%
有发展机会	19.7%
有社会地位	4.4%
有住房	12.4%
其他	1.0%

42. 重新选择工作单位时优先考虑的单位之一

机关团体	39.9%
国有企业	22.5%
乡镇企业	2.1%
外商投资企业	13.1%
城镇集体企业	0.6%
事业单位	16.1%
私营企业	1.8%
自办公司或个体户	3.3%
其他	0.7%

43. 重新选择工作单位时优先考虑的单位之二

机关团体	6.0%
国有企业	7.7%
乡镇企业	0.9%
外商投资企业	11.0%
城镇集体企业	1.0%

事业单位 43.4%
私营企业 4.3%
自办公司或个体户 19.1%
其他 6.5%

44. 周实际工时

30 小时及以下 3.1%
31—35 小时 3.3%
36—40 小时 54.7%
41—45 小时 10.2%
46—50 小时 15.5%
51 小时以上 13.2%

45. 就业以来是否曾患过职业病

是 12.0%
否 88.0%

46. 就业以来是否受过工伤

是 10.6%
否 89.4%

47. 患过职业病或受过工伤是否享受应有待遇

全部享受 22.1%
部分享受 39.7%
未享受 38.2%

48. 对本单位劳动安全卫生制度的评价

很不健全 2.2%
不健全 10.3%
基本健全 55.1%
健全 26.4%
很健全 6.0%

49. 认为本单位的劳动安全卫生制度落实得如何

很不好 1.8%
不好 7.2%
一般 47.6%
较好 34.7%
很好 8.6%

50. 对现在工作环境安全卫生设施的评价

不符合国家标准 3.7%
低于国家标准 15.8%
基本符合国家标准 54.3%
符合国家标准 25.3%
超过国家标准 0.8%

51. 对单位提供劳动安全卫生条件的评价

没有提供 3.8%
提供了一部分 24.2%
基本按标准提供 48.5%
按国家标准提供 22.6%
优于国家标准提供 1.0%

52. 对单位执行女职工特殊劳动保护规定的评价

未执行 3.4%
不好 6.2%
一般 44.6%
较好 36.7%
很好 9.2%

53. 就业后接受职业技能培训的情况

没有接受过 27.0%

接受过 1 次 31.6%
接受过 2 次 17.8%
接受过 3 次及以上 23.6%

54. 平均受培训次数

一次 43.3%
二次 24.4%
三次 32.3%

55. 对自己所受到的职业技能培训的评价

很不满意 1.3%
不太满意 5.5%
一般 38.4%
比较满意 45.2%
很满意 9.6%

56. 对本单位职业技能培训工作状况的评价

很不满意 2.7%
不太满意 11.0%
一般 47.1%
比较满意 33.1%
很满意 6.1%

57. 是否正在进行某种职业技能的学习（培训）

参加单位组织培训 10.8%
参加社会上的培训 7.3%
正在自学 18.6%
没有参加培训 63.3%

58. 业务技能与所从事的工作是否相适应

很不适应 1.7%
不太适应 6.4%
基本适应 38.0%
适应 39.4%
完全适应 14.5%

59. 目前最关心的社会保险项目（分组一）

养老保险 71.0%
医疗保险 22.1%
失业保险 6.2%
工伤保险 0.6%
生育保险 0.2%

60. 目前最关心的社会保险项目（分组二）

养老保险 13.6%
医疗保险 61.6%
失业保险 20.5%
工伤保险 3.1%
生育保险 1.2%

61. 今年以来花费医药费

100 元及以下 25.9%
100—150 元 6.0%
151—200 元 13.3%
201—300 元 13.0%
301—400 元 7.3%
401—500 元 9.9%
501—800 元 8.9%
801—1000 元 5.6%
1000 元以上 10.1%

62. 今年实际报销医药费

100 元及以下 33.6%

100—150 元 8.9%
151—200 元 12.0%
201—300 元 12.6%
301—400 元 8.1%
401—500 元 6.3%
501—800 元 6.9%
801—1000 元 3.5%
1000 元以上 8.0%

63. 到目前尚欠报医药费

100 元及以下 28.1%
100—150 元 6.8%
151—200 元 12.6%
201—300 元 11.1%
301—400 元 7.0%
401—500 元 8.6%
501—800 元 8.9%
801—1000 元 5.9%
1000 元以上 10.8%

64. 目前单位医疗费报销办法能否承受

承受不了 23.9%
勉强能够承受 38.5%
能够承受 37.7%

65. 单位是否为本人投保了基本养老保险

投保了 71.7%
未投保 16.1%
不知道 12.1%

66. 目前养老保险办法能否保障退休后基本生活

不能够 16.7%
说不清 56.5%
基本能够 21.9%
能够 4.9%

67. 本人或家庭成员是否购买了商业保险

购买了 12.6%
没有购买 87.4%

68. 是否与所在单位签订了劳动合同

签了 75.9%
没签 18.9%
不知道 5.2%

69. 签订劳动合同时单位是否与本人协商过

是 77.7%
否 22.3%

70. 所在单位履行劳动合同的情况如何

很不好 2.4%
不太好 5.6%
一般 40.8%
较好 34.6%
很好 16.6%

71. 签订劳动合同中是否出现过违反本人意愿行为

出现过 8.4%
没出现过 49.4%
不知道 42.2%

72. 所在单位是否签订了集体合同

签了	40.0%
未签	25.5%
不知道	34.5%

73. 单位签订集体合同后对职工地位有什么影响

反而不如以前	2.3%
走形式	8.5%
不知道	19.7%
没有任何变化	35.0%
地位提高不明显	16.5%
地位有所提高	17.8%

74. 近五年本人与单位发生劳动争议情况

没有	94.6%
一次	2.7%
二次	1.1%
三次及以上	1.5%

75. 近五年本人是否参与过本单位的集体劳动争议

没有	96.2%
一次	2.2%
二次	0.6%
三次及以上	1.1%

76. 与单位发生劳动争议的主要原因（分组一）

因涉及劳动合同	23.6%
因开除辞退职工	5.7%
因自动离职辞职	4.4%
因劳动报酬	44.0%
因保险福利	3.5%
因劳保安卫条件	4.4%
因职业培训	1.6%
因工时和休息休假	7.2%
因女职工特殊保护	0.5%
其他原因	5.0%

77. 与单位发生劳动争议的主要原因（分组二）

因涉及劳动合同	4.6%
因开除辞退职工	6.6%
因自动离职辞职	4.3%
因劳动报酬	20.5%
因保险福利	23.9%
因劳保安卫条件	10.8%
因职业培训	4.4%
因工时和休息休假	18.1%
因女职工特殊保护	1.2%
其他原因	5.7%

78. 与单位发生劳动争议的主要原因（分组三）

因涉及劳动合同	4.4%
因开除辞退职工	0.9%
因自动离职辞职	4.4%
因劳动报酬	5.8%
因保险福利	8.3%
因劳保安卫条件	15.7%
因职业培训	4.5%
因工时和休息休假	25.5%
因女职工特殊保护	5.6%
其他原因	24.9%

79. 与单位发生劳动争议的解决情况

未解决	38.6%
部分解决	44.3%
全部解决	17.1%

80. 最近一次与单位劳动争议通过哪种方式解决

通过调解解决	51.5%
通过仲裁解决	7.6%
通过诉讼解决	4.2%
其他方法	36.7%

81. 目前在本职工作岗位上积极性发挥如何

远没发挥	1.1%
基本没发挥	4.4%
一般	28.3%
基本发挥	41.1%
充分发挥	25.2%

82. 本人积极性得到发挥的主要因素（分组一）

收入高、福利好	15.4%
工作条件好	22.3%
人际关系好	13.7%
企业前景很好	12.9%
个人发展前途有望	5.6%
单位领导清正廉洁	6.0%
单位分配制度合理	5.6%
身体健康	11.6%
领导的表率作用	2.9%
其他	3.9%

83. 本人积极性得到发挥的主要因素（分组二）

收入高、福利好	2.5%
工作条件好	8.3%
人际关系好	9.5%
企业前景很好	9.5%
个人发展前途有望	7.1%
单位领导清正廉洁	6.7%
单位分配制度合理	9.0%
身体健康	20.8%
领导的表率作用	10.1%
其他	16.6%

84. 妨碍本人积极性发挥的主要因素（分组一）

收入低、福利差	41.9%
工作条件不好	7.5%
人际关系不好	4.6%
企业不景气	16.6%
个人发展前途无望	7.3%
单位领导以权谋私	6.9%
分配制度不合理	6.6%
身体不好	2.6%
上司工作能力低	1.8%
其他	4.2%

85. 妨碍本人积极性发挥的主要因素（分组二）

收入低、福利差	6.8%
工作条件不好	6.1%
人际关系不好	2.6%
企业不景气	20.5%

个人发展前途无望 11.1%
单位领导以权谋私 8.0%
分配制度不合理 16.8%
身体不好 5.7%
上司工作能力低 7.5%
其他 15.0%

86. 所在单位是否建立了职代会制度

已建立 79.5%
正在建立 2.8%
没有建立 8.1%
不知道 9.6%

87. 对职代会听取和审议行政负责的工作报告情况的评价

很差 3.0%
较差 5.2%
一般 42.7%
较好 33.7%
很好 15.4%

88. 对职代会审查同意或否决分配方案情况的评价

很差 4.7%
较差 8.8%
一般 47.3%
较好 29.2%
很好 10.1%

89. 对职代会审议决定职工福利基金使用情况的评价

很差 6.4%
较差 12.0%
一般 45.7%
较好 26.7%
很好 9.2%

90. 对职代会评议监督领导干部情况的评价

很差 7.2%
较差 12.1%
一般 48.0%
较好 24.3%
很好 8.4%

91. 对向职代会报告企业招待费使用情况的评价

很差 9.7%
较差 12.5%
一般 46.4%
较好 22.8%
很好 8.7%

92. 对职代会选举或推荐行政领导人员情况的评价

很差 8.5%
较差 12.4%
一般 47.0%
较好 23.9%
很好 8.1%

93. 对职代会监督决议执行情况的评价

很差 6.4%
较差 10.4%
一般 47.1%
较好 27.1%
很好 9.0%

94. 自己有可能下岗或失业吗

很有可能	8.6%
有可能	24.7%
说不清楚	34.4%
不太可能	18.2%
不可能	14.1%

95. 本单位可能面临破产或被兼并吗

很有可能	9.1%
有可能	18.9%
说不清楚	30.5%
不太可能	18.7%
不可能	22.8%

96. 让职工持有本企业股份对企业发展是否有利

不利	4.9%
说不清	57.7%
有利	37.4%

97. 让职工持有本企业股份对职工自己是否有利

不利	6.6%
说不清	58.8%
有利	34.6%

98. 目前本单位经营管理方面存在的主要问题

主管部门用人不当	12.2%
经营者决策失当	8.9%
积极性发挥不好	24.8%
内部分配不公	6.6%
经营者素质差	7.4%
现有政策束缚企业	16.7%
其他	23.4%

99. 是否赞成鼓励兼并规范破产减人增效的政策

不赞成	8.2%
不太赞成	6.6%
说不清楚	27.8%
无所谓	9.0%
赞成	34.6%
很赞成	13.7%

100. 是否赞成采取股份合作制等形式加快国企改革

不赞成	4.6%
不太赞成	4.4%
说不清楚	26.6%
无所谓	9.4%
赞成	41.2%
很赞成	13.9%

101. 对国有企业的改革是否有信心

没有信心	4.1%
信心不足	11.0%
说不清楚	17.5%
一般	23.7%
有信心	35.0%
很有信心	8.6%

102. 认为周围的社会公德气氛如何

不好	8.5%
不太好	15.3%
说不清楚	3.0%
一般	45.7%
较好	21.6%

好 5.9%

103. 认为周围同事的职业道德行为如何

做得不好 4.6%
做得不太好 8.3%
说不清楚 3.9%
一般 50.3%
做得较好 26.2%
做得很好 6.8%

104. 认为周围同事的家庭美德情况如何

不好 1.5%
不太好 3.3%
说不清楚 3.7%
一般 42.5%
较好 38.9%
很好 10.1%

105. 本人主要通过什么途径了解时事新闻

电视 72.5%
报纸杂志 22.0%
广播 3.6%
其他 1.0%
不关心时事新闻 0.9%

106. 本人收看中央电视台新闻联播节目的情况

经常看 75.8%
偶尔看 21.5%
从来不看 1.0%
没有电视机 1.7%

107. 本人喜欢看哪类电视节目

新闻类 38.3%
体育类 12.5%
文艺类 8.1%
广告类 0.5%
故事片、电视剧类 18.5%
纪实报道类 18.5%
教育、科普类 2.0%
戏曲类 0.6%
其他节目 0.9%

108. 本单位工会帮助职工解困方面发挥作用如何

没作用 5.6%
作用不大 12.9%
一般 34.8%
有作用 37.0%
作用很大 9.7%

109. 对本单位工会工作状况的评价

很差 3.1%
较差 5.6%
一般 41.3%
较好 37.3%
很好 12.7%

110. 认为本单位工会哪方面作用发挥得好

维护职工具体利益 34.6%
代表职工参与管理 18.8%
开展群众生产活动 13.3%
帮助职工提高素质 16.4%
都不好 16.8%

111. 劳动权利受到侵害时工会能否维护

不能够	10.3%
说不清	30.6%
基本能够	38.6%
能够	20.5%

112. 遇到生活困难时首先想到找谁解决困难

单位党组织	13.3%
单位行政	13.4%
工会	33.5%
政府有关部门	2.0%
朋友或同乡	29.0%
其他	8.8%

113. 对本单位工会签订集体合同工作的评价

没开展这项工作	17.0%
没有成效	3.3%
不知道	27.0%
成效不大	15.0%
有成效	32.8%
很有成效	5.0%

114. 对本单位工会参与调处劳动争议工作的评价

没作用	8.3%
作用不大	12.5%
一般	37.6%
有作用	34.8%
作用很大	6.8%

115. 认为当前基层工会应重点抓好的工作之一

协商签订集体合同	15.5%
民主评议企业干部	20.8%
帮助职工解决困难	44.5%
开展职业培训活动	6.6%
组织生产竞赛活动	3.7%
思想政治文体活动	4.4%
参与经管重大改革	4.2%
其他	0.2%

116. 认为当前基层工会应重点抓好的工作之二

协商签订集体合同	2.7%
民主评议企业干部	8.0%
帮助职工解决困难	24.1%
开展职业培训活动	13.7%
组织生产竞赛活动	8.1%
思想政治文体活动	20.9%
参与经管重大改革	21.4%
其他	1.2%

117. 对近两年来工会社会地位、作用的评价

下降很多	6.5%
有所下降	16.9%
不清楚	11.9%
没有变化	25.8%
有提高	34.2%
大有提高	4.6%

118. 参与单位劳动竞赛活动的积极性如何

不积极	2.1%
不太积极	4.1%
一般	49.0%
积极性较高	33.1%
积极性很高	11.7%

119. 过去一年来本人给单位提出过多少条合理化建议

没提过	52.1%
提过1条	17.2%
提过2条	13.8%
提过3条	6.3%
提过4条	1.8%
提过5条以上	8.8%

120. 提出的合理化建议被采纳的情况

采纳过	32.8%
未采纳过	22.8%
不知道	44.4%

121. 合理化建议被采纳后是否受到过奖励

是	27.2%
否	72.8%

122. 对本单位评选劳模等工作实际效果的评价

很不好	3.4%
不太好	7.7%
说不清	13.3%
一般	40.6%
较好	27.9%
很好	7.1%

123. 对本单位劳模和先进工作者榜样作用的评价

很不好	2.1%
不太好	5.2%
说不清	12.5%
一般	41.3%
较好	30.9%
很好	8.1%

124. 本人想当劳模（先进工作者）吗

想当	53.3%
不想当	7.8%
没想过	38.8%

125. 对1992年以来基层单位职工主人翁地位变化情况的评价

下降很多	9.3%
有所下降	15.8%
说不清楚	17.8%
没有变化	23.6%
有提高	29.4%
大有提高	4.1%

126. 是否赞成“应让职工在基层更多地自己管理自己”的说法

不赞成	3.2%
不太赞成	5.2%
说不清楚	15.7%
无所谓	9.7%
赞成	52.6%
很赞成	13.5%

127. 是否赞成“市场经济条件下也应该有社会责任感”的说法

不赞成	0.4%
不太赞成	0.6%
说不清楚	8.5%
无所谓	4.1%
赞成	58.4%
很赞成	28.0%

128. 是否赞成“职工作为国家主人的各项权利是通过法律来具体规定”的说法

不赞成	1.1%
不太赞成	1.5%
说不清楚	12.7%
无所谓	4.6%
赞成	55.2%
很赞成	24.9%

129. 单位目前干群关系如何

很不好	3.0%
不太好	5.8%
说不清	7.3%
一般	40.9%
较好	32.6%
很好	10.3%

130. 单位目前党群关系如何

很不好	1.8%
不太好	3.0%
说不清	9.9%
一般	39.9%
较好	32.9%
很好	12.4%

1997年全国职工队伍状况调查单位卷综合数据

1. 省市区代码

北京	7.6%
内蒙古	6.6%
辽宁	7.4%
吉林	6.2%
上海	7.2%
江苏	7.2%
福建	6.7%
山东	6.7%
河南	6.6%
湖北	7.9%
广东	6.9%
四川	4.3%
云南	5.8%
陕西	6.7%
甘肃	6.3%

2. 行业

农、林、牧、渔业	5.5%
采掘业	5.6%
制造业	9.1%
电力煤气水产供业	5.7%
建筑业	6.8%
地勘、水利管理业	6.0%
交通运输邮电通信	7.1%
批发零售贸易餐饮	8.1%
金融、保险业	6.1%
房地产业	6.0%
社会服务业	7.2%
卫生体育社会福利	6.9%
教育文化艺术广电	7.2%
科研综合技术服务	6.0%
国家政党社会团体	6.7%

3. 单位类别

企业	64.3%
事业	29.5%
机关、团体	6.2%

4. 单位经济类型

国有经济	70.0%
集体经济	15.8%
私营经济	0.5%
联营经济	0.7%
股份制经济	7.6%
外商投资经济	3.2%
港、澳、台投资经济	1.9%
其他经济	0.3%

5. 单位经济效益状况

濒临破产或严重亏损	12.2%
略有亏损	21.8%

持平或微利	33.4%
较好	30.3%
很好	2.4%

6. **单位职工总数**

100 人以下	18.3%
100—200 人	14.3%
200—300 人	9.3%
300—500 人	12.1%
500—1000 人	15.7%
1000—3000 人	18.6%
3000 人以上	11.7%

7. **女职工人数**

100 人以下	41.1%
100—200 人	16.3%
200—300 人	9.6%
300—500 人	11.6%
500—1000 人	10.4%
1000—3000 人	8.4%
3000 人以上	2.6%

8. **离退休职工人数**

100 人以下	51.1%
100—200 人	13.1%
200—300 人	8.0%
300—500 人	9.1%
500—1000 人	9.8%
1000—3000 人	6.7%
3000 人以上	2.2%

9. **内退职工人数**

50 人以下	75.2%
50—100 人	11.6%
100—300 人	8.8%
300 人以上	4.4%

10. **提前退休职工人数**

50 人以下	74.1%
50—100 人	11.8%
100 人以上	14.2%

11. **下岗职工人数**

50 人以下	48.7%
50—100 人	12.4%
100—200 人	15.2%
200—500 人	13.3%
500 人以上	10.3%

12. **临时工人数**

20 人以下	42.5%
20—50 人	20.5%
50—100 人	13.3%
100—300 人	13.5%
300 人以上	10.1%

13. **农民合同工人数**

10 人以下	23.8%
10—100 人	42.7%
100—500 人	24.0%
500 人以上	9.6%

14. **农民劳务工人数**

10 人以下	19.0%
10—100 人	39.5%
100—500 人	23.6%
500 人以上	17.9%

15. **中共党员人数**

20 人以下	20.7%

20—50 人	19.6%
50—100 人	15.6%
100—200 人	14.5%
200—500 人	16.3%
500 人以上	13.3%

16. 共青团员人数

20 人以下	31.1%
20—50 人	19.7%
50—100 人	13.4%
100—200 人	14.3%
200—500 人	13.3%
500 人以上	8.2%

17. 大专及以上文化程度人数

20 人以下	27.6%
20—50 人	18.9%
50—100 人	16.1%
100—200 人	15.1%
200—500 人	13.4%
500 人以上	8.9%

18. 工人技师人数

5 人以下	45.0%
5—10 人	15.1%
10—20 人	13.8%
20—50 人	14.1%
50—100 人	5.9%
100 人以上	6.1%

19. 35 岁及以下职工人数

50 人以下	28.3%
50—100 人	13.4%
100—300 人	23.2%
300—500 人	11.3%
500—1000 人	10.9%
1000 人以上	12.9%

20. 下岗职工中在家待业人数

20 人以下	41.7%
20—50 人	16.9%
50—100 人	13.6%
100—200 人	11.4%
200 人以上	16.4%

21. 下岗职工中参加转岗培训人数

50 人以下	69.8%
50—100 人	12.0%
100 人以上	18.2%

22. 已到其他单位重新就业人数

50 人以下	74.5%
50—100 人	11.1%
100 人以上	14.5%

23. 下岗职工中自谋职业人数

50 人以下	68.2%
50—100 人	11.7%
100 人以上	20.1%

24. 下岗职工中其他去向人数

50 人以下	69.0%
50—100 人	9.1%
100 人以上	22.0%

25. 1995 年职工年平均工资（元/人年）

500 元以下	4.8%
500—1000 元	2.6%
1000—3000 元	7.0%

3000—5000 元	24.5%
5000—8000 元	36.6%
8000 元以上	24.5%

26. 1996 年职工年平均工资（元/人年）

500 元以下	4.4%
500—1000 元	2.9%
1000—3000 元	5.9%
3000—5000 元	19.0%
5000—8000 元	36.5%
8000 元以上	31.2%

27. 今年以来单位工资发放情况

正常	78.8%
偶尔拖欠	14.0%
经常拖欠	7.2%

28. 单位职工月工资总额

100 万元以下	79.3%
100—200 万元	8.3%
200—500 万元	7.8%
500—1000 万元	2.2%
1000 万元以上	2.3%

29. 单位每月离退休金总额

100 万元以下	94.2%
100—200 万元	2.5%
200—500 万元	1.3%
500—1000 万元	0.6%
1000 万元以上	1.4%

30. 离退休金总额占工资总额的百分比

10% 以下	19.0%
10%—20%	23.7%
20%—30%	21.6%
30%—40%	14.7%
40%—50%	8.2%
50% 以上	12.8%

31. 离退休金发放办法

本单位发	69.1%
社会发放（指银行社保）	19.4%
单位和社会各发一部分	11.5%

32. 是否执行 40 小时工时制度

是	89.3%
否	4.5%
在部分职工中或岗位上	6.3%

33. 安排职工加班加点情况

经常安排	10.6%
偶尔安排	71.0%
不安排	18.5%

34. 职工参加养老保险情况

全部参加	67.7%
部分参加	14.9%
未参加	17.4%

35. 职工参加医疗保险情况

全部参加	30.0%
部分参加	7.2%
未参加	62.8%

36. 职工参加失业保险情况

全部参加	46.1%
部分参加	8.7%
未参加	45.2%

37. 职工参加工伤保险情况

全部参加	30.0%
部分参加	7.2%
未参加	62.8%

38. 职工参加生育保险情况

全部参加	26.6%
部分参加	6.9%
未参加	66.5%

39. 单位为职工交纳的养老保险费占工资总额的百分比

10%以下	20.6%
10%—20%	32.5%
20%—30%	43.3%
30%以上	3.6%

40. 职工个人交纳养老保险费占职工缴费工资的百分比

10%以下	94.3%
10%—20%	3.4%
20%—30%	1.0%
30%以上	1.2%

41. 上一年度发生3万元以上医疗费的职工数

10人以下	82.9%
10—19人	11.2%
20—29人	1.7%
30人以上	4.2%

42. 医疗制度改革情况

按国家规定参加医改	39.9%
单位自行改革	60.1%

43. 是否参加大病医疗费用统筹

参加了	23.4%
没参加	76.6%

44. 是否为职工建立补充保险

是	28.3%
否	71.7%

45. 是否为职工建立医疗补充保险

建立了	30.0%
没建立	70.0%

46. 是否为职工建立养老补充保险

建立了	53.1%
没建立	46.9%

47. 是否为职工建立伤残补充保险

建立了	22.2%
没建立	77.8%

48. 是否为职工建立失业补充保险

建立了	26.0%
没建立	74.0%

49. 是否为职工建立意外灾害补充保险

建立了	38.7%
没建立	61.3%

50. 是否为职工建立综合性补充保险

建立了	20.2%
没建立	79.8%

51. 工会是否建立职工互助补充保险

是	15.3%
否	84.7%

52. 工会是否建立职工医疗互助补充保险

建立了 28.9%
没建立 71.1%

53. 工会是否建立职工养老互助补充保险

建立了 22.7%
没建立 77.3%

54. 工会是否建立职工死亡丧葬互助补充保险

建立了 30.8%
没建立 69.2%

55. 工会是否建立职工工伤互助补充保险

建立了 20.1%
没建立 79.9%

56. 工会是否建立职工失业互助补充保险

建立了 8.1%
没建立 91.9%

57. 工会是否建立职工意外灾害互助补充保险

建立了 32.9%
没建立 67.1%

58. 工会是否建立其他职工互助补充保险险种

建立了 19.3%
没建立 80.7%

59. 今年以来职工医疗费报销情况

正常 70.9%
偶尔拖欠 12.3%
经常拖欠 16.8%

60. 今年以来离退休金发放情况

正常 88.4%
偶尔拖欠 8.1%
经常拖欠 3.5%

61. 年初家庭收入低于最低生活保障线职工数

10人以下 53.4%
10—20人 11.6%
20—50人 13.8%
50—100人 6.6%
100—200人 4.7%
200人以上 9.9%

62. 是否建立困难职工档案

建立了 57.6%
没建立 42.4%

63. 本年度已脱贫职工数

10人以下 65.3%
10—20人 5.3%
20—50人 9.1%
50—100人 6.3%
100—200人 4.2%
200人以上 9.8%

64. 是否开展送温暖活动

开展了 91.7%
没开展 8.3%

65. 是否开展民主评议企业领导干部的工作

是 76.3%

否 23.7%

66. 企业领导干部是否定期向职代会述职

是 64.3%

否 35.7%

67. 民主评议后是否制定整改措施

是 89.3%

否 10.7%

68. 签订劳动合同的职工人数

50人以下 20.5%

50—100人 10.2%

100—200人 11.3%

200—300人 7.4%

300—500人 10.5%

500—1000人 13.1%

1000人以上 26.9%

69. 是否建立集体协商（谈判）制度

是 46.8%

否 53.2%

70. 是否签订了集体合同

是 47.2%

否 52.8%

71. 集体合同的期限

一年 35.7%

二年 15.4%

三年 42.1%

其他 6.8%

72. 签订集体合同前是否经过平等协商

是 95.1%

否 4.9%

73. 集体合同草案是否经过职代会审议通过

是 92.8%

否 7.2%

74. 集体合同是否经过双方签字

是 95.7%

否 4.3%

75. 集体合同文本双方上报劳动部门备案

是 90.6%

否 9.4%

76. 集体合同是否向全体职工公布

公布了 92.5%

未公布 7.5%

77. 采取何种形式向全体职工公布集体合同

开会传达 48.5%

将集体合同文本印发给 10.4%

将集体合同文本印发给 25.2%

向全体职工宣读集体合同 8.5%

将集体合同文本张贴 5.8%

其他 1.5%

78. 集体合同是否规定了实现双方义务具体措施

规定了 94.4%

没有规定 5.6%

79. 集体合同的履行兑现情况

全部兑现 66.3%

部分兑现 31.4%

未兑现 2.3%

80. 是否发生过集体合同争议

发生过 7.0%

没发生过 93.0%

81. 发生集体合同争议的原因

因签订集体合同 29.0%

因履行集体合同 71.0%

82. 因签订集体合同发生争议的处理结果

得到解决 87.1%

未得到解决 12.9%

83. 因履行集体合同发生争议的处理结果

双方协商解决 89.2%

通过申请仲裁解决 8.1%

没有解决 2.7%

84. 是否建立了执行《劳动法》监督检查制度

建立了 53.9%

未建立 46.1%

85. 是否建立了执行《劳动法》监督检查机构

建立了 51.6%

未建立 48.4%

86. 是否建立了劳动争议调解组织

是 74.6%

否 25.4%

87. 1995 年以来劳动争议调处情况

全部解决 70.1%

大部分解决 22.0%

小部分解决 3.9%

基本未解决 3.9%

88. 是否建立了职业培训制度

建立了 77.8%

未建立 22.2%

89. 1995 年以来劳动安全卫生事故发生情况

未发生 68.3%

较少发生 30.3%

较多发生 1.5%

90. 是否建立了职代会制度

建立了 83.5%

未建立 12.7%

正在建立 3.9%

91. 单位工会是否具备社团法人资格条件

具备了 65.9%

不具备 34.1%

92. 单位工会是否已取得社团法人资格（证书）

取得了 41.3%

未取得 58.7%

93. 今年以来工会经费是否能按时拨交

能 75.5%

不能 24.5%

94. 今年以来工会经费是否能足额拨交

能 73.1%

不能 26.9%

95. 上半年已拨交工会经费占今年应拨总额的百分比

20%以下	7.9%
20%—50%	13.3%
50%—80%	54.8%
80%—100%	24.0%

96. 单位工会干部数

5人以下	48.4%
5—10人	19.7%
10—15人	7.4%
15—20人	5.7%
20—25人	4.3%
25人以上	14.5%

97. 专职工会干部

5人以下	71.7%
5—10人	12.8%
10—15人	5.0%
15—20人	3.2%
20—25人	1.7%
25人以上	5.5%

98. 单位工会会员数

50人以下	12.5%
50—100人	11.6%
100—200人	16.1%
200—500人	20.2%
500—1000人	14.1%
1000人以上	25.5%

99. 是否设立了董事会

设了	19.0%
未设	81.0%

100. 工会主要负责人是否进入了董事会

进了	27.6%
未进	72.4%

101. 是否设立了监事会

设了	16.0%
未设	84.0%

102. 工会主要负责人是否进入了监事会

进了	30.5%
未进	69.5%

103. 是否实行了经营者年薪制

实行了	9.4%
未实行	90.6%

104. 厂长（经理）的年薪

5000元以下	13.1%
5000—10000元	31.4%
10000—20000元	32.7%
20000—30000元	9.1%
30000—40000元	5.9%
40000元以上	7.8%

105. 党委书记的年薪

5000元以下	13.0%
5000—10000元	34.2%
10000—20000元	33.6%
20000—30000元	9.2%
30000—40000元	3.8%
40000元以上	6.2%

106. 工会主席的年薪

5000元以下	16.8%

5000—10000 元　39.5%
10000—20000 元　31.0%
20000—30000 元　6.9%
30000—40000 元　2.7%
40000 元以上　3.1%

107. 是否制定了依靠群众办企业的制度和集体措施

是　63.3%
否　36.7%

108. 单位工会兴办三产安置富余职工的工作情况

做了　38.8%
没做　61.2%

109. 单位工会的再就业培训工作情况

做了　25.4%
没做　74.6%

110. 单位工会帮助下岗职工牵线搭桥的工作情况

做了　42.2%
没做　57.8%

1997 年全国职工队伍状况调查
单位党政工领导卷综合数据

1. 省区市

北京	6.8%
内蒙古	7.1%
辽宁	6.9%
吉林	6.8%
上海	6.6%
江苏	6.8%
福建	6.9%
山东	6.9%
河南	6.7%
湖北	6.8%
广东	6.2%
四川	5.0%
云南	6.8%
陕西	6.9%
甘肃	6.8%

2. 性别

男	86.5%
女	13.5%

3. 年龄

30 岁以下	1.4%
31—40 岁	13.3%
41—50 岁	51.4%
51 岁以上	33.9%

4. 工龄

10 年以下	2.1%
11—20 年	10.5%
21—30 年	55.3%
31—40 年	29.3%
40 年以上	2.8%

5. 文化程度

不识字或识字不多	0.5%
小学	0.8%
初中	5.7%
普通高中	8.0%
中技	0.8%
中专	14.8%
大专	42.1%
大学本科	25.3%
研究生及以上	2.0%

6. 身份（兼职者按主要职务）

党组织主要负责人	33.4%
行政主要负责人	33.3%
工会主要负责人	33.3%

7. 单位类别

企业	66.6%

事业 28.1%

机关团体 5.3%

8. 单位经济类型

国有经济 76.4%

集体经济 11.5%

私营经济 0.8%

联营经济 0.9%

股份制经济 6.4%

外商投资经济 2.9%

港澳台投资经济 1.0%

其他经济 0.3%

9. 单位经济效益状况

濒临破产或严重亏损 13.0%

略有亏损 21.2%

持平或微利 30.4%

较好 31.2%

很好 4.1%

10. 单位是否建有职代会

是 90.2%

否 9.8%

11. 对职代会行使职权“听取和审议行政负责人报告”情况的评价

较好 72.2%

一般 25.6%

较差 2.2%

12. 对行使职权“审查工资奖金分配方案及重要规章制度”情况的评价

较好 60.1%

一般 35.7%

较差 4.1%

13. 对行使职权“审议决定有关职工生活福利重大事项”情况的评价

较好 62.4%

一般 33.6%

较差 4.0%

14. 对行使职权“评议监督领导公布提出奖惩和任免建议”情况的评价

较好 40.9%

一般 49.1%

较差 10.0%

15. 对职代会行使职权听取和审议行政负责人报告情况的评价

较好 32.5%

一般 48.9%

较差 18.6%

16. 对职代会行使职权“监督决议执行情况”的情况评价

较好 51.3%

一般 43.3%

较差 5.4%

17. 对职代会行使职权“听取企业招待费使用情况”情况的评价

较好 49.0%

一般 39.0%

较差 12.0%

18. 对近几年国有企业改革发展成效的评价

有很大成绩 7.0%

有成绩	58.2%
和原来差不多	6.8%
成绩不大	20.3%
不好说	7.8%

19. 认为目前所在单位经营管理方面主要存在的问题

主管部门用人不当	5.5%
经营决策失当	6.3%
积极性发挥不好	21.0%
内部分配不公	3.6%
经营者素质差	5.9%
政策对企业发展不利	39.8%
其他	17.9%

20. 是否赞成“鼓励兼并、规范破产……实施再就业工程”的政策

很赞成	27.4%
赞成	59.8%
无所谓	2.1%
不太赞成	3.6%
不赞成	1.1%
说不清楚	6.0%

21. 是否赞成“采取改组、联合……的改革”

很赞成	30.4%
赞成	61.8%
无所谓	1.6%
不太赞成	1.2%
不赞成	0.7%
说不清楚	4.4%

22. 认为让职工持有本企业股份对企业发展是否有利

有利	81.2%
不利	3.5%
说不清	15.3%

23. 认为让职工持有本企业股份对职工自己是否有利

有利	75.5%
不利	4.4%
说不清	20.1%

24. 对国有企业改革是否有信心

很有信心	17.0%
有信心	57.0%
一般	16.8%
信心不足	5.7%
没有信心	0.6%
说不清楚	2.9%

25. 认为当前社会的收入分配差距如何

差距很大	37.2%
差距较大	53.5%
适中	5.8%
差距较小	2.9%
差距很小	0.6%

26. 是否知道全国总工会提出的“工会工作总体思路”

知道	84.8%
不知道	15.2%

27. 认为工会工作总体思路的主要精神是

突出工会组织职工参与民主管理 33.6%
突出工会开展劳动竞赛 1.5%
突出工会的维护职能 61.6%
突出工会教育职能 3.3%

28. 认为当前基层工会开展的最受职工欢迎的一项工作是

平等协商，签订集体合同 14.5%
组织职工民主评议企业领导 13.9%
开展送温暖活动 31.3%
建设职工之家 12.9%
开展文娱体育活动 18.9%
职业教育 3.5%
劳动竞赛 2.8%
加强劳动安全卫生 1.2%
其他 1.2%

29. 认为应该从哪些来增强工会组织的吸引力和凝聚力

维护职工合法权益 49.7%
为职工办实事好事 43.9%
开展文娱体育活动 2.1%
组织职工代表评议领导 1.2%
领导干部的个人人格魅力 1.7%
组织开展生产劳动竞赛 1.4%

30. 认为当前工会存在的主要问题

脱离职工群众 6.0%
所做工作不适应职工的需要 35.2%
工会干部素质低 8.4%
开展工作方式方法不当 15.0%
说不清 23.5%
其他 12.0%

31. 认为市场经济条件下工会有无必要加强维护力度

很有必要 63.8%
有必要 34.4%
必要性 1.4%
没有必要 0.4%

32. 认为当前职工迫切需要工会维护的合法权益是

就业 38.8%
收入分配 30.0%
住房 6.9%
休息休假 1.6%
安全卫生劳动卫生 4.2%
社会保障 12.6%
职业教育 1.1%
民主参与管理 4.6%
其他 0.2%

33. 认为工会干部与职工群众的关系如何

好 23.3%
较好 58.4%
一般 17.7%
较差 0.5%
差 0.0%

34. 认为党政干部与职工群众的关系如何
好 15.9%
较好 56.2%
一般 25.5%
较差 2.2%
差 0.2%

35. 对本单位职工队伍整体素质的评价
很好 6.4%
较好 59.9%
一般 30.4%
较差 2.9%
很差 0.4%

36. 所在单位的工会干部对职工切身利益的关心程度
关心 38.3%
较关心 54.1%
关心不够 7.4%
不关心 0.2%

37. 所在单位的工会干部能否适应职工群众的要求
能适应 24.7%
基本适应 61.0%
有一定差距 12.8%
不适应 1.2%
说不清 0.2%

38. 认为集体合同在签订及履行中存在的主要问题
平等协商不够 10.1%
反映职工要求不够具体 16.2%
集体合同条款落实不够 12.8%
对违反集体合同行为难以有效纠正 9.1%
对集体合同监督不够 9.6%
客观条件不到劳动法规规定标准 27.5%
说不清 14.9%

39. 认为本单位工会哪方面作用发挥得好
维护职工具体利益 41.7%
代表职工参与企业管理 34.4%
组织职工开展群众性生产技术活动 13.4%
帮助职工提高素质 10.4%

40. 对本单位工会维护职工合法权益工作成效的评价
很好 13.6%
较好 66.0%
一般 19.2%
较差 1.1%
很差 0.1%

41. 对本单位工会协助企业行政搞好生产建设工作成效的评价
很好 16.9%
较好 60.9%
一般 20.5%
较差 1.5%
很差 0.1%

42. **对本单位工会代表和组织职工参与企业管理工作成效的评价**

很好	11.5%
较好	54.8%
一般	30.5%
较差	3.0%
很差	0.2%

43. **对本单位工会教育职工提高素质工作成效的评价**

很好	10.0%
较好	52.1%
一般	34.8%
较差	3.0%
很差	0.1%

44. **对本单位工会协助行政搞好劳动就业工作成效的评价**

很好	11.7%
较好	45.9%
一般	38.4%
较差	3.7%
很差	0.4%

45. **对本单位工会参与工资分配工作成效的评价**

很好	11.5%
较好	47.1%
一般	36.5%
较差	4.4%
很差	0.6%

46. **对本单位工会保险福利工作成效的评价**

很好	15.5%
较好	52.7%
一般	28.1%
较差	3.2%
很差	0.5%

47. **对本单位工会开展的扶贫解困工作成效的评价**

很好	25.1%
较好	52.5%
一般	20.8%
较差	1.4%
很差	0.2%

48. **对本单位工会参与调解劳动争议工作成效的评价**

很好	15.4%
较好	53.2%
一般	28.9%
较差	2.2%
很差	0.3%

49. **对上一级工会工作的评价**

很好	16.9%
较好	54.2%
一般	26.3%
较差	2.1%
很差	0.6%

50. **希望上级工会重点加强哪方面的工作**

代表反映职工的意愿和

要求	44.4%
对工会工作宏观和分类指导	20.8%
参与涉及职工切身利益法规制定	22.3%
对重要活动进行协调	2.1%
为基层提供理论政策和法规咨询	9.6%
其他	0.9%

51. 对近两年来工会社会地位及作用的评价

大有提高	7.2%
有提高	48.2%
变化不大	31.1%
下降了	12.5%
不清楚	1.0%

1997 年全国职工队伍状况调查下岗职工专页综合数据

1. 省

北京	3.4%
内蒙古	14.3%
辽宁	10.9%
吉林	7.7%
上海	5.6%
江苏	4.5%
福建	3.2%
山东	8.8%
河南	7.6%
湖北	7.2%
广东	4.0%
四川	6.5%
云南	3.7%
陕西	6.5%
甘肃	6.1%

2. 所有制

国有经济	75.0%
集体经济	20.7%
私营经济	0.4%
联营经济	0.7%
股份制经济	2.0%
外商投资经济	0.6%
港澳台投资经济	0.6%

3. 国民经济门类

农、林、牧、渔业	8.1%
采掘业	10.7%
制造业	18.9%
电力煤水气水产供业	2.2%
建筑业	12.4%
地勘、水利管理业	6.9%
交通运输邮电通信	10.4%
批发零售贸易餐饮	14.7%
金融、保险业	0.4%
房地产业	3.8%
社会服务业	4.5%
卫生体育社会福利	1.2%
教育文化艺术广电	1.1%
科研综合技术服务	3.4%
国家政党社会团体	1.2%

4. 下岗或失业的时间

1992 年及以前	10.2%
1993 年	6.5%
1994 年	7.7%
1995 年	12.4%
1996 年	27.2%

1997 年 36.0%

5. 下岗或失业的原因

任务不足而减人 51.5%

不满现状自动离职 5.1%

单位破产 4.4%

专业不对口 2.7%

达不到要求只能下岗 5.4%

其他原因 30.8%

6. 下岗或失业前的职业身份

企业直接生产工人 36.5%

企业辅助生产工人 14.1%

企业服务人员 21.2%

企业技术人员 5.3%

企业一般管理干部 7.7%

企业中层管理干部 2.3%

事业工人 7.1%

事业技术人员 3.8%

事业一般干部 1.2%

事业科级干部 0.1%

事业处级干部 0.1%

事业局级及以上干部 0.2%

机关团体一般干部 0.1%

机关团体科级干部 0.2%

7. 下岗或失业后从原单位获得经济收入情况

下岗后得到一次性补助 2.9%

下岗后单位定期补助 53.7%

下岗后领不到任何收入 29.3%

按国家标准领救济金 14.1%

8. 下岗或失业时单位一次性补助多少

1000 元以下 98.8%

1000—2000 元 0.9%

2000—5000 元 0.1%

5000 元以上 0.2%

9. 单位定期每月补助多少

100 元以下 21.0%

100—150 元 29.7%

150—200 元 22.3%

200—250 元 10.3%

250—300 元 7.1%

300 元以上 9.6%

10. 下岗、失业后的主要生活来源之一

原单位的下岗补助 44.0%

家庭其他成员收入 29.3%

原来的储蓄 2.9%

亲友接济 5.4%

领取社会保障救济金 1.2%

从事个体经营 7.3%

打零工 8.0%

借债 0.8%

其他 1.2%

11. 下岗、失业后的主要生活来源之二

原单位的下岗补助 6.8%

家庭其他成员收入 23.7%

原来的储蓄 8.9%

亲友接济 8.9%

领取社会保障救济金 2.0%

从事个体经营　10.7%
打零工　22.6%
借债　7.6%
其他　8.7%

12. **下岗或失业后是否寻找过工作**
找过　67.6%
没找过　32.4%

13. **若找过工作，是否找到**
找到了　26.0%
没找到　74.0%

14. **没找到工作的原因**
自己不愿去　19.3%
想去的单位不接收　80.7%

15. **不找工作的原因**
自己上岗条件差　21.4%
经济上没有压力　11.3%
其他　67.3%

16. **下岗失业后是否接受过再就业训练**
接受过　10.6%
没有接受过　89.4%

17. **下岗失业后单位是否为其安排过再就业机会**
安排过　26.3%
未安排过　73.7%

1997 年全国职工队伍状况调查
离退休职工专页综合数据

1. 省

北京	5.6%
内蒙古	5.4%
辽宁	6.0%
吉林	5.1%
上海	4.6%
江苏	6.2%
福建	8.2%
山东	8.1%
河南	9.7%
湖北	5.1%
广东	4.3%
四川	7.4%
云南	10.9%
陕西	6.2%
甘肃	7.3%

2. 所有制

国有经济	82.9%
集体经济	12.8%
私营经济	0.2%
联营经济	0.4%
股份制经济	1.8%
外商投资经济	1.0%
港澳台投资经济	0.9%

3. 国民经济门类

农、林、牧、渔业	7.0%
采掘业	7.5%
制造业	6.5%
电力煤气水产供业	5.5%
建筑业	6.8%
地勘、水利管理业	8.8%
交通运输邮电通信	9.0%
批发零售贸易餐饮	7.5%
金融、保险业	4.5%
房地产业	5.3%
社会服务业	5.2%
卫生体育社会福利	6.2%
教育文化艺术广电	6.5%
科研综合技术服务	8.1%
国家政党社会团体	5.5%

4. 哪年退休

1960—1970 年	0.3%
1970—1980 年	4.2%
1980—1990 年	31.5%
1990 年以后	64.1%

5. 退休前的工资收入

200 元以下	31.0%
200—400 元	24.1%
400—600 元	20.0%
600—800 元	13.1%
800—1000 元	6.2%
1000 元以上	5.5%

6. 退休时核定的月工资

200 元以下	31.2%
200—400 元	26.0%
400—600 元	23.4%
600—800 元	12.5%
800—1000 元	4.6%
1000 元以上	2.2%

7. 现在单位每月应发给退休金

200 元以下	3.8%
200—400 元	19.2%
400—600 元	31.9%
600—800 元	27.2%
800—1000 元	13.1%
1000 元以上	4.7%

8. 退休后是否能按时领到退休金

能够	92.9%
不能够	7.1%

9. 退休后是否能足额领到退休金

能够	94.3%
不能够	5.7%

10. 到上月止，共被拖欠多少个月的退休金

半年以内	74.9%
半年至一年	14.1%
一年至一年半	2.8%
一年半至二年	2.8%
二年以上	5.3%

11. 到上月止，共被拖欠多少元退休金

500 元以下	28.9%
500—1000 元	27.6%
1000—2000 元	21.4%
2000—3000 元	8.2%
3000—4000 元	4.8%
4000 元以上	9.2%

12. 退休前的职业身份

企业直接生产工人	12.9%
企业辅助生产工人	4.8%
企业服务人员	5.5%
企业技术人员	6.9%
企业一般管理干部	14.5%
企业中层管理干部	13.2%
企业高层管理干部	3.0%
事业工人	5.3%
事业技术人员	11.8%
事业一般干部	4.5%
事业科级干部	6.1%
事业处级干部	4.5%
事业局级及以上干部	0.7%
机关团体工人	0.2%
机关团体技术人员	1.0%
机关团体一般干部	1.1%
机关团体科级干部	2.0%

机关团体处级干部	1.6%
机关团体局级及以上干部	0.4%

13. 目前是否还从事有固定收入的工作

是	22.3%
否	77.7%

14. 是如何获得这份工作的

原单位返聘	67.0%
外单位聘请	18.7%
个体经营	4.1%
其他	10.3%

15. 目前这份工作的月收入

200 元以下	27.7%
200—400 元	37.5%
400—600 元	20.3%
600—800 元	6.6%
800—1000 元	3.6%
1000 元以上	4.3%

第五次中国职工状况调查数据

（2002 年）

2002年第五次全国职工队伍状况调查统计数据分析报告

全总全国职工队伍状况调查办公室

根据中华全国总工会书记处的统一部署，我们于2002年实施了一次大规模的全国职工队伍状况调查。这次调查是改革开放以来的第五次，也是进入21世纪以来的第一次全国职工队伍状况调查。调查以全国性抽样调查、重点城市调查、专题调查和其他形式调查相结合的方式进行。全国性抽样调查委托国家统计局城市社会经济调查总队实施，利用总队建立的城镇住户调查抽样框进行入户调查。其具体方式是在全国抽取3万多户家庭，在每个被抽中的家庭中随机抽取一人填答问卷。调查样本分布于全国31个省、自治区、直辖市，涉及地级及地级以上城市125个，县及县级市182个。被调查人员为年龄在16岁以上到男60岁以下、女55岁以下的从业人员（包括离岗人员）、失业人员和离退休人员。全国性抽样调查共发放问卷30488份，回收有效问卷30419份，有效回收率为99.8%。本报告仅针对全国性抽样调查中，正在企业、事业单位和机关团体工作的和目前无工作（包括下岗、待岗、放长假和提前退休）的20858个样本（已经过加权处理）的调查数据进行分析，用以推断全国职工队伍的总体状况。

一、职工队伍的基本状况

（一）年龄构成

职工的平均年龄为40.94岁，中年职工占多数。在被调查职工中，40—49岁职工占总数的40.0%；30—39岁占32.4%；50岁及以上占16.7%；29岁及以下占10.9%。男职工平均年龄为42.62岁，女职工平均年龄为39.03岁。

机关团体职工平均年龄最大，事业单位职工平均年龄最小。企业、事业单位和机关团体职工的平均年龄分别为40.97岁、40.71岁和41.15岁。

从企业经济类型看，集体企业和国有企业职工平均年龄较大，为42.41岁和41.76岁；外商投资企业、港澳台商投资企业和私营企业职工的平均年龄较小，分别为36.16岁、36.60岁和37.64岁。

从行业分类看，传统行业职工的平均年龄大于新兴行业，建筑业、科学研究技术服务和地质勘查业、制造业等行业职工的平均年龄较大，分别为42.86岁、42.53岁和41.66岁；信息传输计算机服务和软件业、金融业的职工平均年龄较小，分别为35.80岁和36.80岁，信息传输计算机服务和软件业比建筑业职工平均年龄小7.06岁。

（二）政治面貌

被调查职工中，中共党员占32.2%，共青团员占8.0%，民主党派占0.6%，有59.1%的被调查职工未加入任何党派。

文化技术素质较高的职工中，中共党员和共青团员的比例也较高。中共党员和共青团员的比例在初等文化程度职工中占19.4%，中等文化程度中占35.9%，高等文化程度中占61.2%。中共党员和共青团员在工人中的比例为21.7%，在技术人员（一般管理人员）和单位负责人中的比例分别为50.6%和86.9%。民营科技企业的创业人员、受聘于外资企业的管理者和中介组织从业人员中，中共党员和共青团员的比例分别占39.6%、45.8%和43.8%，高于或接近职工总体的平均水平。

在不同经济类型企业中，国有企业和其他企业（如未特别说明，本文中的“其他企业”包括股份有限公司、有限责任公司、股份合作企业、联营企业和其他内资企业）中中共党员的比例较高，分别为29.8%和25.5%；私营企业被调查职工中中共党员的比例最低，为13.5%。由于私营企业、港澳台商投资企业和外商投资企业中青年职工的比例较高，这些企业中共青团员的比例较高。

（三）文化技术素质

被调查职工平均受教育年限为12.28年，中等文化程度（高中及中专文化程度）的占41.8%，高等文化程度（大专及以上文化程度）的占33.4%，具有大学本科及以上学历的占9.7%。职工平均年龄与平均受教育年限成反比，年轻职工的文化程度较高。29岁及以下职工的平均受教育年限为13.2年，30—39岁为12.91年，40—49岁为11.91年，50岁及以上11.37年，29岁及以下比50岁及以上职工的平均受教育年限多1.83年。

不同职业职工的文化程度存在差异，工人的平均受教育年限为 10.74 年，技术人员（一般管理人员）为 13.29 年，单位负责人为 13.94 年。

从单位类型看，机关团体和事业单位被调查职工的文化水平较高，平均受教育年限分别为 13.79 年和 13.49 年；企业中，外商投资企业和港澳台商投资企业职工平均受教育年限在平均值之上，分别为 12.83 年和 12.18 年；集体企业职工的文化程度最低，平均受教育年限为 10.67 年；私营企业和国有企业职工的平均受教育年限也低于平均值。

从行业分类看，教育行业被调查职工平均受教育年限最长，为 13.99 年；公共管理社会组织业和金融业，分别为 13.68 年和 13.41 年；采矿业职工平均受教育年限最短，为 10.89 年；酒店和餐饮业、居民服务和其他服务业职工平均受教育年限也较低，分别为 10.93 年和 11 年。在各行业中，职工平均受教育年限最高（教育业）与最低（采矿业）相差 3.1 年。

高等级的技术工人、技术干部在全部被调查职工中比例不高。从调查结果看，初级及以下、中级技术等级（技术职称）职工占总数的 60.4% 和 31.0%，高级技术等级（技术职称）职工只占 8.6%。

在企业中，外商独资企业职工的技术技能水平最高，中、高级技术等级职工的比例为 30.8% 和 10.7%；国有企业职工的技术技能水平次之，中、高级技术等级的职工比例为 30.5% 和 9.0%；集体企业职工的技术技能水平最低，中、高级技术等级的职工只占 13.4% 和 3.0%。

（四）身体健康状况

被调查职工中，自我判断健康状况良好的占 60.2%，一般的占 34.9%，较差的占 3.6%，有重病大病的占 0.9%。

事业单位和机关团体职工的健康状况好于企业职工，事业单位和机关团体职工中健康状况良好的分别占 64.6% 和 64.5%，企业职工占 58.2%。而健康状况较差或有重病大病的职工比例，事业单位和机关团体是 3.5% 和 3.3%，企业是 5.0%。

技术人员（一般管理人员）和单位负责人的健康状况好于工人。工人中自我判断健康状况良好的占 54.9%，技术人员（一般管理人员）和单位负责人这一比例为 63.6% 和 67.0%；工人、技术人员（一般管理人员）、单位负责人中，健康状况较差或有重病大病的比例分别为 5.8%、3.6% 和 3.9%。

从企业经济类型上看，国有和集体等公有制企业职工对自身健康状况的评价比外商独资企业、港澳台商投资企业和私营企业等非公有制企业职工差。自我评价健康状况较差或有重病大病的比例，国有、集体企业职工分别为5.1%和7.4%，外商独资企业为2.3%，私营企业和港澳台商投资企业均为3.7%。

建筑业、农林牧副渔业、制造业、采矿业和批发零售业职工中健康状况较差或有重病大病的比例超过5%，其中建筑业为6.2%。

二、职工劳动就业状况

（一）就业状况

被调查职工中，有工作职工占90.9%，目前无工作职工为9.1%。在职职工中，正式职工占70.4%，合同工占20.2%，临时工（含季节工、轮换工、小时工等）占7.5%，其他占1.9%。

职工队伍总体的工作变动频率不高，其中中低年龄段职工的工作变动率略高。在全部被调查职工中，5年以来没有跨单位变动过工作的占86.8%，变动过一次的占9.4%，两次的占2.3%。30—39岁年龄段职工变动工作频率最高，5年来平均变动0.23次；其次是小于等于29岁的职工，为0.22次；50岁以上职工平均变动工作的次数为0.14，是所有年龄组中最低的。

（二）劳动合同签订状况

被调查职工中，劳动合同的平均签订率为59.2%；在签订的劳动合同中：有85.3%经过了双方协商；职工对劳动合同履行情况评价的均值为3.74（“很好”赋值5，“较好”赋值4，“一般”赋值3，“不太好”赋值2，“很不好”赋值1）。

调查显示，外商投资企业职工劳动合同的签订情况和对合同履行情况的评价在所有企业中是最好的，劳动合同签订率为81.1%，劳动合同履行情况的评价值为3.85；私营企业劳动合同的签订和履行情况是最差的，劳动合同签订率为31.4%，劳动合同履行情况的评价值为3.40；国有企业职工劳动合同的签订率为71.8%，高于平均值，对劳动合同履行情况的评价值与平均值相同。

（三）工时状况

有工作职工在调查期的周平均工作时间为43.20小时，其中男职工平均工时为 44.05 小时，女职工为 42.21 小时。

从不同年龄组看，低年龄组工作时间长于高年龄组，29 岁及以下职工周工时为 44.02 小时，50 岁及以上年龄组周工时为 42.15 小时。

农业户口职工（农民工）周工时为 50.44 小时，比非农业户口职工（城镇职工）周工时长 7.3 小时。

就业形式不同的职工工时也存在差异，正式职工周工时为 42.19 小时，合同工周工时为 43.93 小时，而临时工则为 48.61 小时，正式职工同临时工相差 6.42 小时。企业职工周工时为 44.28 小时，比事业单位职工长 3.57 小时，比机关团体职工长 2.47 小时。不同职业的职工中，工人的周工时最长，为 44.70 小时，技术人员（一般管理人员）为 42.19 小时，单位负责人为 43.72 小时。

企业中，私营企业职工的周工时最长，为 50.27 小时；集体企业职工的周工时最短，为 43 小时。

从不同行业看，住宿和餐饮业、租赁和商务服务业、建筑业职工的工时较长，分别为 49.30 小时、45.50 小时和 45.18 小时。

从执行工时制度的情况来看，未加班加点的职工占 22.1%，加班加点过但所在单位完全按《劳动法》规定支付了加班加点工资或安排了补休的占 27.4%，未按《劳动法》规定支付加班加点工资或安排补休的占 19.3%。其中，私营企业执行工时规定的情况较差，未按《劳动法》规定支付加班加点工资或安排了补休的职工占 28.6%；外商投资企业执行工时制度的情况较好，未按《劳动法》规定支付加班加点工资或安排了补休的职工占 15.0%，比例是各类企业中最低的。

（四）进城务工人员分布状况

由于本次调查的样本来自城镇住户调查抽样框，农业户口职工的比例小于实际值。被调查职工中，农业户口职工（进城务工人员）仅占 1.5%，他们大部分为工人，比例为 64.9%，比非农业户口职工中工人的比例高出 24.5 个百分点。农业户口职工更多的是在除国有以外的其他企业工作，其中在私营企业工作的占 18.0%，比非农业户口职工在私营企业工作的比例高 13.4 个百分点。农业户口职工在国有企业工作的仅占 22.7%，比非农业户口职工低 17.5 个百分点。在企业中，他们多数从事服务性工作，企业服务人员占农业户口职工的 22.8%。从行业分布看，农业户口职工在居民服务和其他服务业、批发和零售业中所占的比例高于非农业户口职工在这些行业中的比例。

私营企业、港澳台商投资企业和外商投资企业中农业户口职工分别占3.2%、1.9%和1.2%。农业户口职工在工作和各方面待遇条件最差，因此职工特别是私营企业、港澳台商投资企业和外商投资企业等非公有制企业职工的实际劳动关系状况应比分析结果差。

（五）有关劳动就业问题的主观指标分析

1. 职业稳定感

大部分职工认为目前工作比较稳定，但超过四分之一的职工对工作的稳定性表示担忧。对目前工作是否稳定的判断，33.90%的职工认为目前自己的工作“稳定，被解雇、下岗的可能性很小”（赋值5），31.70%的职工认为工作“比较稳定，有被解雇、下岗的可能性较小”（赋值4），两者相加为65.6%；18.60%的职工认为目前自己的工作“不太稳定，有被解雇、下岗的可能性”（赋值2），认为“很不稳定，被解雇、下岗的可能性很大”（赋值1）的职工占8.20%，两者相加为26.2%；另有7.60%的职工对目前工作的稳定性不清楚（赋值3），职工职业稳定感的评价均值为3.65。

从性别分组看，男职工的职业稳定感好于女职工。男职工的职业稳定感均值为3.73，女职工为3.54。

不同年龄职工的职业稳定感存在差异，29岁及以下职工的职业稳定感均值为3.59，50岁及以上职工的职业稳定感均值为3.82。

农业户口职工职业稳定感均值3.13，比非农业户口职工低0.52。

从文化程度上看，对“目前工作是否稳定”的评价与受教育年限成正比。越是文化程度高的被调查职工，越认为自己的职业比较稳定。小学文化程度职工的职业稳定感最低，为3.09；研究生及以上职工职业稳定感均值为4.51，他们中超过90%的人认为自己的工作很稳定或比较稳定。

就业形式不同的被调查职工的职业稳定感差异较大，正式职工的职业稳定感高于合同工，而合同工又高于临时工，三类人职业稳定感的均值分别为3.91、3.23和2.29，67.3%的临时工认为自己的工作不太稳定或很不稳定。

机关团体和事业单位被调查职工的职业稳定感要好于企业职工，企业职工认为工作稳定的占25.5%，机关团体和事业单位职工认为工作稳定的占53.3%和47.8%。而认为目前工作很不稳定的比例，企业为11.0%，机关团体为

2.3%，事业单位为2.9%。

企业中，私营企业被调查职工的职业稳定感最低，评价值为2.52，60.0%的职工认为自己的工作很不稳定或不太稳定；外商独资企业职工的职业稳定评价值最高，为3.63；国有企业职工的评价值为3.57，认为目前工作稳定的占31.0%，是企业中比例最高的，但认为自己的工作很不稳定或不太稳定职工也占29.0%。

职工中认为再找一份工作很不容易的占22.0%，认为不太容易的占42.5%，两者相加达到64.5%。认为一般的占21.9%，11.1%的职工认为较容易，2.5%认为很容易。

2. 职业满意度

被调查职工对目前的工作很满意（赋值5）的占15.0%，比较满意（赋值4）的占38.9%，一般（赋值3）的占33.9%，不太满意（赋值2）的占9.7%，很不满意（赋值1）的占2.5%。被调查职工的职业满意度均值为3.54。

年龄越长的职工对目前工作的满意度越高，但各年龄组差异不大，50岁及以上年龄组职工的职业满意度最高，为3.66；29岁及以下职工的职业满意度最低，为3.44。

职业满意度也同文化程度和职称、职务等级的提高趋势同步。小学文化程度职工的职业满意度最低，为3.19；大学普通班职工的职业满意度最高，为3.86；初级职称职工的职业满意度为3.41，高级职称为3.78。对职业的期望值在不同程度上影响了对职业满意度的判定。大学本科职工的职业满意度低于大学普通班，研究生及以上者的职业满意度又低于大学本科，而文化程度最低的不识字或识字不多的职工职业满意度为3.50，高于高中文化程度者（3.42），接近研究生及以上者（3.58）。

从就业形式看，正式职工的职业满意度最高，为3.65；其次是合同工，为3.37；临时工为3.07。机关团体职工的职业满意度高于事业单位和企业，分别为3.89、3.37和3.37。单位负责人的职业满意度高于技术人员（一般管理人员）和工人，分别为3.93、3.68和3.29。从企业经济类型分组看，职业满意度最高的是港澳台商投资企业，其次是外商独资企业，国有企业居第三，职业满意度最低的是私营企业职工（均值为3.06）。

从不同产业看，职业满意度较高的是从事教育、公共管理和社会组织、卫生社会保障和社会福利业的职工，均值分别为3.95、3.91和3.88；批发和零售业、住宿和餐饮业、建筑业职工的职业满意度较低，均值分别为3.16、3.24和3.25，制造业职工的职业满意度也是较低的，为3.31。

3. 择业看重的因素

职业是否稳定，社会保障是否健全，收入是否满意，是职工择业时最看重的三大因素。有35.5%的被调查职工将职业稳定作为择业时的最看重的因素，选择养老、失业等社会保障健全的占22.3%，选择收入高的占21.8%。

从不同性别看，男职工比女职工更关注收入和个人专长的发挥和发展机会，女职工比男职工更看重职业稳定、社会保障状况和人际关系。

从不同年龄组看，年轻职工最看重收入和个人发展，29岁及以下的职工中有22.9%的将个人专长的发挥和发展机会作为目前择业最看重的因素，而年长的职工更看重社会保障和人际关系。

相对于城镇职工，农业户口职工择业时更加关注收入、劳动条件和人际关系，择业时最看重养老、失业等社会保障健全的只占15.8%。

虽然除研究生及以上的被调查职工外，其他不同文化程度的被调查职工均有超过30%的将职业稳定作为择业时最看重的因素，但不同文化程度的群体择业观仍存在差异。文化程度低的看重职业稳定和社会保障状况，文化程度高的更看重个人专长的发挥。中专及以下文化程度的选择养老、失业等社会保障健全作为择业时最看重因素的比例均在20%以上。在研究生及以上学历和大学本科学历者中仅有7.6%和10.8%的将养老、失业等社会保障健全看成择业时最看重的因素。随着文化程度的提升，将能发挥专长或有发展机会这一因素作为择业时最看重因素的职工比例逐步增加，研究生及以上的被调查职工中选择能发挥专长或有发展机会作为择业时最看重因素的比例达31.6%，是这一群体择业因素的首选。研究生及以上的被调查职工择业最看重的另一个因素是收入高，选择的比例是29.1%，也是各文化程度中选择该因素比例最高的。

从单位类型看，择业时企业职工比机关团体和事业单位职工更看重收入和社保状况，事业单位职工更关注能否发挥专长和有发展机会，机关团体职工对工作条件、人际关系因素和社会声望的关注程度高于其他职工。

4. 择业倾向

从总体上看，大部分被调查职工愿意选择到事业单位、机关团体工作。现在如果有机会选择职业，回答最优先考虑去事业单位的占 30.6%，去机关团体的占 26.3%。在选择去企业的职工中，选择去国有企业的占 15.6%，是所有企业中比例最高的；其次是选择去外商独资企业的，占 9.0%；选择去集体企业的最少，仅为 0.4%。

低年龄组的职工，择业时更多地选择去外商独资企业，29 岁及以下和 30—39 岁这两个年龄组选择去外商独资企业的占 16.1% 和 11.0%，而高年龄组则更多地选择去国有企业，40—49 岁、50 岁及以上这两个年龄组分别有 19.2% 和 15.6% 的人选择去国有企业。

高等文化程度的被调查职工更多地选择去外商投资企业和港澳台商投资企业工作。研究生及以上学历选择去外商独资企业比例最高，占 27.5%。低文化程度的被调查职工更多地选择去公有制企业工作，大专以上文化程度的被调查职工选择去国有企业的均不足 1 成，研究生及以上学历的只有 2.5% 选择去国有企业工作。

（六）目前无工作职工及其生活保障状况

1. 目前无工作职工的基本状况

9.1% 的被调查职工在调查期无工作，其中女职工占 57.4%。无工作持续时间平均为 3.21 年。无工作职工中提前退休（含内部退养）的占 52.4%，下岗的占 26.9%，待岗的占 12.1%，放长假（含两不找）的占 8.6%。目前无工作职工平均年龄为 46.19 岁，比在职职工平均年龄大 5.77 岁；平均受教育年限为 10.55 年，比在职职工少 1.91 年。

调查数据表明，单位改制是造成职工失去工作的主要原因。35.2% 的无工作职工因单位改制失去工作，单位停产半停产和破产也是导致职工失去工作的重要原因，分别占 24.9% 和 11.3%。

从单位经济类型看，绝大部分无工作职工是原公有制企业的职工，其中 59.7% 的无工作职工失去工作前是国有企业的职工，20.7% 是集体企业职工，两者共占了全部无工作职工总数的 80.4%。无工作职工失去工作前在制造业从业的占 55.5%，在批发和零售业从业的占 10.5%。

无工作职工对再就业的前景很不乐观，他们中占 48.2% 的人认为再找一份工作很不容易，认为不太容易的占40.7%，两者相加达88.9%；只有3.9%认为再找一份工作很容易或较容易。

2. 目前无工作职工基本生活费领取情况

无工作职工中能按时足额领取基本生活费、提前退休退养费、生活补贴等费用的占80.5%，平均月生活费用535.68元，但其中4.8%的职工领取的月生活费不到100元。全部无工作职工中有26.3%领取的月生活费不到100元。

有19.5%的无工作职工不能按时领取各种生活费用，人均被拖欠总金额为2093.93元，其中6.8%被拖欠一年以上。被拖欠生活费用的61.2%是原国有企业的职工，25.0%是原集体企业的职工，私营企业的占1.8%。

无工作职工被拖欠生活费用的在制造业、批发和零售业和建筑业所占的比例最大，分别为56.9%、16.3%和7.9%。

三、职工收入分配状况

（一）收入水平和差异

工资性收入仍是职工收入的主要来源，被调查职工中中低收入者比重较大。

调查期上月人均全部货币收入（含单位内外）为1072.26元，从本单位获得的全部货币收入为1037.21元。其中月平均工资性收入为1004.00元，占全部货币收入的93.63%。从单位外获得的货币收入为35.05元，占全部货币收入的3.27%。

月全部货币收入小于500元的职工占17.4%，501—1000元的占40.7%，1000元以下的总共占了58.1%；1001—1500元的占25.9%，1501—2000元的占9.1%，大于2000元的占6.9%。

被调查职工中男女职工从单位获得的全部货币收入（以下收入指标均为调查期上月从单位获得的全部货币收入）的比值为1：0.84。

文化程度越高，收入也越高，但不同文化程度者的收入差别不大。初等文化程度职工的平均收入为808.45元，中等文化程度职工平均收入为950.91元，高等文化程度职工的平均收入为1267.41元，三者之比为1：1.18：1.57。

从单位类型上看，事业单位职工的平均收入最高，为1214.93元；其次是机关团体，为1129.51元；企业职工的平均收入最低，为958.19元。以企业职工的平均收入为1，企业、事业单位、机关团体三者的比值为1：1.27：1.18。

不同经济类型企业和不同行业之间收入水平存在明显差异。外商投资企业职工收入最高，人均为 1680. 51 元；集体企业职工收入最低，为 660. 22 元，前者是后者的 2. 55 倍。技术、资本密集型行业职工收入较高，人均收入最高的是信息传输计算机服务和软件业，平均月收入为 1720. 19 元。其次是房地产业 1327. 99 元，科学研究技术服务和地质勘查业列第三位，为 1321. 83 元。收入最低的是采矿业，为 749. 20 元，批发和零售业为 803. 06 元，居民服务和其他服务业为 806. 14 元，收入最高的行业是收入最低的行业的 2. 3 倍。

东部地区 12 省（区、市）职工人均全部货币收入为 1272. 65 元，中部地区 9 省（区、市）为 875. 98 元，西部地区 10 省（区、市）为 936. 36 元，三个地区职工人均全部货币收入的比例（以中部为 1）是1. 45 ∶ 1 ∶ 1. 07。

大部分职工的工资能按时足额领取，但仍有 7. 7% 的职工工资被拖欠，人均被拖欠 3183. 84 元。

（二）职工对收入的主观评价

1. 职工对收入水平的评价

调查数据表明，被调查职工对自己的收入水平评价不高。25. 6% 的职工认为自己属于低收入（赋值 1）群体，28. 5% 的职工认为自己属于中等偏下（赋值 2）收入群体，两者相加达 54. 1% 。认为自己属于中等收入（赋值 3）群体的占 36. 5% ，只有 9. 5% 的被调查职工认为自己在收入上属于中等偏上（赋值 4）和高收入群体（赋值 5）。被调查职工收入自我评价综合均值为 2. 60。

2. 职工对收入变化的评价

多数人认为 5 年来工资收入水平有所增长；6. 9% 的职工认为 5 年来自己的收入有很大提高（赋值 5），49. 0% 的职工认为有所提高（赋值 4），以上两项合计为 55. 9% ；17% 认为收入没有变化（赋值 3），16. 4% 认为有所下降（赋值 2），8. 6% 的人认为有很大下降（赋值 1），后两个比例相加达到四分之一，收入变化评价均值为 3. 3。

年龄越轻、受教育程度越高，认为自己过去 5 年收入提高的比例越大。29 岁及以下的被调查职工超过 6 成认为收入提高了，10. 5% 认为收入有很大提高，52. 2% 认为收入有所提高；50 岁及以上的被调查职工中认为收入有很大提高的比例为 6. 5% ，认为收入有所提高的比例为 45. 9% 。初等文化程度中认为 5 年来收入有很大提高的占 2. 5% ，认为收入有所提高的占 35. 2% ；高等文化程度职工这两项指标分别为12.4%和62.1%。

收入水平越高的职工收入提高得越快。最低收入组（全部货币收入小于500元）职工对过去5年收入变化的评价值为2.73，最高收入组（全部货币收入大于2000元）的评价值为3.90。不同经济类型企业中，认为5年来自己的收入有很大提高比例最高的是港澳台商投资企业职工，占17.0%；其次是外商投资企业职工，占5.3%；比例最低的是私营企业，占1.6%；国有企业职工为4.0%。

大部分职工对未来的收入预期并不乐观，只有2.9%职工认为未来5年其收入将有很大提高，38.3%的被调查职工认为收入会有所提高，两项合计为41.2%，比对过去5年来收入变化的评估中有很大提高和有所提高合计的55.9%低14.7个百分点；有10.5%的人估计自己的收入将会有所下降，3.5%的人认为自己的收入会有很大下降。值得注意的是，近三分之一的职工（32.3%）对未来5年收入变化情况感到无法判断（选择“不知道”）。

同样，年龄越轻、受教育程度越高，对未来收入的预期也越好。58%的29岁及以下的被调查职工认为未来5年其收入将提高，而50岁及以上的被调查职工认为未来5年收入将提高的比例为34.1%。初等文化程度中认为未来5年收入将提高的占25.5%，高等文化程度职工占58.7%。

3. 影响个人收入的因素

“单位”被认为是影响个人收入高低的主要因素。有46.8%的被调查职工认为“工作单位”是影响个人收入的主要因素，15.2%认为是“岗位职务”，14.0%认为是“业务技术能力”，11.6%认为是“学历”，认为是“与领导关系”的占4.3%，认为是“资历”和“成就贡献”的占2.5%和2.4%，认为是“风险责任”的仅占0.6%。

不同年龄的职工对此问题的看法有一定差异，在认同“工作单位”是影响收入的主要因素的同时，年轻职工更看重“学历”和“业务技能”对收入高低的影响。29岁及以下年龄组职工认为“学历”是决定收入首要因素职工的比例（占16.0%）是50岁以上年龄组（占8.6%）的近一倍，认为“业务技能”是决定个人收入首要因素的比例29岁及以下年龄组比50岁以上年龄组高6.8个百分点。

高等文化程度职工比较看重“岗位职务”，18.5%的人认为它是决定个人收入的首要因素，在这一群体中选择此因素的比例仅次于选择“工作单位”的比例。

4. 职工对收入差距的评价

调查数据显示，绝大多数职工认为当前收入分配差距严重。在被调查职工中，有 55.1% 的职工认为当前社会收入分配“差距很大”，35.3% 的人认为“差距较大”，二者之和达到 90.4%；认为“差距较小”和“差距很小”的只占 0.4%。

年长和文化程度较低的职工对收入差距的反应更强烈，50 岁及以上年龄组认为收入“差距很大”的比例比 29 岁及以下最低年龄组高 8.9 个百分点；初等文化程度组认为收入“差距很大”的比例比高等文化程度组高 9.7 个百分点。

四、职工社会保障状况

（一）职工社会保障的总体状况

调查结果表明，5 项基本社会保险的参保率还不高，社会保障制度还有待进一步建立和完善。被调查职工各种保险的参保率为：养老保险 68.6%，失业保险 42.4%，医疗保险 55.0%，工伤保险 15.0%，生育保险 8.7%。加入了企业补充保险、职工互助合作保险的职工比例分别只有 4.9% 和 4.8%。58.6% 职工的单位建立了住房公积金。

在医疗保障方面，享受基本医疗保险社会统筹的职工占 41.4%，按单位自行制定的报销比例报销的占 22.5%，享受定额医药费补贴的占 10.3%，以上有报销渠道的这些职工中 16.5% 医药费被拖欠，医药费能按规定足额报销的占 57.9%，即全部被调查职工中只有 43.0% 的职工能在规定的范围内足额报销医药费。根本没有任何医药费报销渠道的职工占 23.4%。

（二）职工社会保障状况的群体差异

不同群体职工的社会保障状况存在明显差异，目前无工作职工、私营企业职工的社会保障状况较差。

1. 不同就业状态职工的社会保障状况

目前无工作职工除养老保险外，其他基本社会保险的参保率均很低。在职职工参加养老、失业、医疗、工伤和生育保险的比例分别为 68.9%、43.7%、56.6%、15.8% 和 9.1%；而目前无工作职工五项保险的参保率分别为 65.6%、

29.5%、38.9%、7.3%和4.1%。无工作职工中健康状况较差或有重病大病的占14.2%，比例是有工作职工的4.06倍，但医疗保障方面，他们中45.5%的人医药费没有任何报销渠道，有报销渠道的也有26.6%医药费被拖欠，即只有25.7%的无工作职工能在规定的范围内足额报销医药费，低于在职职工的比例（44.5%）。

2. 不同职业群体职工的社会保障状况

因企业的社会保障制度改革走在前面，一些事业单位，特别是机关（团体）单位社会保障制度改革还未全面铺开，企业、事业单位和机关团体职工在社会保险的参保率方面存在显著差异。企业职工参加养老、失业、医疗、工伤、生育保险、企业补充保险和职工互助合作保险的比例分别为77.2%、48.9%、50.0%、18.4%、10.6%、6.3%、5.8%。除医疗保险外，各项保险的参保率，企业职工均高于事业单位职工，事业单位职工高于机关团体职工（见表1）。

表1　不同单位类型职工各种保险和住房公积金的参保率和建立情况

	企业	事业	机关团体		企业	事业	机关团体
养老保险	77.20%	54.00%	43.90%	生育保险	10.60%	5.20%	3.80%
失业保险	48.90%	36.90%	14.90%	企业补充保险	6.30%	2.50%	1.10%
医疗保险	50.00%	65.40%	65.70%	职工互助合作保险	5.80%	2.90%	1.80%
工伤保险	18.40%	8.00%	7.40%	住房公积金	52.50%	73.00%	69.00%

单位建立了住房公积金的职工比例，事业和机关团体高出企业20.5%和16.5%。能按时足额报销医药费的事业和机关团体职工的比例也分别比企业多15.9%和12.4%。工人、技术人员（一般管理人员）和单位负责人三者间参保情况存在差异，这种差异在非公有制企业表现得更为明显。表2中将国有和集体企业作为公有企业，私营企业、港澳台商投资企业和外商独资企业作为非公有制企业进行对比。在非公有制企业里，工人和单位负责人5项基本保险的参保率分别相差28.3、27.0、31.2、32.8和9.5个百分点；而公有制企业则分别相差8、9.1、7.2、7.1和3.7个百分点。工人和单位负责人社会保障水平的差距，非公有制企业明显大于公有制企业。

表 2　不同所有制企业职工的参保情况

保险种类	参保情况	公有制企业			非公有制企业		
		工人	技术人员	单　位负责人	工人	技术人员	单　位负责人
养老	已参保	78.7%	86.10%	86.70%	50.60%	65.30%	78.90%
	未参保	16.00%	10.40%	11.10%	45.20%	31.50%	15.80%
	不知道	5.30%	3.50%	2.20%	4.10%	3.20%	5.30%
失业	已参保	47.80%	54.90%	56.90%	30.90%	42.00%	57.90%
	未参保	36.30%	32.10%	32.90%	59.00%	48.10%	31.60%
	不知道	15.90%	13.00%	10.20%	10.20%	9.90%	10.50%
医疗	已参保	48.60%	55.80%	55.80%	32.00%	44.50%	63.20%
	未参保	41.10%	37.10%	38.50%	62.00%	50.20%	31.60%
	不知道	10.30%	7.00%	5.80%	6.00%	5.20%	5.30%
工伤	已参保	15.10%	21.70%	22.20%	11.60%	19.40%	44.40%
	未参保	54.10%	53.00%	58.70%	68.20%	61 50%	50.00%
	不知道	30.80%	21 30%	19.10%	20.20%	19.00%	5.60%
生育	已参保	7.00%	14.10%	10.70%	6.30%	12.40%	15.80%
	未参保	59.70%	58.10%	66.20%	71.60%	66.90%	78.90%
	不知道	33.40%	27.90%	23.10%	22.10%	20.80%	5.30%

3. 不同经济类型企业保障水平的差异

不同经济类型企业的社会保障水平不同，外商投资企业、国有企业和其他企业职工社会保障状况较好，私营企业较差。外商投资企业除养老保险外，其他各项保险的参保率均是最高的；国有企业职工养老保险的参保率为85.1%，位于各类型企业之首；私营企业职工各项社会保险的参保率均是最低的（见表3）。

表3　不同企业单位职工参保率

保险种类	国有企业	集体企业	私营企业	港澳台商投资企业	外商投资企业	其他企业
养老保险	85.10%	68.60%	32.80%	69.20%	82.00%	82.20%
失业保险	55.20%	31 90%	13.50%	49.50%	69.60%	57.20%
医疗保险	56.20%	31.70%	15.40%	55.10%	66.00%	60.10%
工伤保险	19.70%	11.20%	5.40%	16.80%	33.90%	25.00%
生育保险	10.70%	7.80%	2.40%	11.20%	16.90%	16.00%

五、职工劳动安全卫生状况

（一）对劳动安全卫生状况的主观评价

职工对劳动安全卫生状况的主观评价还是比较好的。15.6%的职工认为目前本单位劳动安全卫生状况很好（赋值5），38.8%认为较好（赋值4），39.5%认为一般（赋值3），4.4%认为不好（赋值2），1.7%认为很不好（赋值1），综合均值为3.62。职工对单位女职工特殊保护情况的评价为3.42。

职工对本单位的劳动安全卫生状况的评价比对5年前状况的评价（3.56）有所提高。

不同群体职工对劳动安全卫生状况的主观评价存在差距。进城务工人员对劳动安全卫生状况的评价，综合均值为3.36，低于城镇职工。从就业形式看，正式职工的评价高于合同工，合同工高于临时工，三者评价依次为3.67、3.55和3.37。从不同职业的职工看，单位负责人对本单位劳动安全卫生状况的评价最高，为3.94；技术人员（一般管理人员）为3.745工人的评价值最低，为3.42。从企业经济类型上看，外商独资企业、港澳台商投资企业职工对本单位的劳动安全卫生状况评价较高，评价值为3.87和3.86；国有企业职工的评价值为3.55；集体企业、私营企业职工的评价均值较低，分别为3.26和3.29。从行业分类看，建筑业职工对本单位的劳动安全卫生状况的评价最低，评价值为3.26，低于对5年前本单位的劳动安全卫生状况的评价值（3.38）。

（二）患职业病和受过工伤的职工享受待遇情况

1. 职工患职业病和受工伤的基本情况

被调查职工中，患职业病和受过工伤的比例分别为 7.6%、7.8%，其中职业病患病率女职工为 8.1%，男职工为 7.1%；工伤的发生率男职工则高于女职工，两者分别为 10.1% 和 5.2%。

职业病发病率最高的年龄段是 30—39 岁，为 8.4%。受过工伤的职工比例也随年龄的增高在升高，50 岁及以上职工中受过工伤的比例达 10.6%。

采矿业、制造业和建筑业职工的工伤发生率最高，分别为 15.4%、11.1% 和 10.3%。

职业病和工伤的发生率，在职职工都低于目前无工作职工。职业病发病率在职职工为 7.5%，目前无工作职工为 9.1%；受过工伤的比例，在职职工为 7.6%，目前无工作职工为 9.8%。

从调查结果看，职业病的发病率港澳台商投资企业最高，为 8.4%；而职工中受过工伤的比例则是国有企业最高，为 9.5%。

2. 享受待遇情况

患过职业病的职工认为全部、部分享受应享受待遇的比例分别为 5.1%、16.5%，合计不到四分之一，53.4% 认为未享受相应待遇，25% 的职工不知道应享受什么待遇。认为患职业病全部享受应享受待遇的比例在职职工为 5.2%，无工作职工为 4.3%；正式职工、合同工和临时工该项指标分别为 5.1%、5.5% 和 4.2%；从企业类型看，其他企业的职工患职业病后全部、部分享受应享受待遇的比例最高，为 9.2%。

受工伤后全部、部分享受应享受待遇的职工比例分别为 30%、33%，合计 63%，明显高于患职业病后享受待遇的比例。

受工伤后全部享受了相应待遇的职工比例，在职职工为 31.3%、无工作职工为 19.9%；正式职工、合同工、临时工该项指标依次为 30.5%、33.2% 和 21.5%。从不同经济类型企业看，外商投资企业职工享受了相应待遇的职工比例最高，为 43.8%，集体企业、私营企业职工遭受工伤后能够享受相应待遇的比例较低。从行业分类看，建筑业、采矿业职工遭受工伤后能够享受相应待遇的比例较低。

六、职工职业技能培训状况

被调查职工5年来接受用人单位组织的职业技能培训的人均次数为1.44次，其中接受培训1次、2次、3次、4次及以上的比例分别为12.8%、12.9%、6.8%和12.4%，接受过用人单位培训的职工占44.9%。26.8%的职工自费参加过职业技能培训。

调查数据显示，22.9%的在职职工认为自己目前的职业技能与就业实际需求完全适应，59.8%认为比较适应，17.3%认为不太适应。参加培训过的职工对自身技能评价更高。参加过职业技能培训的职工认为自己目前的职业技能与就业实际需求完全适应和比较适应的比未参加过培训的高11.5和3.1个百分点。

男职工对自身技能的评价高于女职工，5年来女职工接受单位组织职业培训人均次数为1.52次，比男职工人均高0.16次。

年轻职工平均受训次数较多。29岁及以下职工人均受训1.80次，50岁及以上职工人均0.96次。29岁及以下职工与50岁及以上职工认为职业技能不适应实际需要的比例由14.2%上升为18.7%。

从不同文化程度来看，文化程度越高的职工受训的次数越多，高等文化程度职工平均受训次数为2.09次，而初等文化程度职工只有0.68。高文化程度职工对自身职业技能的评价也高于初等文化程度职工。

有工作的职工只有14.6%的人认为自身的职业技能不太适应目前的就业状态，而无工作职工这一比例高达46.8%。但无工作的职工接受培训的机会却远低于在职职工，前者人均受训次数只有0.41次。后者为1.54次。

城镇职工接受培训的机会也大于进城务工人员。城镇职工人均受训次数为1.44次，而农业户口职工只有0.57次。26.4%的农业户口职工认为目前的职业技能不太适应实际工作需要，比城镇职工高9.2个百分点。

从就业形式看，合同工受训的次数高于正式工和临时工，三类职工平均受训次数分别为1.60次、1.50次和0.61次；事业单位职工受训次数高于机关团体和企业，三类职工平均受训次数分别为：1.95次、1.76次和1.23次。

企业职工中认为职业技能不适应实际工作需要的占20.8%，高于事业单位的9.5%和机关团体的10.7%。

单位负责人和技术人员（一般管理人员）的受训次数接近，分别为1.83次和181次，但工人平均只有0.89次。工人中认为职业技能不太适应就业实际需求的占24.8%，高于技术人员（一般管理人员）（12.4%）和单位负责人（10.5%）的比例。

从不同经济类型企业看，港澳台商投资企业职工人均培训1.62次，30.2%的职工认为职业技能完全适应实际工作需要，是各类型单位中最高的；私营企业职工人均受训次数为0.71次，为各类型单位中最低的，私营企业职工认为职业技能完全适应实际工作需要的比例为15.3%，也是除集体企业（15.0%）外最低的。

从行业上看，金融业、信息传输计算机服务和软件业、教育业职工受训次数分别为2.89次、2.40次和2.19次，是各行业中较多的；租赁和商务服务业、批发零售业和文化体育娱乐业职工受训次数较少，分别为0.76次、1.03次、1.05次，制造业职工的受训次数也只有1.07次。卫生社会保障和社会福利业、教育业职工对自身技能的评价较高，居民服务和其他服务业、批发零售业和制造业职工对自身技能的评价较低。

七、职工民主管理状况

（一）职工（代表）大会制度的建立和发挥作用情况

职工（代表）大会制度普遍建立，职工对职代会作用发挥的情况给予了较积极的评价；管理者与被管理者对职代会作用发挥情况的评价存在比较明显的差异。

从职工（代表）大会制度建制情况看，60.7%的职工回答所在单位建立了职工（代表）大会制度。在建立了职代会制度的单位中，职代会作用发挥很好（赋值5）的占8.6%，发挥较好（赋值4）的占27.6%，两者合计为36.2%；作用发挥一般（赋值3）的占46.2%；作用发挥很差（赋值1）和较差（赋值2）的占6.3%和11.3%，两者合计为17.6%，对职代会作用发挥评价的均值为3.21。

不同类型单位建立职工（代表）大会制度的情况不同。企业、事业单位和机关团体建立职代会制度的比例分别为65.4%、59.9%、35.2%。按不同经济类型企业划分，国有企业职工所在单位职代会建制率最高，为77.3%；其次是其他企业，为65.9%；私营企业职工所在单位职代会建制率最低，为12.9%。

职工对职代会制度的评价，文化程度越高的职工，对职代会作用发挥的评价也越高。其中，高等文化程度职工（3.29）比初等文化程度职工（3.12）的评价值高0.17。单位负责人对职代会的评价远高于工人和技术人员（一般管理人员），三者评价值分别为：3.70、3.24 和 3.12。机关团体职工对职代会的评价值是3.59，事业单位是3.34，企业职工对单位职代会制度作用发挥的评价值最低，为3.14。企业职工认为职代会作用发挥很好和很差的均占7.2%，作用发挥较好的占25.6%，一般的占47.6%，作用发挥较差的占12.3%。在不同类型的企业中，外商独资企业和港澳台商投资企业职工对单位职代会发挥作用的评价较高，评价值分别为3.32 和3.29，集体企业和私营企业职工对单位职代会作用的评价较低，评价值分别为3.03 和3.08，国有企业职工的评价值为3.16。

（二）厂务公开制度

34.2%的职工回答单位已经建立厂务（或政务、校务、所务等）公开制度，但同时有33.9%的职工不知道单位是否建立了该项制度。

不同单位类型的建制情况有所不同，企业、事业单位、机关团体依次为32.5%、39.5%、35.4%，事业单位建制率较高。从企业类型上看，国有企业的建制率较高，为39.1%，其他企业（33.7%）次之，私营企业建制率仅为5.8%，是所有企业中最低的。

根据有关政策规定，实行厂务公开应该落实下列要求：（1）单位重大决策必须通过厂务公开听取职工意见，并提交职代会审议，未经职代会审议的不应实施；（2）涉及职工切身利益的重大事项，均应向职工公开，职代会具有决定权或否定权，既未公开又未经职代会通过的有关决定视为无效；（3）经职代会民主评议和民主测评，大多数职工不拥护的企业领导人，其上级管理部门应采取相应的组织措施；（4）企业领导人员违反了职代会决议和厂务公开的有关规定，导致矛盾激化，影响企业和社会稳定的，要实行责任追究。已建立厂务公开制度单位职工的回答表明，上述四项要求前两项落实情况相对较好。四项要求中回答“做到了”和“部分做到了”的比例依次为86.6%、83.8%、64.5%和54.1%。

企业职工对单位执行前两项规定的评价较高，前两项规定“做到了”和“部分做到了”的比例分别为88.6%和84.9%；机关团体职工对单位执行后两项规定的评价较高，两项规定“做到了”和“部分做到了”的比例分别为66.40%和55.20%。

单位负责人对前两项规定选择“做到了”和“部分做到了”的比例为91.2%、90.70%，与工人组的差别不大，分别高7.2和9.8个百分点。而后两项关于企业领导人的规定，单位负责人选择“做到了”和“部分做到了”的比例为79.3%和72.9%，比工人组高18.2和21.9个百分点。

（三）其他民主管理形式

职工所在单位实行其他民主管理形式的情况是：回答实行了民主恳谈会的占18.0%，实行了工会会员（代表）大会的占40.0%，18.9%的单位实行了厂长接待日或厂长信箱。在企业中，国有企业实行这三项民主管理形式的比例都是最高的，分别为19.4%、42.2%和24.6%；私营企业的比例均是最低的，分别为4.4%、6.2%和4.10%。

在非公有制企业中实行劳资协商会和“双爱双评”活动的比例还不高。其中港澳台商投资企业中实行了劳资协商会的占12.1%，开展了“双爱双评”活动的占6.5%，外商独资企业中开展了这两项活动的均占9.8%，只有3.6%和3.2%的私营企业开展了劳资协商会和“双爱双评”活动。

被调查职工中，有11.4%的职工回答所在单位未建立任何形式的民主管理制度。其中国有企业职工占4.4%，集体企业占13.2%，私营企业占42.0%，港澳台商投资企业占26.2%，外商投资企业占20.2%，其他企业占9.6%，还有事业单位的11.6%和机关团体单位17.6%的职工所在单位未建立任何形式的民主管理制度。

八、劳动关系协调状况

（一）企业平等协商和集体合同制度建立和执行情况

被调查企业职工回答所在单位建立了平等协商和集体合同制度的占31.3%。其中国有企业为33.8%，集体企业为25.3%，私营企业为9.8%，港澳台商投资企业为30.2%，外商独资企业为30.1%，其他企业为35.1%。在建立了平等协商和集体合同制度的企业中，29.7%开展了工资集体协商，即全部被调查企业职工中9.2%的所在单位开展了工资集体协商。职工所在企业开展了工资集体协商的比例：国有企业为9.7%，集体企业为8.1%，私营企业为

2.3%，港澳台商投资企业为12.3%，外商投资企业为5.2%，其他企业为11.4%。

在平等协商和签订集体合同时，职工最关心的是工资问题。选择“工资”的占69.6%，其次是社会保险问题（占9.1%），对其他问题的关注程度为：下岗职工基本生活保障问题占8.8%，生活福利问题占5.2%，工作时间和休息休假问题占2.2%，劳动安全卫生问题占1.9%，再就业问题占1.5%，职业培训问题占0.7%。其中，港澳台商投资企业职工更关注社会保险、工作时间和休息休假，选择这两项的比例分别占22.6%和12.9%。

18.8%的职工对集体合同履行情况满意，比较满意的占50.6%。外商独资企业职工对集体合同履行情况满意的所占比例最高，为21.6%；其次是国有企业占20.2%；私营企业职工对集体合同履行情况满意的比例最低，为6.5%。

（二）劳动争议产生和解决情况

调查结果显示，5年来3.8%的被调查职工和单位发生过劳动争议，发生劳动争议人均次数为0.09次。其中集体企业0.18次，私营企业0.14次，国有企业0.10次，其他企业和事业单位、机关团体劳动争议发生次数较低。从不同行业来看，批发和零售业、金融业、水利环境和公共设施管理业平均发生劳动争议的最多，人均为0.14次，制造业、建筑业和住宿餐饮业人均0.12次。

在企业中，建立了平等协商集体合同制度的企业职工回答同单位发生过劳动争议的比例为3.5%，劳动争议的平均发生次数为0.07次；未建立平等协商集体合同制度的企业职工同单位发生过劳动争议的比例为5.1%，劳动争议的平均发生次数为0.13次。建立了职代会制度的单位，5年来被调查职工和单位发生劳动争议的次数为0.08次；未建立职代会制度的单位，发生劳动争议的次数为0.14次。5年来被调查职工和单位发生劳动争议的人均次数，单位建立了工会的为0.67次，单位未建工会的为1.10次。

发生劳动争议的最主要原因是“劳动报酬”问题，占42.6%，18.4%是因“自动离职和辞职”，17.3%是因“被单位开除、除名、辞退”。“订立、续订、变更、解除、终止劳动合同”也是劳动争议发生的一个比较重要的原因，占16%。

最近一次与单位发生的劳动争议有12.9%已全部得到解决，得到部分解决的占28.9%，有58.2%的劳动争议没有得到解决。解决劳动争议的主要方式是协商和调解，分别占 38. 6% 和 23. 7% ，上级部门干预也是解决劳动争议的主要方式之一，占 15. 7% 。

有 8. 5% 的被调查职工回答单位发生过集体劳动争议，11. 1% 的企业职工回答单位发生过集体劳动争议。在未建立平等协商和集体合同制度的企业，5 年来职工单位平均发生集体劳动争议的次数是 0. 38 次，其中国有企业 0. 34 次，集体企业 0. 39 次，私营企业 0. 41 次；在建立了平等协商集体合同制度的企业，5 年来被调查职工单位平均发生集体劳动争议的次数是 0. 31 次，除集体企业外，不同经济类型企业的均值均较小，如私营企业为 0. 16 次，港澳台商投资企业和外商独资企业为 0 次和 0. 1 次。

发生集体劳动争议的主要原因是工资福利、企业改制和劳动用工，分别占 40. 9% 、20. 2% 和 11 8% 。36. 6% 的集体劳动争议没有得到解决。20. 1% 集体劳动争议的解决方式是协商，15. 3% 靠调解，14. 5% 靠上级部门干预解决。

九、职工思想状况

（一）职工关注的社会问题

在职工对最关注的社会问题的选择中，“腐败严重”是所有被调查职工最关心的问题，占 26. 1% ；其次是“就业困难”和“社会保障不健全”，这两项与职工切身利益密切相关的问题，分别占 21. 8% 和 19. 1% ；“分配不公”占 9. 6% ；“社会治安不好”占 6. 8% ；“社会风气差”占 5. 6% ；“子女就学难”占 5. 5% ；“生态环境恶化”占 3% 。

从不同年龄段的职工看，29 岁及以下的职工更关注就业问题，这一年龄组选择“就业困难”的占 26. 6% ，超过了关注“腐败严重”（占 21. 0% ）的比例。非农业户口职工中有 14. 6% 关注“子女就学难”，11. 1% 关注“社会风气差”。初等文化程度职工关注“就业困难”的比例是高等文化程度职工的 2. 19 倍。企业职工比事业单位和机关团体职工、工人比技术人员（一般管理人员）和单位负责人更关注就业问题。在企业中，私营企业、集体企业职工和外商独资企业职工最关注的是“就业困难”，其次是“社会保障不健全”。低收入职工最关注“就业困难”，对收入“分配不公”、“子女就学难”的关注比例也高于其他收入分组。

职工了解时事新闻的方式是：电视占 69. 9% ，报纸杂志占 24. 9% ，互联网占2%，广播占1.3%，其他途径占0.6%。不关心时事新闻的占1.4%。

（二）职工对自身社会地位变化的判定

变化不大是职工对5年来自身社会地位变化的总体基本判断。但年龄大、文化水平低、收入低的职工认为自身社会地位下降的比例较大。

1.6%的被调查职工认为，与5年前相比自己的社会地位有很大提高（赋值5），27.0%的职工认为有所提高（赋值4），48.9%的职工认为没有变化（赋值3），16.5%认为有所下降（赋值2），6.0%认为有很大下降（赋值1），5年来自身社会地位变化的评价均值为3.02。

认为自身地位下降（包括有很大下降和有所下降，下同）的比例最高年龄组（50岁及以上）比最低年龄组（29岁及以下）高18.8个百分点。初等文化程度职工认为自身社会地位下降的比例为30.9%，认为提高了（包括有很大提高和有所提高，下同）的占17.8%；而高等文化程度中有14%认为自身社会地位下降了，29.2%认为提高了。目前无工作职工超过半数认为自身社会地位下降，只有8.1%的认为自身社会地位提高了。

企业职工有28.2%认为自身社会地位下降了，认为自身地位提高的占21.5%，自身社会地位变化的评价均值为2.87；事业单位和机关团体这三项指标分别为：10.9%、42.4%和3.32，9.9%、45.1%和3.35。

工人认为地位下降的占29.6%，18.4%认为地位提高；技术人员（一般管理人员）认为地位下降的占18.1%，认为地位提高的有34.4%；而单位负责人中只有11.6%的人认为地位下降，50.4%的人认为地位提高。

最低收入群体对自己社会地位变化评价的均值为2.78，比高收入群体均值低0.56。

从不同经济类型企业看，港澳台商投资企业和外商投资企业职工认为自身社会地位有所提升，均值分别为3.26和3.15；私营和集体企业职工认为地位下降较多，均值分别为2.74和2.78；国有企业职工社会地位评价均值为2.89。

（三）业余生活安排

职工闲暇时间主要从事的活动为：看电视的占48.9%，读书看报的占26.9%，文娱活动的占4.9%，体育活动的占4.1%，上网的占3.1%，社交的占2.4%，旅游的占1.2%. 其他活动占8.6%。不同年龄组职工休闲的特点是：

青年职工中上网的比例为 13. 9%，明显高于其他年龄组，社交和旅游的比例也较其他年龄组高；看电视是中年职工休闲的最主要内容，这一年龄段职工从事文体活动最少；50 岁及以上年龄组的老年职工除了闲暇时间主要是看电视的，读书看报的也较多，占 31. 2%。

初等文化程度和低收入职工闲暇时间主要是看电视的比例最高，分别占 60. 2% 和 58. 5%；高收入和高文化程度职工读书看报、上网、参加体育活动和社交旅游的比例较高，36. 2% 的高等文化程度职工闲暇时间主要是读书看报。61. 9% 的农业户口职工闲暇时间的主要活动是看电视。

（四）加入工会的情况

在被调查职工中，回答所在单位已经建立了工会组织的占 81. 1%，没有建立的占 11 5%，不知道的占 7. 4%。75. 2% 的被调查职工是工会会员，不是会员的占 19. 8%，不知道自己是否是会员的占 5. 1%。

公有制企业工会组织比较健全。国有企业职工所在单位有 91. 1% 建立了工会，84. 6% 的职工是工会会员；集体企业职工所在单位建会的占 75. 4%，是会员的占 70. 2%；外商独资企业职工所在单位建会的占 68. 5%，是会员的占 60. 7%；港澳台商投资企业职工所在单位建会的占 48. 6%，是会员的占 43. 0%；私营企业职工单位已建工会的比例和职工是会员的比例均是最低的，分别为 22. 0% 和 22. 3%，私营企业职工中有 20. 9% 不知道单位是否建立了工会，11. 0% 不知道自己是否是会员。

有 45. 9% 的农业户口职工所在单位建立了工会，比非农业户口职工所在单位建有工会的低 35. 5 个百分点，有 23. 5% 的农业户口职工不知道单位是否建立了工会组织；29. 6% 的农业户口职工是工会会员，比非农业户口职工的比例低 46 个百分点。

在遇到困难时，职工更多的是求助于亲友或同乡。有 46. 9% 的职工回答在遇到困难时首先会寻求亲友或同乡的帮助，找本单位党组织帮助解决的占 15. 4%，找本单位工会的占 14. 9%，找本单位行政的占 12. 8%，找上级党政有关部门的占 2. 5%，找上级工会的占 0. 8%，寻求其他帮助形式的占 6. 8%。

在单位未建立工会的职工中，遇到困难时首先寻求亲友或同乡帮助的达 63. 6%，回答找工会或上级工会的比例分别为 1. 2% 和 0. 3%；单位建立了工会的职工遇到困难时找本单位工会的比例为 18. 0%，仅低于找亲友或同乡的比例，高于找本单位党组织和行政的比例（见表4）。

表4　遇到困难时到哪里寻求帮助　　单位：%

	已建工会	未建工会
本单位党组织	16.8	9.8
本单位行政	13.9	8
本单位工会	18.0	1.2
上级党政有关部门	2.2	3.9
上级工会	0.9	0.3
亲友或同乡	43.0	63.6
其 他	5.3	13.3
合 计	100.0	100.0

职工最希望工会帮助解决社会保障方面问题的，所占比例为24.1%，最希望帮助解决劳动就业的占22.8%，最希望帮助解决收入分配问题和民主权利的分别占16.8%和9.7%。在单位建立了工会的职工中，选择民主权利的比例显著增加，比单位未建立工会的职工多6.2个百分点。

（五）职业声望判定

本次调查列举了25种不同的职业，让被调查职工对其“社会地位”、“经济地位”和“在您心中的地位”分别作出评价。调查结果表明，社会地位最高的前三位是：市长、软件工程师、军官；社会地位最低的则为：农民工、矿工、建筑工人。经济地位最高的前三位是：市长、演员、软件工程师；经济地位最低的则是：农民工、集体企业工人、旅店服务员。在职工心目中地位最高的前三位是：软件工程师、军官、市长；心目中地位最低的是：农民工、旅店服务员、建筑工人。

军官、记者、医生和教师的社会地位高于其经济地位的排序；演员、私营企业王、国有企业负责人和运动员的经济地位高于其社会地位的排序。被调查职工认为国有企业负责人的经济地位高于私营企业主，但在他们心目中的地位却低于私营企业主，只排在13位，列在私营企业主、演员和机关一般干部之后。教师在人们心目中的地位远高于其经济地位和社会地位的排序。被调查职工认为农民工无论是社会地位、经济地位还是在自己心中的地位都是最低的，农民工自己也持同样看法。

对自己子女未来职业的期望。38.1% 的职工选择希望子女成为公务员，17.9% 的职工希望子女成为科技工作者，9.8% 选择教育、卫生工作者，9.1% 选择法律工作者，6.7% 选择企业管理者，4% 选择军人，3% 选择新闻工作者，2.6% 选择私营企业主，2.4% 选择文体工作者，1.1% 选择个体户，还有 4% 选择其他。只有 0.7% 的职工希望自己的子女将来成为产业工人。

表 5　职业声望排序表

社会地位			经济地位			在你心中的地位		
职业	评价值	排序	职业	评价值	排序	职业	评价值	排序
市长	4.86	1	市长	4.79	1	软件工程师	4.31	1
软件工程师	4.41	2	演员	4.63	2	军官	4.16	2
军官	4.38	3	软件工程师	4.52	3	市长	4.14	3
记者	4.35	4	运动员	4.46	4	教师	4	4
律师	4.32	5	律师	4.39	5	运动员	3.98	5
运动员	4.28	6	国有企业负责人	4.31	6	律师	3.97	6
演员	4.2	7	私营企业主	4.3	7	记者	3.93	7
医生	4.2	7	记者	4.29	8	医生	3.84	8
教师	4.16	8	军官	4.24	9	银行职员	3.53	9
国有企业负责人	4.08	9	医生	4.2	10	私营企业主	3.48	10
警察	3.91	10	教师	3.94	11	机关一般干部	3.41	11
私营企业主	3.76	11	警察	3.89	12	演员	3.39	12
银行职员	3.75	12	银行职员	3.89	12	国有企业负责人	3.35	13
机关一般干部	3.69	13	秘书	3.67	13	秘书	3.28	14
秘书	3.65	14	机关一般干部	3.62	14	警察	3.21	15
导游	3.3	15	导游	3.6	15	外商投资企业工人	3.19	16
外商投资企业工人	3.2	16	个体户	3.55	16	导游	3.18	17
个体户	2.81	17	外商投资企业工人	3.45	17	个体户	2.9	18

续表

社会地位			经济地位			在你心中的地位		
出租车司机	2.73	18	出租车司机	3.18	18	出租车司机	2.85	19
售货员	2.38	19	矿工	2.34	19	矿工	2.64	20
旅店服务员	2.25	20	建筑工人	2.26	20	售货员	2.63	21
集体企业工人	2.19	21	售货员	2.24	21	集体企业工人	2.59	22
建筑工人	2.02	22	旅店服务员	2.22	22	建筑工人	2.57	23
矿工	1.97	23	集体企业工人	2.04	23	旅店服务员	2.48	24
农民工	1.67	24	农民工	1.61	24	农民工	2.3	25

注：地位“高”赋值5；“较高”赋值4；“中等”赋值3；“较低”赋值2；“低”赋值1。

课题总负责： 李滨生
课题组组长： 刘力达
课题组成员： 常品超　吕　杰　安建华
刘泽波　阳万雄　徐世鼎

第六次中国职工状况调查数据

（2007 年）

2007年全国职工队伍状况调查
数据处理结果（一）
——全部职工单变量数据

全总全国职工队伍状况调查办公室

BM1_ NEW. 省（区、市）编码

1. 北京	8.3%
2. 山西	6.8%
3. 黑龙江	3.4%
4. 上海	7.7%
5. 江苏	10.7%
6. 浙江	9.2%
7. 安徽	7.4%
8. 河南	9.2%
9. 湖北	8.4%
10. 广东	12.8%
11. 四川	8.6%
12. 云南	2.1%
13. 陕西	2.3%
14. 甘肃	1.3%
15. 新疆	1.8%

BM2. 问卷类别编码

1. 住户	54.0%
2. 农民工	46.0%

N01. 行业

1. 农林牧渔业	1.7%
2. 采矿业	2.4%
3. 制造业	31.9%
4. 电力、燃气及水的生产和供应业	2.9%
5. 建筑业	9.4%
6. 交通运输、仓储和邮政业	5.8%
7. 信息传输、计算机服务和软件业	1.3%
8. 批发和零售业	9.1%
9. 住宿和餐饮业	6.1%
10. 金融业	1.8%
11. 房地产业	1.4%
12. 租赁和商务服务业	2.2%
13. 科学研究、技术服务和地质勘查业	1.1%
14. 水利、环境和公共设施管理业	1.2%
15. 居民服务和其他服务业	7.3%
16. 教育	3.7%
17. 卫生、社会保障和	

社会福利业 2.6%
18. 文化、体育和娱乐业 1.6%
19. 公共管理和社会组织 6.5%
20. 国际组织 0.0%

A01. 性别
1. 男 57.4%
2. 女 42.6%

A02N_ F. 年龄（分组一）
1. 16—20 岁 4.5%
2. 21—25 岁 11.5%
3. 26—30 岁 14.3%
4. 31—35 岁 16.7%
5. 36—40 岁 17.7%
6. 41—45 岁 16.4%
7. 46—50 岁 9.8%
8. 51—55 岁 6.4%
9. 56—60 岁 2.5%
10. 60 岁以上 0.1%

A03. 民族
1. 汉族 97.0%
2. 少数民族 3.0%

A04. 婚姻状况
1. 未婚 18.9%
2. 有配偶 78.2%
3. 丧偶 0.8%
4. 离异 2.0%
5. 其他 0.1%

A05. 政治面貌
1. 中共党员 19.1%
2. 共青团员 17.7%
3. 民主党派成员 0.3%
4. 未加入任何党派 63.0%

A06. 宗教信仰
1. 不信仰任何宗教 86.4%
2. 佛教 7.1%
3. 道教 0.2%
4. 伊斯兰教 0.9%
5. 基督教 1.2%
6. 天主教 0.2%
7. 其他 4.0%

A07. 受教育程度
1. 没上过学 0.5%
2. 小学 4.1%
3. 初中 30.6%
4. 高中（职高） 26.6%
5. 中专（中技） 12.2%
6. 大专（高职） 16.9%
7. 大学本科 8.4%
8. 研究生及以上 0.5%

A08. 是否是工会会员
1. 是 43.8%
2. 不是 47.8%
3. 曾经是，但现在不是 8.4%

A09N_ F. 工龄（分组一）
1. 5 年及以下 17.0%
2. 6—10 年 17.8%
3. 11—20 年 32.0%
4. 21—30 年 23.0%
5. 30 年以上 10.3%

A10_ F. 目前家庭人均月收入（分组一）

1. 100元及以下 0.7%
2. 101—300元 10.1%
3. 301—500元 19.8%
4. 501—1000元 42.0%
5. 1001—2000元 21.1%
6. 2001—5000元 6.0%
7. 5001—10000元 0.3%

A11A. 您的家庭支出中，哪项占的比例较大（分组一）

1. 食品支出 49.2%
2. 医疗药品 10.1%
3. 子女教育费用 24.8%
4. 其他教育费用 0.7%
5. 交通费用 1.0%
6. 购（租）房费用 9.7%
7. 耐用消费品 0.8%
8. 娱乐及旅游 0.5%
9. 通信、网络费用 0.5%
10. 赡养老人 1.2%
11. 人际交往花费 1.1%
12. 其他 0.3%

A11B. 您的家庭支出中，哪项占的比例较大（分组二）

1. 食品支出 14.6%
2. 医疗药品 19.7%
3. 子女教育费用 28.0%
4. 其他教育费用 2.7%
5. 交通费用 3.9%
6. 购（租）房费用 11.5%
7. 耐用消费品 4.3%
8. 娱乐及旅游 1.7%
9. 通信、网络费用 4.0%
10. 赡养老人 5.5%
11. 人际交往花费 3.4%
12. 其他 0.6%

A11C. 您的家庭支出中，哪项占的比例较大（分组三）

1. 食品支出 9.4%
2. 医疗药品 8.7%
3. 子女教育费用 9.4%
4. 其他教育费用 2.6%
5. 交通费用 4.1%
6. 购（租）房费用 11.0%
7. 耐用消费品 6.0%
8. 娱乐及旅游 2.4%
9. 通信、网络费用 8.8%
10. 赡养老人 15.7%
11. 人际交往花费 11.4%
12. 其他 10.5%

A12. 与5年前相比，您的家庭生活水平有何变化

1. 有很大提高 9.8%
2. 有所提高 61.0%
3. 没有变化 15.3%
4. 有所下降 8.4%
5. 有很大下降 2.1%
6. 说不清楚 3.4%

A13. 您觉得未来 5 年您的家庭生活水平是否会有所变化

1. 会有很大提高 9.0%
2. 会有所提高 51.7%
3. 基本不会有变化 16.5%
4. 可能会下降 7.0%
5. 可能会下降很多 1.4%
6. 说不清楚 14.4%

A14. 您认为今后改善自己的生活和工作条件的机会多吗

1. 很多 8.2%
2. 较多 28.6%
3. 较少 29.4%
4. 很少 15.6%
5. 不知道 18.3%

A15. 与 5 年前相比，您认为自己目前的社会地位变化如何

1. 有很大提高 4.7%
2. 有所提高 40.5%
3. 没有变化 37.8%
4. 有所下降 7.3%
5. 有很大下降 1.9%
6. 说不清楚 7.8%

A16. 您觉得未来 5 年您的社会地位是否会有所变化

1. 会有很大提高 4.5%
2. 会有所提高 33.5%
3. 基本不会有变化 36.7%
4. 可能会下降 4.9%
5. 可能会下降很多 1.3%
6. 说不清楚 19.1%

A17. 您是否参加了最近一次县（区）或乡（镇）人大代表选举投票

1. 参加了 42.8%
2. 没参加 52.0%
3. 不清楚 5.2%

A18. 您目前的就业状况

1. 有工作 92.4%
2. 没工作 7.6%

B01. 您目前在哪类单位工作

1. 企业 72.2%
2. 党政机关、社会团体 5.9%
3. 事业单位 12.2%
4. 其他单位 9.7%

B02. 您所在企业的性质

1. 国有企业（含国有控股企业） 33.4%
2. 集体企业 8.0%
3. 私营（民营）、个体企业 41.0%
4. 外商（港澳台）投资企业 9.3%
5. 混合所有制企业 6.1%
6. 其他 2.2%

B03. 您是通过什么途径获得目前这份工作的

1. 毕业分配 12.9%
2. 单位招工 25.6%
3. 劳务市场（人才市场） 6.1%
4. 职业介绍机构 1.9%

5. 亲友帮忙 25.1%

6. 自己到用人单位应聘 15.5%

7. 政府安置 5.2%

8. 原工作单位帮助就业 1.5%

9. 工会帮助 0.2%

10. 网络应聘 1.0%

11. 其他 5.0%

B04. 您是否有下岗（失业）的经历

1. 有 21.6%

2. 没有 78.4%

B05. 您下岗（失业）后再就业用了多长时间

1. 3 个月以内 33.2%

2. 3 个月至 1 年 28.0%

3. 1 年以上 38.8%

B06. 您下岗（失业）后是否接受过再就业培训

1. 接受过 33.2%

2. 没接受过 66.8%

B07. 您到本单位工作前换过几次工作

1. 未换过工作 46.2%

2. 换过 1 次工作 18.5%

3. 换过 2 次工作 17.3%

4. 换过 3 次工作 10.8%

5. 换过 4 次工作 3.2%

6. 换过 5 次工作 2.1%

7. 换过 6 次及以上 1.9%

B08. 您对您目前从事的工作是否满意

1. 很满意 12.5%

2. 比较满意 35.4%

3. 一般 36.7%

4. 不太满意 11.4%

5. 很不满意 2.3%

6. 说不清 1.7%

B09A. 您对目前从事的工作不满意的主要原因（分组一）

1. 工资收入低 74.9%

2. 劳动强度太大 8.7%

3. 社会保障待遇差 5.5%

4. 劳动生产环境不好 1.6%

5. 在工作中得不到尊重 1.3%

6. 工作不稳定 3.8%

7. 人际关系不好 0.3%

8. 没有发展前途 3.2%

9. 其他原因 0.6%

B09B. 您对目前从事的工作不满意的主要原因（分组二）

1. 工资收入低 7.6%

2. 劳动强度太大 27.2%

3. 社会保障待遇差 28.8%

4. 劳动生产环境不好 6.9%

5. 在工作中得不到尊重 6.1%

6. 工作不稳定 10.9%

7. 人际关系不好 1.2%

8. 没有发展前途 10.2%

9. 其他原因 1.0%

B09C. 您对目前从事的工作不满意的主要原因（分组三）

1. 工资收入低 3.8%
2. 劳动强度太大 4.2%
3. 社会保障待遇差 16.7%
4. 劳动生产环境不好 8.4%
5. 在工作中得不到尊重 8.8%
6. 工作不稳定 13.9%
7. 人际关系不好 1.1%
8. 没有发展前途 29.1%
9. 其他原因 14.0%

B10. 您的劳动积极性是否得到充分发挥

1. 充分 19.8%
2. 比较充分 33.1%
3. 一般 37.5%
4. 不太充分 5.8%
5. 很不充分 1.8%
6. 不知道 1.9%

B11. 您的创造性是否在工作中得到充分发挥

1. 充分 12.1%
2. 比较充分 24.8%
3. 一般 43.9%
4. 不太充分 7.1%
5. 很不充分 2.1%
6. 我的工作岗位不需要创造性 6.9%
7. 不知道 3.1%

B12. 您感觉目前的工作是否稳定

1. 很稳定 13.0%
2. 比较稳定 49.5%
3. 不太稳定 23.5%
4. 很不稳定 4.3%
5. 说不清 9.7%

B13_ F. 您上月从本单位（或目前从事的有固定收入工作）获得的全部货币收入是多少元（分组一）

1. 300 元及以下 1.9%
2. 301—500 元 7.2%
3. 501—1000 元 37.7%
4. 1001—2000 元 40.0%
5. 2001—5000 元 12.6%
6. 5001—10000 元 0.6%
7. 10000 元以上 0.1%

B14. 您最近一次增加工资收入是什么时候

1. 今年 29.2%
2. 去年 36.0%
3. 2 年以前 7.6%
4. 3 年以前 3.8%
5. 5 年来未增加过工资 23.4%

B15_ F. 您最近一次增加工资涨了多少钱（分组一）

1. 10 元及以下 0.6%
2. 11—50 元 17.8%
3. 51—100 元 30.1%
4. 101—200 元 28.4%
5. 201—500 元 19.7%

6. 501—1000 元　2. 9%

7. 1000 元以上　0. 6%

B16. 目前，您所在单位是否拖欠您的工资

1. 拖欠　4. 6%

2. 不拖欠　95. 4%

B17_ F. 到目前为止，单位已拖欠您多少个月的工资（分组一）

1. 6 个月及以下　88. 4%

2. 7—12 个月　5. 7%

3. 1—2 年　2. 9%

4. 2 年以上　2. 9%

B18_ F. 到目前为止，单位还拖欠您多少工资（分组一）

1. 100 元及以下　0. 1%

2. 101—500 元　11. 4%

3. 501—1000 元　25. 7%

4. 1001—5000 元　52. 7%

5. 5001—10000 元　5. 5%

6. 10000 元以上　4. 6%

B19. 您知道所在地区的小时最低工资标准吗

1. 知道　24. 9%

2. 不知道　75. 1%

B20. 您知道所在地区的最低工资标准吗

1. 知道　39. 2%

2. 不知道　60. 8%

B21. 扣除加班加点工资，夜班补贴，高温、井下、有毒有害等津贴收入后，您上月工资是否高于当地的最低工资标准

1. 高于最低工资标准　72. 1%

2. 相当于最低工资标准　14. 2%

3. 低于最低工资标准　6. 0%

4. 说不清　7. 7%

B22. 您认为自己的工资收入水平在您所在城市（区）中属于哪个档次

1. 高收入　0. 4%

2. 中等偏上　6. 0%

3. 中等　33. 3%

4. 中等偏下　30. 3%

5. 低收入　25. 3%

6. 说不清　4. 6%

B23. 您对现在自己的工资收入水平是否满意

1. 满意　4. 5%

2. 比较满意　12. 3%

3. 一般　37. 5%

4. 不太满意　23. 3%

5. 不满意　20. 6%

6. 说不清　1. 8%

B24. 您的医疗费用如何报销

1. 单位承担全部　0. 9%

2. 单位承担大部分　5. 7%

3. 单位和个人各承担一半　3. 5%

4. 个人承担大部分　8. 7%

5. 个人承担全部 73.7%
6. 不知道 7.0%
7. 已参加医保 0.6%

B25. 您的单位是否拖欠您的医疗费用

1. 拖欠 2.5%
2. 不拖欠 97.5%

B26_ F. 目前，您的单位还拖欠您医疗费用的金额（分组一）

1. 100 元及以下 7.6%
2. 101—500 元 33.1%
3. 501—1000 元 23.1%
4. 1001—5000 元 30.6%
5. 5001—10000 元 3.5%
6. 10001—50000 元 1.7%
7. 50000 元以上 0.5%

B27. 您所在单位为您办理住房公积金情况

1. 办理了 32.5%
2. 未办理 57.9%
3. 不知道 9.6%

B28. 您目前所在单位是否建立了工会组织

1. 建立了 61.5%
2. 没建立 22.6%
3. 不知道 15.8%

B29. 您属于下列中的哪类人员

1. 工人 51.9%
2. 专业技术人员 14.4%
3. 企事业单位一般管理人员 11.7%
4. 企事业单位中层管理人员 3.6%
5. 企事业单位高层管理人员或负责人 0.6%
6. 公务员 5.9%
7. 其他 11.9%

B30. 目前您的技术等级

1. 无技术等级 74.1%
2. 初级技工 12.0%
3. 中级技工 9.9%
4. 高级技工 3.0%
5. 工人技师（包括高级技师） 1.0%

B31. 目前您的专业技术职称

1. 初级职称 14.7%
2. 中级职称 15.2%
3. 高级职称 3.3%
4. 无职称 66.8%

B32. 目前您的职务等级

1. 办事员、科员 54.7%
2. 科级 39.0%
3. 处级 6.0%
4. 厅（局）级 0.4%

C01_ F. 目前您每周工作多少个小时（分组一）

1. 20 小时及以下 0.7%
2. 21 —39 小时 5.5%
3. 40 小时 33.6%
4. 41—48 小时 24.8%

5. 49—56小时　18.1%
6. 56小时以上　17.3%

C02. 您的工作岗位是否实行计件工资

1. 是　21.5%
2. 否　78.5%

C03. 您所在单位是否给您规定了劳动定额

1. 规定了　28.1%
2. 没规定　71.9%

C04. 您单位的劳动定额是如何确定的

1. 企业单方面确定　52.4%
2. 企业与职工本人协商后确定　23.0%
3. 企业与工会（或职工代表）协商后确定　7.4%
4. 不知道　17.2%

C05. 一般情况下，您能否在8小时内完成单位规定的当天的劳动定额

1. 能完成　83.4%
2. 不能完成　16.6%

C06. 您的加班情况

1. 每天加班　3.9%
2. 经常加班　13.5%
3. 有时加班　56.4%
4. 不加班　26.1%

C07. 您加班能否拿到加班费

1. 能按法律规定的标准领到　28.7%
2. 能领到，但达不到法律规定标准　31.2%
3. 领不到　25.0%
4. 说不清　15.2%

C08. 在下列几项保险中，您认为哪一项对您来说最为迫切

1. 养老保险　53.7%
2. 医疗保险　30.9%
3. 失业保险　8.2%
4. 工伤保险　6.3%
5. 生育保险　0.8%

C09A. 您所在单位为您缴纳养老保险金情况

1. 缴纳了　55.8%
2. 未缴纳　35.4%
3. 不知道　8.8%

C09B. 您所在单位为您缴纳医疗保险金情况

1. 缴纳了　52.9%
2. 未缴纳　38.2%
3. 不知道　8.9%

C09C. 您所在单位为您缴纳失业保险金情况

1. 缴纳了　36.6%
2. 未缴纳　46.1%
3. 不知道　17.2%

C09D. 您所在单位为您缴纳工伤保险金情况

1. 缴纳了　40.1%

2. 未缴纳 37.4%
3. 不知道 22.5%

C09E. 您所在单位为您缴纳生育保险金情况

1. 缴纳了 17.8%
2. 未缴纳 50.6%
3. 不知道 31.6%

C10. 您所在单位是否对您进行过安全生产方面的培训

1. 进行过 72.5%
2. 没进行过 18.7%
3. 说不清 8.8%

C11. 您认为您的工作岗位的安全生产和劳动保护措施是否有效

1. 非常有效 22.9%
2. 有一定效果 52.0%
3. 没什么效果 7.0%
4. 没有安全生产保护措施 3.1%
5. 说不清 15.1%

C12. 您与单位签订合同的情况

1. 签订了劳动合同 55.2%
2. 签订过劳动合同，但合同已过期没有续签 3.3%
3. 签订了劳务合同 7.0%
4. 签订了聘用合同 6.6%
5. 没有签订任何合同 28.0%

C13. 您与单位订立劳动合同的期限

1. 1 年以内 44.3%
2. 1 年以上，3 年以下 21.3%
3. 3 年以上 16.0%
4. 以完成一项特定工作为期限 1.2%
5. 无固定期限 17.1%

C14. 在您与单位签订劳动合同过程中，得到过工会的指导或帮助吗

1. 得到过 37.6%
2. 没得到过 62.4%

C15A. 您与单位订立的劳动合同中是否含有劳动报酬的内容

1. 有 61.6%
2. 没有 22.2%
3. 不清楚 16.2%

C15B. 您与单位订立的劳动合同中是否含有工作时间的内容

1. 有 55.9%
2. 没有 28.2%
3. 不清楚 15.9%

C15C. 您与单位订立的劳动合同中是否含有加班工资的内容

1. 有 39.5%
2. 没有 41.1%
3. 不清楚 19.4%

C15D. 您与单位订立的劳动合同中是否含有福利待遇和社会保险的内容

1. 有 54.2%
2. 没有 25.1%
3. 不清楚 20.7%

C15E. 您与单位订立的劳动合同中是否含有劳动保护和劳动条件的内容

1. 有 58.5%
2. 没有 17.5%
3. 不清楚 24.0%

C15F. 您与单位订立的劳动合同中是否含有女职工“四期”保护的内容

1. 有 28.7%
2. 没有 26.4%
3. 不清楚 44.9%

C16. 您是在下列哪种情形下与单位签订劳动合同的

1. 经过与单位协商后签订 50.7%
2. 未经协商，直接在单位提供的合同文本上签字 46.0%
3. 由其他人代为签字 1.2%
4. 协商订立口头合同 2.1%

C17. 您是否持有劳动合同文本

1. 有 66.3%
2. 没有 33.7%

C18. 您与单位签订的劳动合同履行的情况如何

1. 完全能够履行 35.9%
2. 基本能够履行 50.8%
3. 不能完全履行 5.0%
4. 基本不能履行 1.3%
5. 不知道 7.1%

C19. 您目前所在单位是否有集体合同

1. 有 19.6%
2. 没有 34.2%
3. 不知道 46.1%

C20. 您认为集体合同在维护您的合法权益上能否发挥作用

1. 能发挥很大作用 10.4%
2. 能发挥一些作用 28.1%
3. 发挥不了什么作用 12.5%
4. 不知道 48.9%

C21. 您目前所在单位是否开展了工资集体协商

1. 开展了 12.6%
2. 没有开展 48.8%
3. 不知道 38.5%

C22. 您单位开展工资集体协商后，您的工资有没有增加

1. 增加了 69.1%
2. 没有增加 19.1%
3. 不知道 11.8%

C23. 您是否愿意参加本单位的民主管理、民主监督、民主参与、民主选举

1. 愿意 71.3%
2. 不愿意 6.4%
3. 说不清楚 22.4%

C24. 目前，您有没有对本单位的经营管理表达意见、反映愿望的渠道

1. 有 33.8%
2. 没有 43.9%
3. 说不清 22.3%

C25A. 您参与本单位管理的渠道（分组一）

1. 通过单位的职代会（包括区域性、行业性职代会）反映意见或要求 36.4%
2. 参与厂务公开活动 10.6%
3. 向职工董事、职工监事反映意见或要求 7.5%
4. 在单位集体协商会议上提出意见和要求 7.6%
5. 在单位的民主议事会、恳谈会上发表意见或建议 4.4%
6. 直接向单位管理者反映意见 28.0%
7. 向单位工会组织反映自己的意见和要求 3.5%
8. 其他渠道 2.1%

C25B. 您参与本单位管理的渠道（分组二）

1. 通过单位的职代会（包括区域性、行业性职代会）反映意见或要求 4.2%
2. 参与厂务公开活动 14.7%
3. 向职工董事、职工监事反映意见或要求 8.7%
4. 在单位集体协商会议上提出意见和要求 13.5%
5. 在单位的民主议事会、恳谈会上发表意见或建议 12.9%
6. 直接向单位管理者反映意见 26.6%
7. 向单位工会组织反映自己的意见和要求 14.3%
8. 其他渠道 5.2%

C25C. 您参与本单位管理的渠道（分组三）

1. 通过单位的职代会（包括区域性、行业性职代会）反映意见或要求 3.3%
2. 参与厂务公开活动 4.1%
3. 向职工董事、职工监事反映意见或要求 5.3%
4. 在单位集体协商会议上提出意见和要求 6.3%
5. 在单位的民主议事会、恳谈会上发表意见或建议 7.1%
6. 直接向单位管理者反映意见 20.4%
7. 向单位工会组织反映自己的意见和要求 22.8%
8. 其他渠道 30.7%

C26. 您所在单位是否建立了职工（代表）大会制度

1. 已建立 42.8%
2. 没有建立 29.2%
3. 不知道 28.0%

C27. 您是否参加过本单位选举职工（代表）大会代表的投票

1. 参加过 63.6%
2. 没参加过 36.4%

C28. 您认为，您所在单位职工（代表）大会作用发挥得如何

1. 很好 13.9%
2. 较好 27.6%
3. 一般 40.5%
4. 较差 5.0%
5. 很差 3.7%
6. 说不清楚 9.2%

C29A. 您所在单位是否实行了厂务公开（或校务、所务公开）

1. 实行了 32.3%
2. 没实行 24.8%
3. 不知道 43.0%

C29B. 您所在单位是否实行了职工董事、职工监事制度

1. 实行了 22.3%
2. 没实行 29.6%
3. 不知道 48.1%

C29C. 您所在单位是否参加了区域或行业职代会

1. 参加了 19.7%
2. 没参加 25.7%
3. 不知道 54.6%

C29D. 您所在单位是否实行了民主议事会制度

1. 实行了 24.2%
2. 没实行 24.3%
3. 不知道 51.5%

C29E. 您所在单位是否实行了工会与单位行政平等协商制度

1. 实行了 20.0%
2. 没实行 23.0%
3. 不知道 57.0%

C30A. 您希望工会从哪些方面给职工提供帮助（分组一）

1. 维护职工劳动就业权利 37.1%
2. 提高工资福利待遇 49.2%
3. 督促单位给职工上各项社会保险 4.3%
4. 改善劳动条件、消除安全隐患 2.4%
5. 维护职工的民主权利 1.9%
6. 提高职工技能和素质 1.8%
7. 帮助职工解决实际生产生活困难 2.1%
8. 指导和帮助职工签订劳动合同 0.5%
9. 代表职工与单位进行平等协商和签订集体合同 0.4%
10. 保障女职工特殊权益 0.5%

C30B. 您希望工会从哪些方面给职工提供帮助（分组二）

1. 维护职工劳动就业权利 6.9%
2. 提高工资福利待遇 33.7%
3. 督促单位给职工上各项社会保险 19.7%
4. 改善劳动条件、消除安全隐患 11.6%
5. 维护职工的民主权利 7.7%
6. 提高职工技能和素质 8.1%
7. 帮助职工解决实际生产生活困难 8.7%
8. 指导和帮助职工签订劳动合同 1.4%
9. 代表职工与单位进行平等协商和签订集体合同 1.0%
10. 保障女职工特殊权益 1.4%

C30C. 您希望工会从哪些方面给职工提供帮助（分组三）

1. 维护职工劳动就业权利 5.0%
2. 提高工资福利待遇 3.7%
3. 督促单位给职工上各项社会保险 17.5%
4. 改善劳动条件、消除安全隐患 10.4%
5. 维护职工的民主权利 8.8%
6. 提高职工技能和素质 11.5%
7. 帮助职工解决实际生产生活困难 21.4%
8. 指导和帮助职工签订劳动合同 5.7%
9. 代表职工与单位进行平等协商和签订集体合同 4.7%
10. 保障女职工特殊权益 11.4%

C31. 您认为您所在单位管理者与普通员工之间的关系怎么样

1. 很融洽 17.4%
2. 比较融洽 35.8%
3. 一般 39.3%
4. 不太融洽 5.9%
5. 很不融洽 1.6%

C32A. 您认为单位经营管理者和普通员工关系不融洽的主要原因（分组一）

1. 经营管理者对普通职工尊重不够 47.3%
2. 经营管理者对普通职工困难关心不够 19.1%
3. 经营管理者与普通职工收入及福利待遇差距过大 20.4%
4. 普通职工没有民主参与的权利 4.7%
5. 普通职工对经营管理者的劳动贡献理解不够 2.3%
6. 缺乏相互沟通渠道 5.5%
7. 其他 0.8%

C32B. 您认为单位经营管理者和普通员工关系不融洽的主要原因（分组二）

1. 经营管理者对普通职工尊重不够 6.6%
2. 经营管理者对普通职工困难关心不够 28.7%
3. 经营管理者与普通职工收入及福利待遇差距过大 30.1%
4. 普通职工没有民主参与的权利 15.3%
5. 普通职工对经营管理者的劳动贡献理解不够 6.6%
6. 缺乏相互沟通渠道 11.9%
7. 其他 0.8%

C32C. 您认为单位经营管理者和普通员工关系不融洽的主要原因（分组三）

1. 经营管理者对普通职工尊重不够 5.3%
2. 经营管理者对普通职工困难关心不够 7.1%
3. 经营管理者与普通职工收入及福利待遇差距过大 17.4%
4. 普通职工没有民主参与的权利 16.7%
5. 普通职工对经营管理者的劳动贡献理解不够 6.6%
6. 缺乏相互沟通渠道 33.2%
7. 其他 13.6%

C33. 您所在单位是否建立了劳动争议调解委员会

1. 建立了 20.0%
2. 没建立 34.2%
3. 不知道 45.8%

C34. 您与所在单位是否发生过劳动争议

1. 发生过 11.9%
2. 未发生过 88.1%

C35. 最近一次劳动争议的主要原因是什么

1. 解除或终止劳动合同 11.5%
2. 自动离职或辞职 10.3%
3. 经济补偿 11.5%
4. 劳动报酬 31.2%
5. 社会保险和福利待遇 12.1%
6. 工作时间或休息休假 9.5%
7. 劳动安全卫生 1.8%
8. 职业技能培训 1.2%
9. 女职工和未成年职工保护 0.4%
10. 其他 10.5%

C36. 最近一次劳动争议解决得怎么样

1. 全部解决 25.0%
2. 部分解决 43.0%
3. 没有解决 32.1%

C37. 最近一次劳动争议的最终解决方式

1. 协商 40.7%
2. 调解 28.1%
3. 仲裁 3.7%
4. 诉讼 3.8%
5. 其他 23.7%

C38. 您在解决劳动争议的过程中是否接受过工会的法律援助

1. 接受过 16.8%
2. 没接受过 83.2%

C39. 如果您与单位发生劳动争议，您最希望通过什么途径解决

1. 私下协商 15.6%
2. 找单位工会组织 23.7%
3. 找单位经营管理者 28.0%
4. 找劳动争议调解委员会 12.7%
5. 找劳动争议仲裁委员会 11.4%
6. 到法院起诉 3.3%
7. 其他 5.4%

C40. 如果您的单位发生了由集体劳动争议导致的群体性事件，您可能会怎么做

1. 参加 17.6%
2. 不参加 18.8%
3. 多数人参加我就参加 11.2%
4. 涉及自身利益就参加 32.2%
5. 不知道 20.2%

C41. 您所在企业（单位）是否开展了创建劳动关系和谐企业（单位）活动

1. 开展了 25.6%
2. 没开展 32.0%
3. 不知道 42.4%

C42. 创建劳动关系和谐企业（单位）活动是否给您带来好处

1. 带来很多好处 25.8%
2. 带来一些好处 54.3%
3. 没有带来好处 6.1%
4. 说不清 13.8%

C43. 您的职业技能能满足目前工作需要吗

1. 能满足 37.9%
2. 基本满足 48.6%
3. 不能满足 8.6%
4. 不知道 4.9%

C44. 您参加过职业技能培训吗

1. 参加过 65.9%
2. 没参加过 34.1%

C45. 您没参加培训的主要原因是什么

1. 培训费用太高 9.9%
2. 没有时间参加 22.1%
3. 单位没有提供培训机会 44.4%
4. 不想参加培训 6.1%
5. 其他 17.5%

C46. 您最希望参加哪类培训

1. 技术技能培训 48.5%
2. 文化知识培训 6.8%
3. 学历培训 4.1%
4. 外语培训 4.0%
5. 创业培训 6.7%
6. 兴趣爱好培训 4.8%
7. 职业资格认证培训 15.7%
8. 其他 2.1%
9. 无所谓 7.4%

C47. 为推动企（事）业发展，实现共同建设、共同享有和谐社会做贡献，您最希望参加下列哪类活动

1. 合理化建议活动 18.6%
2. 劳动竞赛活动 6.1%
3. 技术革新和技术发明活动 7.5%
4. 节能降耗活动 3.3%
5. 安全生产活动 7.8%
6. 职工技术协作活动 8.3%
7. 创建劳动关系和谐企业（单位）活动 9.2%
8. 只想做好本职工作 34.3%
9. 其他 5.0%

C48. 您认为钻研技术（业务）能不能给自己带来实惠

1. 能 77.3%
2. 不能 5.6%
3. 不清楚 17.1%

C49. 您所在单位有没有开展劳动竞赛活动

1. 有 42.2%
2. 没有 40.5%
3. 不清楚 17.3%

C50. 您是否愿意参加劳动竞赛活动

1. 愿意 73.5%
2. 不愿意 6.9%
3. 说不清 19.6%

C51. 您认为劳动竞赛最主要的作用是什么

1. 提高单位经济效益 14.2%
2. 推动单位技术进步 8.9%
3. 提高职工技术水平和素质 44.2%
4. 增加职工收入 7.5%
5. 为职工发挥积极性和创造性提供途径和机会 19.4%
6. 没什么作用 5.8%

C52A. 下列几种情况中哪一种最符合您自己的情况（分组一）

1. 单位经济效益增长了，我的工资收入也有所增加 50.3%
2. 单位经济效益增长了，但我的工资收入没有跟着增加 25.8%
3. 单位经济效益增长了，我的工资收入反而

减少了 3.0%
4. 说不清 20.9%

C52B. 下列几种情况中哪一种最符合您自己的情况（分组二）

1. 单位经济效益增长了，我享受的福利待遇也有所改善 45.2%
2. 单位经济效益增长了，但我享受的福利待遇状况没有改善 29.5%
3. 单位经济效益增长了，我享受的福利待遇反而下降了 3.4%
4. 说不清 21.9%

C52C. 下列几种情况中哪一种最符合您自己的情况（分组三）

1. 单位经济效益增长了，我享受的社会保障水平也有所提高 41.8%
2. 单位经济效益增长了，但我享受的社会保障水平没有提高 30.6%
3. 单位经济效益增长了，我享受的社会保障水平反而下降了 2.5%
4. 说不清 25.1%

C55. 您对本单位开展文体活动是否满意

1. 很满意 14.5%
2. 比较满意 45.3%
3. 不满意 9.7%
4. 很不满意 1.7%
5. 本单位没有开展文体活动 28.8%

D01A. 目前情况下，如果要找工作，您最看重的因素（分组一）

1. 收入高 55.1%
2. 职业稳定 24.9%
3. 社会保障待遇好 7.1%
4. 能发挥专长或有发展机会 6.3%
5. 在社会上受尊重 1.0%
6. 人际关系和谐 1.8%
7. 工作条件好 1.5%
8. 福利待遇好 2.1%
9. 其他 0.2%

D01B. 目前情况下，如果要找工作，您最看重的因素（分组二）

1. 收入高 8.6%
2. 职业稳定 34.7%
3. 社会保障待遇好 22.8%
4. 能发挥专长或有发展机会 10.5%
5. 在社会上受尊重 3.4%
6. 人际关系和谐 5.9%
7. 工作条件好 7.4%
8. 福利待遇好 6.7%
9. 其他 0.1%

D01C. 目前情况下，如果要找工作，您最看重的因素（分组三）

1. 收入高 5.4%
2. 职业稳定 5.3%
3. 社会保障待遇好 20.6%
4. 能发挥专长或有发展机会 10.3%
5. 在社会上受尊重 5.3%
6. 人际关系和谐 9.9%
7. 工作条件好 12.5%
8. 福利待遇好 29.1%
9. 其他 1.6%

D02. 您认为目前企业职工收入分配中存在的主要问题是什么

1. 普通职工工资水平太低 29.1%
2. 普通职工工资增长缓慢 22.5%
3. 普通职工长期不增加工资 5.6%
4. 拖欠工资 1.4%
5. 普通职工与经营管理者收入差距过大 16.4%
6. 工资多少完全由老板说了算 10.7%
7. 没有什么问题 5.8%
8. 不知道 8.4%

D03A. 您对现行的社会养老保险制度的评价如何

1. 好 17.3%
2. 较好 23.6%
3. 一般 39.4%
4. 较差 5.8%
5. 很差 3.2%
6. 不知道 10.7%

D03B. 您对现行的社会医疗保险制度的评价如何

1. 好 15.0%
2. 较好 20.6%
3. 一般 38.5%
4. 较差 9.9%
5. 很差 5.1%
6. 不知道 10.8%

D03C. 您对现行的社会工伤保险制度的评价如何

1. 好 14.7%
2. 较好 19.2%
3. 一般 36.1%
4. 较差 6.6%
5. 很差 3.1%
6. 不知道 20.4%

D03D. 您对现行的社会失业保险制度的评价如何

1. 好 12.0%
2. 较好 15.9%
3. 一般 35.4%
4. 较差 10.6%
5. 很差 5.8%
6. 不知道 20.3%

D03E. 您对现行的社会生育保险制度的评价如何

1. 好 12.0%

2. 较好 16.5%
3. 一般 30.6%
4. 较差 4.9%
5. 很差 2.8%
6. 不知道 33.2%

D04. 下列各项中哪一项最符合您的情况

1. 享受到比较充分的社会保障，有安全感 16.2%
2. 享受到一定程度社会保障，比较有安全感 32.3%
3. 能享受到的社会保障很少，安全感不强 23.6%
4. 没有享受到社会保障，没有安全感 15.6%
5. 说不清楚 12.3%

D05A. 您是否赞同“职工参与企（事）业管理有利于促进企（事）业的发展”的观点

1. 赞同 94.5%
2. 不赞同 5.5%

D05B. 您是否赞同“职工参与企（事）业管理有利于维护职工利益”的观点

1. 赞同 95.7%
2. 不赞同 4.3%

D05C. 您是否赞同“应当让职工都有机会参与企（事）业管理”的观点

1. 赞同 91.1%
2. 不赞同 8.9%

D05D. 您是否赞同“职工参与企（事）业管理是职工应当享有的权利”的观点

1. 赞同 91.7%
2. 不赞同 8.3%

D05E. 您是否赞同“职工只需要干活挣钱，没必要参与企（事）业管理”的观点

1. 赞同 14.6%
2. 不赞同 85.4%

D05F. 您是否赞同“让职工参与企（事）业管理，只会降低企（事）业的效率”的观点

1. 赞同 11.5%
2. 不赞同 88.5%

D05G. 您是否赞同“让职工参与企（事）业管理，必然增加企（事）业成本”的观点

1. 赞同 22.4%
2. 不赞同 77.6%

D06. 您认为工会在维护职工合法权益方面作用如何

1. 有重要作用 18.2%
2. 能发挥一定作用 38.2%
3. 作用不大 21.6%
4. 没有作用 7.3%
5. 说不清楚 14.7%

D07A. 党和政府提出以人为本的科学发展观，您怎么看（分组一）

1. 符合中国经济发展现实　56.7%
2. 能让广大群众得到实惠，得到广大群众的拥护　24.0%
3. 有利于促进经济社会和城乡协调发展　5.8%
4. 科学发展观要真正在一些地方、一些部门得到落实比较难　7.1%
5. 落实科学发展观必须有正确的政绩观来保证　1.7%
6. 说不清楚　4.8%

D07B. 党和政府提出以人为本的科学发展观，您怎么看（分组二）

1. 符合中国经济发展现实　6.5%
2. 能让广大群众得到实惠，得到广大群众的拥护　45.2%
3. 有利于促进经济社会和城乡协调发展　28.1%
4. 科学发展观要真正在一些地方、一些部门得到落实比较难　14.3%
5. 落实科学发展观必须有正确的政绩观来保证　5.6%
6. 说不清楚　0.4%

D07C. 党和政府提出以人为本的科学发展观，您怎么看（分组三）

1. 符合中国经济发展现实　6.6%
2. 能让广大群众得到实惠，得到广大群众的拥护　6.3%
3. 有利于促进经济社会和城乡协调发展　36.0%
4. 科学发展观要真正在一些地方、一些部门得到落实比较难　23.4%
5. 落实科学发展观必须有正确的政绩观来保证　20.4%
6. 说不清楚　7.3%

D08A. 党和政府提出构建和谐社会的战略思想，要让广大人民群众在共建中共享、在共享中共建，您怎么看（分组一）

1. 符合中国社会实际，有利于促进社会稳定　57.4%
2. 合民心，顺民意，能让广大群众得到实实在在的好处　20.9%
3. 实现共建中共享、共享中共建要靠广大劳动群众的努力　5.9%
4. 这一战略思想很好，但需要经过长期艰苦的努力才能实现　5.9%
5. 党和政府的政策是好的，但落实起来较难，未必能够完全实现　5.5%
6. 说不清楚　4.4%

D08B. 党和政府提出构建和谐社会的战略思想，要让广大人民群众在共建中共享、在共享中共建，您怎么看（分组二）

1. 符合中国社会实际，有利于促进社会稳定 5.9%
2. 合民心，顺民意，能让广大群众得到实实在在的好处 47.0%
3. 实现共建中共享、共享中共建要靠广大劳动群众的努力 21.0%
4. 这一战略思想很好，但需要经过长期艰苦的努力才能实现 17.3%
5. 党和政府的政策是好的，但落实起来较难，未必能够完全实现 8.5%
6. 说不清楚 0.3%

D08C. 党和政府提出构建和谐社会的战略思想，要让广大人民群众在共建中共享、在共享中共建，您怎么看（分组三）

1. 符合中国社会实际，有利于促进社会稳定 6.0%
2. 合民心，顺民意，能让广大群众得到实实在在的好处 5.1%
3. 实现共建中共享、共享中共建要靠广大劳动群众的努力 31.3%
4. 这一战略思想很好，但需要经过长期艰苦的努力才能实现 19.7%
5. 党和政府的政策是好的，但落实起来较难，未必能够完全实现 32.5%
6. 说不清楚 5.4%

D09A. 您认为下列哪些问题对社会和谐的影响最严重（分组一）

1. 就业难 41.5%
2. 收入分配差距大 26.0%
3. 社会保障不健全 4.5%
4. 子女教育费用高 5.9%
5. 看病就医费用高 4.6%
6. 房价越来越高 3.8%
7. 腐败现象严重 10.1%
8. 社会治安差 1.5%
9. 安全生产事故频发 0.2%
10. 食品卫生没有保证 0.5%
11. 环境污染严重 0.6%
12. 社会风气不好 0.8%

D09B. 您认为下列哪些问题对社会和谐的影响最严重（分组二）

1. 就业难 4.0%
2. 收入分配差距大 24.9%
3. 社会保障不健全 10.8%
4. 子女教育费用高 13.0%
5. 看病就医费用高 15.5%
6. 房价越来越高 8.8%

7. 腐败现象严重 12.6%
8. 社会治安差 4.9%
9. 安全生产事故频发 0.8%
10. 食品卫生没有保证 1.7%
11. 环境污染严重 1.8%
12. 社会风气不好 1.4%

D09C. 您认为下列哪些问题对社会和谐的影响最严重（分组三）

1. 就业难 3.7%
2. 收入分配差距大 5.1%
3. 社会保障不健全 9.9%
4. 子女教育费用高 7.5%
5. 看病就医费用高 14.3%
6. 房价越来越高 14.0%
7. 腐败现象严重 17.5%
8. 社会治安差 6.6%
9. 安全生产事故频发 1.5%
10. 食品卫生没有保证 3.9%
11. 环境污染严重 6.6%
12. 社会风气不好 9.3%

D10A. 您认为就业难的问题对社会和谐的影响严重吗

1. 很严重 51.3%
2. 比较严重 37.0%
3. 一般 10.1%
4. 不太严重 1.1%
5. 不严重 0.5%

D10B. 您认为收入分配差距大的问题对社会和谐的影响严重吗

1. 很严重 50.0%
2. 比较严重 35.5%
3. 一般 12.4%
4. 不太严重 1.6%
5. 不严重 0.6%

D10C. 您认为社会保障不健全的问题对社会和谐的影响严重吗

1. 很严重 43.5%
2. 比较严重 40.7%
3. 一般 14.2%
4. 不太严重 1.2%
5. 不严重 0.4%

D10D. 您认为子女教育费用高的问题对社会和谐的影响严重吗

1. 很严重 39.4%
2. 比较严重 39.7%
3. 一般 18.0%
4. 不太严重 2.4%
5. 不严重 0.5%

D10E. 您认为看病就医费用高的问题对社会和谐的影响严重吗

1. 很严重 51.5%
2. 比较严重 36.0%
3. 一般 11.0%
4. 不太严重 1.2%
5. 不严重 0.4%

D10F. 您认为腐败现象严重对社会和谐的影响严重吗

1. 很严重 72.9%
2. 比较严重 20.7%
3. 一般 5.5%

4. 不太严重 0.6%
5. 不严重 0.3%

D10G. 您认为社会治安差对社会和谐的影响严重吗

1. 很严重 62.0%
2. 比较严重 30.0%
3. 一般 6.9%
4. 不太严重 0.8%
5. 不严重 0.3%

D10H. 您认为安全生产事故频发对社会和谐的影响严重吗

1. 很严重 45.3%
2. 比较严重 37.5%
3. 一般 14.7%
4. 不太严重 1.9%
5. 不严重 0.5%

D10I. 您认为食品卫生没有保证的问题对社会和谐的影响严重吗

1. 很严重 51.4%
2. 比较严重 34.1%
3. 一般 12.6%
4. 不太严重 1.5%
5. 不严重 0.4%

D10J. 您认为环境污染严重对社会和谐的影响严重吗

1. 很严重 55.6%
2. 比较严重 31.7%
3. 一般 10.8%
4. 不太严重 1.5%
5. 不严重 0.4%

D10K. 您认为社会风气不好对社会和谐的影响严重吗

1. 很严重 53.4%
2. 比较严重 35.7%
3. 一般 9.5%
4. 不太严重 1.0%
5. 不严重 0.3%

D10L. 您认为房价越来越高对社会和谐的影响严重吗

1. 很严重 46.3%
2. 比较严重 34.4%
3. 一般 16.3%
4. 不太严重 2.3%
5. 不严重 0.6%

D11. 您对近年来工人社会地位的变化怎么看

1. 有很大提高 6.1%
2. 有所提高 38.5%
3. 没有变化 22.4%
4. 有所下降 16.8%
5. 有很大下降 8.5%
6. 说不清 7.6%

D12A. 您认为工人社会地位下降的主要原因是什么（分组一）

1. 政府的政策落实得不好 34.0%
2. 新闻媒体对工人的劳动和贡献宣传得太少 5.4%
3. 工人的就业岗位不

稳定　32.8%
4. 工人的收入太低　21.4%
5. 工人的民主权利得不到保障　4.1%
6. 人大代表、政协委员中没有多少工人　2.0%
7. 其他　0.3%

D12B. 您认为工人社会地位下降的主要原因是什么（分组二）

1. 政府的政策落实得不好　5.0%
2. 新闻媒体对工人的劳动和贡献宣传得太少　5.4%
3. 工人的就业岗位不稳定　30.3%
4. 工人的收入太低　42.8%
5. 工人的民主权利得不到保障　13.1%
6. 人大代表、政协委员中没有多少工人　3.3%
7. 其他　0.2%

D12C. 您认为工人社会地位下降的主要原因是什么（分组三）

1. 政府的政策落实得不好　8.2%
2. 新闻媒体对工人的劳动和贡献宣传得太少　3.1%
3. 工人的就业岗位不稳定　8.8%
4. 工人的收入太低　19.3%
5. 工人的民主权利得不到保障　35.7%
6. 人大代表、政协委员中没有多少工人　17.0%
7. 其他　7.9%

D13A. 要调动职工推动构建和谐劳动关系、和谐社会的积极性，您认为主要应解决好什么问题（分组一）

1. 提高工人工资　72.2%
2. 实行企事业职工民主管理　7.1%
3. 建立平等协商和集体合同制度　4.2%
4. 加强对工人劳动贡献的宣传　1.3%
5. 提高劳动模范待遇　0.8%
6. 保障工人就业岗位　8.7%
7. 提高对工人的社会保障水平　4.2%
8. 增加工人在各级人大、政协的代表数量　0.7%
9. 加强对工人的培训　0.9%

D13B. 要调动职工推动构建和谐劳动关系、和谐社会的积极性，您认为主要应解决好什么问题（分组二）

1. 提高工人工资　7.0%
2. 实行企事业职工民主管理　15.3%
3. 建立平等协商和集体合同制度　11.9%

4. 加强对工人劳动贡献的宣传 5.0%
5. 提高劳动模范待遇 4.7%
6. 保障工人就业岗位 35.5%
7. 提高对工人的社会保障水平 16.8%
8. 增加工人在各级人大、政协的代表数量 1.6%
9. 加强对工人的培训 2.2%

D13C. 要调动职工推动构建和谐劳动关系、和谐社会的积极性，您认为主要应解决好什么问题（分组三）

1. 提高工人工资 5.5%
2. 实行企事业职工民主管理 3.5%
3. 建立平等协商和集体合同制度 9.0%
4. 加强对工人劳动贡献的宣传 3.1%
5. 提高劳动模范待遇 3.0%
6. 保障工人就业岗位 13.7%
7. 提高对工人的社会保障水平 36.1%
8. 增加工人在各级人大、政协的代表数量 6.9%
9. 加强对工人的培训 19.2%

D14. 您认为近年来农民工的生产生活状况是否有所改善

1. 有很大改善 14.0%
2. 有所改善 66.6%
3. 没有改善 9.7%
4. 说不清 9.6%

D15. 您个人的最大理想是什么

1. 为社会做贡献 10.7%
2. 充分发挥自己才能 19.9%
3. 获得一份稳定工作 23.8%
4. 赚较多的钱 14.3%
5. 家庭生活舒适安定 25.8%
6. 做官并越大越好 0.4%
7. 越来越出名 0.2%
8. 追求个人生活情趣和快乐 3.6%
9. 其他 1.3%

D16. 您是否愿意加入中国共产党

1. 愿意 59.7%
2. 不愿意 12.7%
3. 说不清 27.6%

D17. 您对现在新闻媒体关于职工群众的宣传报道是否满意

1. 很满意 9.4%
2. 比较满意 27.5%
3. 一般 49.5%
4. 不太满意 10.7%
5. 很不满意 2.9%

D18A. 您对社会现象的看法主要受下列哪些外界因素的影响（分组一）

1. 广播电视 79.3%
2. 报纸刊物 8.7%

3. 书籍 1.2%
4. 互联网 5.4%
5. 单位或社会宣传 1.0%
6. 家庭成员 1.7%
7. 亲朋好友 1.5%
8. 学校 0.7%
9. 其他 0.5%

D18B. 您对社会现象的看法主要受下列哪些外界因素的影响（分组二）

1. 广播电视 7.3%
2. 报纸刊物 60.2%
3. 书籍 4.9%
4. 互联网 11.2%
5. 单位或社会宣传 4.3%
6. 家庭成员 4.6%
7. 亲朋好友 5.5%
8. 学校 1.5%
9. 其他 0.4%

D18C. 您对社会现象的看法主要受下列哪些外界因素的影响（分组三）

1. 广播电视 3.8%
2. 报纸刊物 6.8%
3. 书籍 12.8%
4. 互联网 22.1%
5. 单位或社会宣传 13.5%
6. 家庭成员 6.1%
7. 亲朋好友 15.9%
8. 学校 6.3%
9. 其他 12.7%

D19A. 您认为近年来政府采取的“给零就业家庭提供工作岗位”的举措对促进社会和谐的意义如何

1. 意义重大 62.4%
2. 有一定意义 33.7%
3. 意义不大 4.0%

D19B. 您认为近年来政府采取的“提高最低工资标准”的举措对促进社会和谐的意义如何

1. 意义重大 67.0%
2. 有一定意义 29.2%
3. 意义不大 3.8%

D19C. 您认为近年来政府采取的“提高城镇最低生活保障标准，扩大低保覆盖面”的举措对促进社会和谐的意义如何

1. 意义重大 62.8%
2. 有一定意义 32.4%
3. 意义不大 4.8%

D19D. 您认为近年来政府采取的“关闭带有安全隐患的小煤窑，防止发生煤矿安全事故”的举措对促进社会和谐的意义如何

1. 意义重大 75.3%
2. 有一定意义 21.2%
3. 意义不大 3.5%

D19E. 您认为近年来政府采取的“帮助农民工追讨欠薪”的举措对促进社会和谐的意义如何

1. 意义重大 72.9%
2. 有一定意义 24.4%
3. 意义不大 2.7%

D19F. 您认为近年来政府采取的“解决国有企业改制遗留问题”的举措对促进社会和谐的意义如何

1. 意义重大 54.7%
2. 有一定意义 38.7%
3. 意义不大 6.6%

D19G. 您认为近年来政府采取的“逐步免除义务教育阶段学杂费”的举措对促进社会和谐的意义如何

1. 意义重大 75.4%
2. 有一定意义 22.2%
3. 意义不大 2.4%

D19H. 您认为近年来政府采取的“限制药品价格”的举措对促进社会和谐的意义如何

1. 意义重大 73.7%
2. 有一定意义 22.1%
3. 意义不大 4.2%

D19I. 您认为近年来政府采取的“为低收入群众提供廉租住房和经济适用房”的举措对促进社会和谐的意义如何

1. 意义重大 65.6%
2. 有一定意义 29.9%
3. 意义不大 4.5%

D19J. 您认为近年来政府采取的“要求高收入者申报纳税”的举措对促进社会和谐的意义如何

1. 意义重大 57.3%
2. 有一定意义 34.3%
3. 意义不大 8.4%

D19K. 您认为近年来政府采取的“颁布《物权法》，维护公民合法财产权利”的举措对促进社会和谐的意义如何

1. 意义重大 59.8%
2. 有一定意义 35.0%
3. 意义不大 5.2%

D19L. 您认为近年来政府采取的“加强环境保护，减少资源浪费”的举措对促进社会和谐的意义如何

1. 意义重大 74.2%
2. 有一定意义 22.9%
3. 意义不大 2.8%

D20. 您认为现在人们的职业道德水平比以前是提高了还是降低了

1. 提高了 42.3%
2. 没什么变化 23.3%
3. 下降了 24.1%
4. 说不清 10.4%

D21A. 您认为导致职业道德水平降低的主要因素是什么（分组一）

1. 拜金主义严重 59.0%

2. 社会诚信缺失 26.4%
3. 行业自律不足 3.2%
4. 理想信念淡薄 3.9%
5. 职业规范不严格 2.5%
6. 对违反职业道德的行为惩戒不力 4.1%
7. 说不清 0.9%

D21B. 您认为导致职业道德水平降低的主要因素是什么（分组二）

1. 拜金主义严重 9.1%
2. 社会诚信缺失 42.5%
3. 行业自律不足 15.1%
4. 理想信念淡薄 14.3%
5. 职业规范不严格 10.6%
6. 对违反职业道德的行为惩戒不力 8.0%
7. 说不清 0.3%

D21C. 您认为导致职业道德水平降低的主要因素是什么（分组三）

1. 拜金主义严重 6.0%
2. 社会诚信缺失 6.9%
3. 行业自律不足 13.3%
4. 理想信念淡薄 18.4%
5. 职业规范不严格 16.1%
6. 对违反职业道德的行为惩戒不力 33.9%
7. 说不清 5.5%

D22A. 下列活动中，您更喜欢参加哪些（分组一）

1. 先进模范人物事迹报告会 21.3%
2. 红色旅游 28.6%
3. 群众性文体活动 24.9%
4. 知识竞赛 5.4%
5. 志愿者活动 6.5%
6. 听讲座 3.7%
7. 看文艺演出 7.8%
8. 其他 1.8%

D22B. 下列活动中，您更喜欢参加哪些（分组二）

1. 先进模范人物事迹报告会 3.1%
2. 红色旅游 11.5%
3. 群众性文体活动 28.8%
4. 知识竞赛 14.0%
5. 志愿者活动 15.0%
6. 听讲座 10.3%
7. 看文艺演出 15.8%
8. 其他 1.3%

D22C. 下列活动中，您更喜欢参加哪些（分组三）

1. 先进模范人物事迹报告会 3.2%
2. 红色旅游 4.6%
3. 群众性文体活动 9.3%
4. 知识竞赛 8.6%
5. 志愿者活动 13.2%
6. 听讲座 11.5%
7. 看文艺演出 30.6%
8. 其他 19.1%

D23. 当您遇到困难和问题时，您倾向于找谁解决

1. 党组织 9.7%
2. 政府（行政部门） 19.4%
3. 工会 11.5%
4. 司法部门 5.0%
5. 亲朋好友 38.8%
6. 新闻媒体 5.8%
7. 宗教组织 0.2%
8. 慈善机构 0.4%
9. 社区组织 4.5%
10. 其他 4.7%

D24A. 您是否赞同“应该使农民工和城市职工同工同酬”的观点

1. 赞同 87.7%
2. 不赞同 12.3%

D24B. 您是否赞同“农民工是促进新农村建设的一支重要力量”的观点

1. 赞同 95.2%
2. 不赞同 4.8%

D24C. 您是否赞同“农民工是促进工业化、城市化的重要力量”的观点

1. 赞同 86.1%
2. 不赞同 13.9%

D24D. 您是否赞同“要建设和谐社会必须维护农民工合法权益”的观点

1. 赞同 97.1%
2. 不赞同 2.9%

D24E. 您是否赞同“党和政府保护农民工的政策使农民工得到了实惠”的观点

1. 赞同 94.1%
2. 不赞同 5.9%

D24F. 您是否赞同“农民工有困难找工会”的观点

1. 赞同 81.1%
2. 不赞同 18.9%

D24J. 您是否赞同“农民进城打工的现象将长期存在”的观点

1. 赞同 75.6%
2. 不赞同 24.4%

D24H. 您是否赞同“农民工进城挤占了城市职工的就业岗位”的观点

1. 赞同 37.9%
2. 不赞同 62.1%

D24I. 您是否赞同“农民工大量进城会影响城市社会治安状况”的观点

1. 赞同 45.1%
2. 不赞同 54.9%

D25. 总的来说，您是否感到幸福

1. 很幸福 13.8%
2. 比较幸福 43.4%
3. 一般 35.2%
4. 不太幸福 6.2%
5. 很不幸福 1.4%

D26A. 您对您的家庭是否满意

1. 很满意 43.4%
2. 比较满意 39.5%
3. 一般 13.6%
4. 不太满意 2.8%
5. 很不满意 0.7%

D26B. 您对您的职业是否满意

1. 很满意 13.8%
2. 比较满意 39.3%
3. 一般 31.2%
4. 不太满意 12.0%
5. 很不满意 3.7%

D26C. 您对您的居住条件是否满意

1. 很满意 11.4%
2. 比较满意 31.9%
3. 一般 28.7%
4. 不太满意 20.3%
5. 很不满意 7.7%

D26D. 您对您的社会地位是否满意

1. 很满意 7.0%
2. 比较满意 28.0%
3. 一般 42.5%
4. 不太满意 17.1%
5. 很不满意 5.4%

D26E. 您对您的知识和能力是否满意

1. 很满意 7.0%
2. 比较满意 30.9%
3. 一般 34.9%
4. 不太满意 23.1%
5. 很不满意 4.1%

D26F. 您对您与别人的关系是否满意

1. 很满意 17.2%
2. 比较满意 53.0%
3. 一般 26.6%
4. 不太满意 2.7%
5. 很不满意 0.5%

D26J. 您对您的健康状况是否满意

1. 很满意 22.0%
2. 比较满意 41.7%
3. 一般 25.2%
4. 不太满意 9.3%
5. 很不满意 1.8%

D26H. 您对您的生活环境是否满意

1. 很满意 9.2%
2. 比较满意 35.8%
3. 一般 35.5%
4. 不太满意 15.8%
5. 很不满意 3.8%

D27. 您认为现阶段我国社会是否和谐

1. 非常和谐 5.3%
2. 比较和谐 53.6%
3. 不太和谐 26.5%
4. 非常不和谐 3.7%
5. 说不清 10.9%

D28A. 您认为下列哪些问题让您感到压力量大（分组一）

1. 就业难 25.8%
2. 收入低 38.1%
3. 社会保障待遇差 6.8%

4. 子女教育费用高 11.5%
5. 看病就医费用高 5.9%
6. 房价高 6.7%
7. 升职机会少 1.5%
8. 劳动强度大 1.0%
9. 劳动时间长 0.6%
10. 工作不稳定 1.2%
11. 与单位领导关系差 0.1%
12. 掌握的技能不能满足工作需要 0.8%

D28B. 您认为下列哪些问题让您感到压力最大（分组二）

1. 就业难 3.4%
2. 收入低 21.9%
3. 社会保障待遇差 14.2%
4. 子女教育费用高 19.0%
5. 看病就医费用高 19.9%
6. 房价高 10.5%
7. 升职机会少 3.2%
8. 劳动强度大 2.2%
9. 劳动时间长 1.9%
10. 工作不稳定 2.7%
11. 与单位领导关系差 0.1%
12. 掌握的技能不能满足工作需要 0.9%

D28C. 您认为下列哪些问题让您感到压力最大（分组三）

1. 就业难 2.9%
2. 收入低 5.5%
3. 社会保障待遇差 10.7%
4. 子女教育费用高 10.8%
5. 看病就医费用高 20.6%
6. 房价高 20.4%
7. 升职机会少 5.1%
8. 劳动强度大 3.1%
9. 劳动时间长 4.6%
10. 工作不稳定 9.7%
11. 与单位领导关系差 0.7%
12. 掌握的技能不能满足工作需要 6.0%

D29. 您的户籍情况

1. 本地非农业户口 52.1%
2. 外地非农业户口 1.3%
3. 本人户口所在地已取消农业与非农业户口划分方法 0.3%
4. 本地农业户口 23.2%
5. 外地农业户口 23.0%
6. 其他 0.1%

2007年全国职工队伍状况调查数据处理结果（二）

——城镇职工单变量数据

全总全国职工队伍状况调查办公室

BM1_ NEW. 省（区、市）编码

1. 北京	6.9%
2. 山西	4.1%
3. 黑龙江	6.3%
4. 上海	5.7%
5. 江苏	11.4%
6. 浙江	8.5%
7. 安徽	5.1%
8. 河南	8.5%
9. 湖北	7.0%
10. 广东	15.1%
11. 四川	7.5%
12. 云南	3.8%
13. 陕西	4.2%
14. 甘肃	2.5%
15. 新疆	3.4%

N01. 行业

1. 农林牧渔业	1.5%
2. 采矿业	1.5%
3. 制造业	22.8%
4. 电力、燃气及水的生产和供应业	3.3%
5. 建筑业	3.8%
6. 交通运输、仓储和邮政业	7.4%
7. 信息传输、计算机服务和软件业	2.1%
8. 批发和零售业	8.9%
9. 住宿和餐饮业	3.2%
10. 金融业	3.0%
11. 房地产业	1.4%
12. 租赁和商务服务业	2.9%
13. 科学研究、技术服务和地质勘查业	1.7%
14. 水利、环境和公共设施管理业	1.7%
15. 居民服务和其他服务业	9.8%
16. 教育	6.3%
17. 卫生、社会保障和社会福利业	4.6%
18. 文化、体育和娱乐业	2.1%

19. 公共管理和社会组织 11.8%
20. 国际组织 0.0%

A01. 性别

1. 男 53.0%
2. 女 47.0%

A02N_ F. 年龄（分组一）

1. 16—20岁 0.5%
2. 21—25岁 4.9%
3. 26—30岁 11.0%
4. 31—35岁 15.5%
5. 36—40岁 18.9%
6. 41—45岁 20.7%
7. 46—50岁 14.8%
8. 51—55岁 9.7%
9. 56—60岁 3.9%
10. 60岁以上 0.1%

A03. 民族

1. 汉族 96.4%
2. 少数民族 3.6%

A04. 婚姻状况

1. 未婚 9.8%
2. 有配偶 86.5%
3. 丧偶 1.0%
4. 离异 2.6%
5. 其他 0.1%

A05. 政治面貌

1. 中共党员 28.2%
2. 共青团员 9.8%
3. 民主党派成员 0.5%
4. 未加入任何党派 61.5%

A06. 宗教信仰

1. 不信仰任何宗教 87.4%
2. 佛教 6.5%
3. 道教 0.1%
4. 伊斯兰教 1.3%
5. 基督教 0.9%
6. 天主教 0.2%
7. 其他 3.6%

A07. 受教育程度

1. 没上过学 0.3%
2. 小学 2.3%
3. 初中 19.3%
4. 高中（职高） 26.7%
5. 中专（中技） 11.7%
6. 大专（高职） 24.3%
7. 大学本科 14.5%
8. 研究生及以上 0.9%

A08. 是否是工会会员

1. 是 55.5%
2. 不是 31.5%
3. 曾经是，但现在不是 13.1%

A09N_ F. 工龄（分组一）

1. 5年及以下 7.2%
2. 6—10年 11.4%
3. 11—20年 31.6%
4. 21—30年 32.8%
5. 30年以上 17.1%

A10_ F. 目前家庭人均月收入（分组一）

1. 100元及以下 1.0%

2. 101—300 元　9. 3%
3. 301—500 元　15. 8%
4. 501—1000 元　39. 1%
5. 1001—2000 元　26. 0%
6. 2001—5000 元　8. 4%
7. 5001—10000 元　0. 5%

A11A. 您的家庭支出中，哪项占的比例较大（分组一）

1. 食品支出　51. 0%
2. 医疗药品　8. 8%
3. 子女教育费用　24. 9%
4. 其他教育费用　0. 5%
5. 交通费用　1. 1%
6. 购（租）房费用　10. 0%
7. 耐用消费品　0. 7%
8. 娱乐及旅游　0. 5%
9. 通信、网络费用　0. 4%
10. 赡养老人　0. 6%
11. 人际交往花费　1. 1%
12. 其他　0. 3%

A11B. 您的家庭支出中，哪项占的比例较大（分组二）

1. 食品支出　16. 9%
2. 医疗药品　22. 1%
3. 子女教育费用　28. 4%
4. 其他教育费用　2. 4%
5. 交通费用　4. 1%
6. 购（租）房费用　8. 7%
7. 耐用消费品　4. 1%
8. 娱乐及旅游　2. 0%
9. 通信、网络费用　4. 1%
10. 赡养老人　3. 4%
11. 人际交往花费　3. 1%
12. 其他　0. 7%

A11C. 您的家庭支出中，哪项占的比例较大（分组三）

1. 食品支出　10. 4%
2. 医疗药品　9. 7%
3. 子女教育费用　10. 6%
4. 其他教育费用　2. 9%
5. 交通费用　4. 7%
6. 购（租）房费用　9. 8%
7. 耐用消费品　6. 5%
8. 娱乐及旅游　3. 1%
9. 通信、网络费用　10. 4%
10. 赡养老人　11. 2%
11. 人际交往花费　11. 2%
12. 其他　9. 6%

A12. 与 5 年前相比，您的家庭生活水平有何变化

1. 有很大提高　9. 2%
2. 有所提高　55. 8%
3. 没有变化　17. 5%
4. 有所下降　11. 7%
5. 有很大下降　3. 1%
6. 说不清楚　2. 6%

A13. 您觉得未来 5 年您的家庭生活水平是否会有所变化

1. 会有很大提高　6. 9%
2. 会有所提高　48. 4%

3. 基本不会有变化 19.9%
4. 可能会下降 8.9%
5. 可能会下降很多 1.8%
6. 说不清楚 14.1%

A14. 您认为今后改善自己的生活和工作条件的机会多吗

1. 很多 5.0%
2. 较多 23.0%
3. 较少 34.4%
4. 很少 21.3%
5. 不知道 16.3%

A15. 与5年前相比，您认为自己目前的社会地位变化如何

1. 有很大提高 3.4%
2. 有所提高 33.6%
3. 没有变化 43.6%
4. 有所下降 10.0%
5. 有很大下降 2.9%
6. 说不清楚 6.5%

A16. 您觉得未来5年您的社会地位是否会有所变化

1. 会有很大提高 2.9%
2. 会有所提高 26.7%
3. 基本不会有变化 45.0%
4. 可能会下降 6.5%
5. 可能会下降很多 1.9%
6. 说不清楚 17.0%

A17. 您是否参加了最近一次县（区）或乡（镇）人大代表选举投票

1. 参加了 53.8%
2. 没参加 41.6%
3. 不清楚 4.6%

A18. 您目前的就业状况

1. 有工作 86.2%
2. 没工作 13.8%

B01. 您目前在哪类单位工作

1. 企业 51.0%
2. 党政机关、社会团体 11.4%
3. 事业单位 22.1%
4. 其他单位 15.5%

B02. 您所在企业的性质

1. 国有企业（含国有控股企业） 48.6%
2. 集体企业 9.7%
3. 私营（民营）、个体企业 29.9%
4. 外商（台港澳）投资企业 5.2%
5. 混合所有制企业 4.8%
6. 其他 1.9%

B03. 您是通过什么途径获得目前这份工作的

1. 毕业分配 22.8%
2. 单位招工 23.7%
3. 劳务市场（人才市场） 3.0%
4. 职业介绍机构 1.2%
5. 亲友帮忙 17.1%
6. 自己到用人单位应聘 12.6%
7. 政府安置 9.6%
8. 原工作单位帮助就业 1.9%

9. 工会帮助　0.1%
10. 网络应聘　1.3%
11. 其他　6.8%

B04. 您是否有下岗（失业）的经历

1. 有　28.4%
2. 没有　71.6%

B05. 您下岗（失业）后再就业用了多长时间

1. 3 个月以内　26.2%
2. 3 个月至 1 年　27.0%
3. 1 年以上　46.8%

B06. 您下岗（失业）后是否接受过再就业培训

1. 接受过　34.9%
2. 没接受过　65.1%

B07N. 您到本单位工作前换过几次工作

1. 未换过工作　51.1%
2. 换过 1 次工作　19.6%
3. 换过 2 次工作　15.2%
4. 换过 3 次工作　9.0%
5. 换过 4 次工作　2.4%
6. 换过 5 次工作　1.5%
7. 换过 6 次及以上　1.1%

B08. 您对您目前从事的工作是否满意

1. 很满意　11.2%
2. 比较满意　36.6%
3. 一般　36.6%
4. 不太满意　11.6%
5. 很不满意　2.6%
6. 说不清　1.4%

B09A. 您对目前从事的工作不满意的主要原因（分组一）

1. 工资收入低　76.9%
2. 劳动强度太大　7.2%
3. 社会保障待遇差　4.6%
4. 劳动生产环境不好　1.4%
5. 在工作中得不到尊重　1.4%
6. 工作不稳定　4.6%
7. 人际关系不好　0.4%
8. 没有发展前途　3.0%
9. 其他原因　0.6%

B09B. 您对目前从事的工作不满意的主要原因（分组二）

1. 工资收入低　8.4%
2. 劳动强度太大　24.4%
3. 社会保障待遇差　31.8%
4. 劳动生产环境不好　5.5%
5. 在工作中得不到尊重　6.9%
6. 工作不稳定　11.2%
7. 人际关系不好　1.1%
8. 没有发展前途　9.7%
9. 其他原因　1.0%

B09C. 您对目前从事的工作不满意的主要原因（分组三）

1. 工资收入低　3.5%
2. 劳动强度太大　4.0%
3. 社会保障待遇差　16.5%
4. 劳动生产环境不好　7.9%

5. 在工作中得不到尊重　8.4%
6. 工作不稳定　14.9%
7. 人际关系不好　1.0%
8. 没有发展前途　30.6%
9. 其他原因　13.3%

B10. 您的劳动积极性是否得到充分发挥

1. 充分　17.2%
2. 比较充分　33.5%
3. 一般　38.8%
4. 不太充分　6.6%
5. 很不充分　2.3%
6. 不知道　1.6%

B11. 您的创造性是否在工作中得到充分发挥

1. 充分　10.9%
2. 比较充分　26.3%
3. 一般　43.7%
4. 不太充分　7.4%
5. 很不充分　2.5%
6. 我的工作岗位不需要创造性　6.9%
7. 不知道　2.4%

B12. 您感觉目前的工作是否稳定

1. 很稳定　14.1%
2. 比较稳定　50.6%
3. 不太稳定　22.8%
4. 很不稳定　5.2%
5. 说不清　7.3%

B13_ F. 您上月从本单位（或目前从事的有固定收入的工作）获得的全部货币收入是多少元（分组一）

1. 300 元及以下　2.5%
2. 301—500 元　7.5%
3. 501—1000 元　31.1%
4. 1001—2000 元　40.0%
5. 2001—5000 元　17.7%
6. 5001—10000 元　1.0%
7. 10000 元以上　0.1%

B14. 您最近一次增加工资收入是什么时候

1. 今年　22.1%
2. 去年　37.4%
3. 2 年以前　8.5%
4. 3 年以前　4.7%
5. 5 年来未增加过工资　27.3%

B15_ F. 您最近一次增加工资涨了多少钱（分组一）

1. 10 元及以下　0.3%
2. 11—50 元　13.9%
3. 51—100 元　24.3%
4. 101—200 元　30.0%
5. 201—500 元　26.4%
6. 501—1000 元　4.1%
7. 1000 元以上　0.9%

B16. 目前，您所在单位是否拖欠您的工资

1. 拖欠　4.3%
2. 不拖欠　95.7%

B17_ F. 到目前为止，单位已拖欠您多少个月的工资（分组一）

1. 6 个月及以下　80.5%
2. 7—12 个月　9.3%
3. 1—2 年　5.2%
4. 2 年以上　4.9%

B18_ F. 到目前为止，单位还拖欠您多少工资（分组一）

1. 100 元及以下　0.1%
2. 101—500 元　9.3%
3. 501—1000 元　22.3%
4. 1001—5000 元　52.6%
5. 5001—10000 元　7.7%
6. 10000 元以上　7.9%

B19. 您知道所在地区的小时最低工资标准吗

1. 知道　25.2%
2. 不知道　74.8%

B20. 您知道所在地区的最低工资标准吗

1. 知道　40.6%
2. 不知道　59.4%

B21. 扣除加班加点工资，夜班补贴，高温、井下、有毒有害等津贴收入后，您上月工资是否高于当地的最低工资标准

1. 高于最低工资标准　72.6%
2. 相当于最低工资标准　13.2%
3. 低于最低工资标准　7.4%
4. 说不清　6.8%

B22. 您认为自己的工资收入水平在您所在城市（区）中属于哪个档次

1. 高收入　0.5%
2. 中等偏上　7.3%
3. 中等　34.0%
4. 中等偏下　29.6%
5. 低收入　26.0%
6. 说不清　2.6%

B23. 您对现在自己的工资收入水平是否满意

1. 满意　3.0%
2. 比较满意　11.5%
3. 一般　34.2%
4. 不太满意　25.1%
5. 不满意　24.9%
6. 说不清　1.3%

B24. 您的医疗费用如何报销

1. 单位承担全部　0.8%
2. 单位承担大部分　11.7%
3. 单位和个人各承担一半　4.7%
4. 个人承担大部分　9.3%
5. 个人承担全部　67.8%
6. 不知道　4.1%
7. 已参加医保　1.5%

B25. 您的单位是否拖欠您的医疗费用

1. 拖欠　3.9%
2. 不拖欠　96.1%

B26_ F. 目前，您的单位还拖欠您医疗费用的金额（分组一）

1. 100 元及以下 4.1%
2. 101—500 元 25.6%
3. 501—1000 元 30.1%
4. 1001—5000 元 31.6%
5. 5001—10000 元 5.3%
6. 10001—50000 元 2.6%
7. 50000 元以上 0.7%

B27. 您所在单位为您办理住房公积金情况

1. 办理了 54.0%
2. 未办理 41.7%
3. 不知道 4.3%

B28. 您目前所在单位是否建立了工会组织

1. 建立了 68.4%
2. 没建立 21.1%
3. 不知道 10.4%

B29. 您属于下列中的哪类人员

1. 工人 34.6%
2. 专业技术人员 19.0%
3. 企事业单位一般管理人员 14.6%
4. 企事业单位中层管理人员 4.9%
5. 企事业单位高层管理人员或负责人 0.9%
6. 公务员 11.6%
7. 其他 14.5%

B30. 目前您的技术等级

1. 无技术等级 71.1%
2. 初级技工 9.4%
3. 中级技工 12.5%
4. 高级技工 5.6%
5. 工人技师（包括高级技师） 1.5%

B31. 目前您的专业技术职称

1. 初级职称 17.1%
2. 中级职称 22.0%
3. 高级职称 5.6%
4. 无职称 55.2%

B32. 目前您的职务等级

1. 办事员、科员 54.5%
2. 科级 39.1%
3. 处级 6.0%
4. 厅（局）级 0.4%

C01_ F. 目前您每周工作多少个小时（分组一）

1. 20 小时及以下 1.2%
2. 21—39 小时 9.0%
3. 40 小时 47.6%
4. 41—48 小时 20.6%
5. 49—56 小时 13.4%
6. 56 小时以上 8.2%

C02. 您的工作岗位是否实行计件工资

1. 是 11.0%
2. 否 89.0%

C03. 您所在单位是否给您规定了劳动定额

1. 规定了 19.8%
2. 没规定 80.2%

C04. 您单位的劳动定额是如何确定的

1. 企业单方面确定 61.0%
2. 企业与职工本人协商后确定 15.2%
3. 企业与工会（或职工代表）协商后确定 6.4%
4. 不知道 17.4%

C05. 一般情况下，您能否在8小时内完成单位规定的当天的劳动定额

1. 能完成 84.6%
2. 不能完成 15.4%

C06. 您的加班情况

1. 每天加班 2.6%
2. 经常加班 13.5%
3. 有时加班 51.1%
4. 不加班 32.8%

C07. 您加班能否拿到加班费

1. 能按法律规定的标准领到 23.0%
2. 能领到，但达不到法律规定标准 28.6%
3. 领不到 33.5%
4. 说不清 14.9%

C08. 在下列几项保险中，您认为哪一项对您来说最为迫切

1. 养老保险 59.4%
2. 医疗保险 31.7%
3. 失业保险 6.2%
4. 工伤保险 2.1%
5. 生育保险 0.6%

C09A. 您所在单位为您缴纳养老保险金情况

1. 缴纳了 70.6%
2. 未缴纳 25.3%
3. 不知道 4.1%

C09B. 您所在单位为您缴纳医疗保险金情况

1. 缴纳了 68.0%
2. 未缴纳 28.1%
3. 不知道 3.8%

C09C. 您所在单位为您缴纳失业保险金情况

1. 缴纳了 51.7%
2. 未缴纳 35.0%
3. 不知道 13.3%

C09D. 您所在单位为您缴纳工伤保险金情况

1. 缴纳了 35.6%
2. 未缴纳 39.9%
3. 不知道 24.5%

C09E. 您所在单位为您缴纳生育保险金情况

1. 缴纳了 22.1%

2. 未缴纳 45.2%

3. 不知道 32.7%

C10. 您所在单位是否对您进行过安全生产方面的培训

1. 进行过 64.1%

2. 没进行过 25.1%

3. 说不清 10.8%

C11. 您认为您的工作岗位的安全生产和劳动保护措施是否有效

1. 非常有效 18.2%

2. 有一定效果 49.8%

3. 没什么效果 8.4%

4. 没有安全生产保护措施 4.3%

5. 说不清 19.3%

C12. 您与单位签订合同的情况

1. 签订了劳动合同 54.8%

2. 签订过劳动合同，但合同已过期没有续签 3.0%

3. 签订了劳务合同 3.1%

4. 签订了聘用合同 10.1%

5. 没有签订任何合同 29.1%

C13. 您与单位订立劳动合同的期限

1. 1 年以内 28.4%

2. 1 年以上，3 年以下 19.4%

3. 3 年以上 23.3%

4. 以完成一项特定工作为期限 0.6%

5. 无固定期限 28.2%

C14. 在您与单位签订劳动合同过程中，得到过工会的指导或帮助吗

1. 得到过 34.9%

2. 没得到过 65.1%

C15A. 您与单位订立的劳动合同中是否含有劳动报酬的内容

1. 有 54.0%

2. 没有 27.2%

3. 不清楚 18.8%

C15B. 您与单位订立的劳动合同中是否含有工作时间的内容

1. 有 49.2%

2. 没有 32.1%

3. 不清楚 18.7%

C15C. 您与单位订立的劳动合同中是否含有加班工资的内容

1. 有 30.6%

2. 没有 48.0%

3. 不清楚 21.4%

C15D. 您与单位订立的劳动合同中是否含有福利待遇和社会保险的内容

1. 有 52.1%

2. 没有 26.0%

3. 不清楚 21.9%

C15E. 您与单位订立的劳动合同中是否含有劳动保护和劳动条件的内容

1. 有 52.3%

2. 没有 21.3%

3. 不清楚 26.4%

C15F. 您与单位订立的劳动合同中是否含有女职工“四期”保护的内容

1. 有 30.0%
2. 没有 26.0%
3. 不清楚 43.9%

C16. 您是在下列哪种情形下与单位签订劳动合同的

1. 经过与单位协商后签订 42.4%
2. 未经协商，直接在单位提供的合同文本上签字 55.4%
3. 由其他人代为签字 0.8%
4. 协商订立口头合同 1.4%

C17. 您是否持有劳动合同文本

1. 有 64.1%
2. 没有 35.9%

C18. 您与单位签订的劳动合同履行的情况如何

1. 完全能够履行 33.7%
2. 基本能够履行 52.9%
3. 不能完全履行 4.9%
4. 基本不能履行 1.2%
5. 不知道 7.3%

C19. 您目前所在单位是否有集体合同

1. 有 16.9%
2. 没有 34.9%
3. 不知道 48.2%

C20. 您认为集体合同在维护您的合法权益上能否发挥作用

1. 能发挥很大作用 8.4%
2. 能发挥一些作用 27.6%
3. 发挥不了什么作用 14.2%
4. 不知道 49.8%

C21. 您目前所在单位是否开展了工资集体协商

1. 开展了 7.8%
2. 没有开展 54.7%
3. 不知道 37.5%

C22. 您单位开展工资集体协商后，您的工资有没有增加

1. 增加了 58.6%
2. 没有增加 25.8%
3. 不知道 15.5%

C23. 您是否愿意参加本单位的民主管理、民主监督、民主参与、民主选举

1. 愿意 71.8%
2. 不愿意 6.7%
3. 说不清楚 21.6%

C24. 目前，您有没有对本单位的经营管理表达意见、反映愿望的渠道

1. 有 31.7%
2. 没有 45.3%
3. 说不清 22.9%

C25A. 您参与本单位管理的渠道（分组一）

1. 通过单位的职代会（包括区域性、行业性职代会）反映意见或要求 44.3%
2. 参与厂务公开活动 7.3%
3. 向职工董事、职工监事反映意见或要求 4.9%
4. 在单位集体协商会议上提出意见和要求 6.7%
5. 在单位的民主议事会、恳谈会上发表意见或建议 5.8%
6. 直接向单位管理者反映意见 25.4%
7. 向单位工会组织反映自己的意见和要求 3.4%
8. 其他渠道 2.1%

C25B. 您参与本单位管理的渠道（分组二）

1. 通过单位的职代会（包括区域性、行业性职代会）反映意见或要求 4.8%
2. 参与厂务公开活动 15.7%
3. 向职工董事、职工监事反映意见或要求 8.0%
4. 在单位集体协商会议上提出意见和要求 11.6%
5. 在单位的民主议事会、恳谈会上发表意见或建议 15.9%
6. 直接向单位管理者反映意见 25.9%
7. 向单位工会组织反映自己的意见和要求 13.9%
8. 其他渠道 4.1%

C25C. 您参与本单位管理的渠道（分组三）

1. 通过单位的职代会（包括区域性、行业性职代会）反映意见或要求 3.9%
2. 参与厂务公开活动 4.0%
3. 向职工董事、职工监事反映意见或要求 5.4%
4. 在单位集体协商会议上提出意见和要求 7.3%
5. 在单位的民主议事会、恳谈会上发表意见或建议 8.7%
6. 直接向单位管理者反映意见 19.7%
7. 向单位工会组织反映自己的意见和要求 23.7%
8. 其他渠道 27.2%

C26. 您所在单位是否建立了职工（代表）大会制度

1. 已建立 49.6%
2. 没有建立 28.2%
3. 不知道 22.2%

C27. 您是否参加过本单位选举职工（代表）大会代表的投票

1. 参加过 77.4%
2. 没参加过 22.6%

C28. 您认为，您所在单位职工（代表）大会作用发挥得如何

1. 很好 10.7%
2. 较好 27.3%
3. 一般 44.8%
4. 较差 6.4%
5. 很差 4.9%
6. 说不清楚 5.9%

C29A. 您所在单位是否实行了厂务公开（或校务、所务公开）

1. 实行了 37.1%
2. 没实行 27.0%
3. 不知道 35.9%

C29B. 您所在单位是否实行了职工董事、职工监事制度

1. 实行了 22.2%
2. 没实行 34.1%
3. 不知道 43.6%

C29C. 您所在单位是否参加了区域或行业职代会

1. 参加了 22.6%
2. 没参加 27.2%
3. 不知道 50.1%

C29D. 您所在单位是否实行了民主议事会制度

1. 实行了 27.4%
2. 没实行 26.8%
2. 不知道 45.8%

C29E. 您所在单位是否实行了工会与单位行政平等协商制度

1. 实行了 21.1%
2. 没实行 26.8%
3. 不知道 52.1%

C30A. 您希望工会从哪些方面给职工提供帮助（分组一）

1. 维护职工劳动就业权利 39.3%
2. 提高工资福利待遇 47.2%
3. 督促单位给职工上各项社会保险 4.2%
4. 改善劳动条件、消除安全隐患 1.7%
5. 维护职工的民主权利 2.6%
6. 提高职工技能和素质 1.2%
7. 帮助职工解决实际生产生活困难 2.3%
8. 指导和帮助职工签订劳动合同 0.4%
9. 代表职工与单位进行平等协商和签订集体合同 0.4%
10. 保障女职工特殊权益 0.6%

C30B. 您希望工会从哪些方面给职工提供帮助（分组二）

1. 维护职工劳动就业权利 7.9%

2. 提高工资福利待遇 36.1%
3. 督促单位给职工上各项社会保险 19.0%
4. 改善劳动条件、消除安全隐患 9.2%
5. 维护职工的民主权利 9.2%
6. 提高职工技能和素质 6.1%
7. 帮助职工解决实际生产生活困难 8.9%
8. 指导和帮助职工签订劳动合同 1.1%
9. 代表职工与单位进行平等协商和签订集体合同 1.0%
10. 保障女职工特殊权益 1.6%

C30C. 您希望工会从哪些方面给职工提供帮助（分组三）

1. 维护职工劳动就业权利 5.4%
2. 提高工资福利待遇 3.9%
3. 督促单位给职工上各项社会保险 19.6%
4. 改善劳动条件、消除安全隐患 8.9%
5. 维护职工的民主权利 10.5%
6. 提高职工技能和素质 9.0%
7. 帮助职工解决实际生产生活困难 21.9%
8. 指导和帮助职工签订劳动合同 4.3%
9. 代表职工与单位进行平等协商和签订集体合同 4.5%
10. 保障女职工特殊权益 11.9%

C31. 您认为您所在单位管理者与普通员工之间的关系怎么样

1. 很融洽 13.5%
2. 比较融洽 36.2%
3. 一般 41.7%
4. 不太融洽 6.4%
5. 很不融洽 2.2%

C32A. 您认为单位经营管理者和普通员工关系不融洽的主要原因（分组一）

1. 经营管理者对普通职工尊重不够 46.9%
2. 经营管理者对普通职工困难关心不够 17.5%
3. 经营管理者与普通职工收入及福利待遇差距过大 23.2%
4. 普通职工没有民主参与的权利 5.3%
5. 普通职工对经营管理者的劳动贡献理解不够 1.7%
6. 缺乏相互沟通渠道 5.2%
7. 其他 0.3%

C32B. 您认为单位经营管理者和普通员工关系不融洽的主要原因（分组二）

1. 经营管理者对普通职工尊重不够 8.2%
2. 经营管理者对普通职工

困难关心不够 28.5%
3. 经营管理者与普通职工收入及福利待遇差距过大 31.9%
4. 普通职工没有民主参与的权利 15.6%
5. 普通职工对经营管理者的劳动贡献理解不够 4.8%
6. 缺乏相互沟通渠道 10.2%
7. 其他 0.8%

C32C. 您认为单位经营管理者和普通员工关系不融洽的主要原因（分组三）

1. 经营管理者对普通职工尊重不够 7.2%
2. 经营管理者对普通职工困难关心不够 7.5%
3. 经营管理者与普通职工收入及福利待遇差距过大 18.6%
4. 普通职工没有民主参与的权利 19.8%
5. 普通职工对经营管理者的劳动贡献理解不够 6.6%
6. 缺乏相互沟通渠道 29.2%
7. 其他 11.1%

C33. 您所在单位是否建立了劳动争议调解委员会

1. 建立了 20.1%
2. 没建立 37.3%
3. 不知道 42.6%

C34. 您与所在单位是否发生过劳动争议

1. 发生过 11.1%
2. 未发生过 88.9%

C35. 最近一次劳动争议的主要原因是什么

1. 解除或终止劳动合同 17.4%
2. 自动离职或辞职 8.3%
3. 经济补偿 10.5%
4. 劳动报酬 27.8%
5. 社会保险和福利待遇 14.7%
6. 工作时间或休息休假 7.4%
7. 劳动安全卫生 1.6%
8. 职业技能培训 0.7%
9. 女职工和未成年工保护 0.4%
10. 其他 11.2%

C36. 最近一次劳动争议解决得怎么样

1. 全部解决 21.9%
2. 部分解决 41.9%
3. 没有解决 36.2%

C37. 最近一次劳动争议的最终解决方式

1. 协商 37.9%
2. 调解 24.7%
3. 仲裁 4.6%
4. 诉讼 4.6%
5. 其他 28.3%

C38. 您在解决劳动争议的过程中是否接受过工会的法律援助

1. 接受过 15.9%
2. 没接受过 84.1%

C39. 如果您与单位发生劳动争议，您最希望通过什么途径解决

1. 私下协商 12.8%
2. 找单位工会组织 24.6%
3. 找单位经营管理者 27.2%
4. 找劳动争议调解委员会 11.9%
5. 找劳动争议仲裁委员会 13.6%
6. 到法院起诉 3.8%
7. 其他 6.1%

C40. 如果您的单位发生了由集体劳动争议导致的群体性事件，您可能会怎么做

1. 参加 17.2%
2. 不参加 17.5%
3. 多数人参加我就参加 12.4%
4. 涉及自身利益就参加 34.4%
5. 不知道 18.5%

C41. 您所在企业（单位）是否开展了“创建劳动关系和谐企业（单位）活动”

1. 开展了 26.0%
2. 没开展 35.2%
3. 不知道 38.8%

C42. 创建劳动关系和谐企业（单位）活动是否给您带来好处

1. 带来很多好处 21.4%
2. 带来一些好处 56.8%
3. 没有带来好处 7.8%
4. 说不清 14.0%

C43. 您的职业技能能满足目前工作需要吗

1. 能满足 40.1%
2. 基本满足 48.2%
3. 不能满足 7.2%
4. 不知道 4.5%

C44. 您参加过职业技能培训吗

1. 参加过 70.1%
2. 没参加过 29.9%

C45. 您没参加培训的主要原因是什么

1. 培训费用太高 7.2%
2. 没有时间参加 18.3%
3. 单位没有提供培训机会 51.8%
4. 不想参加培训 6.5%
5. 其他 16.3%

C46. 您最希望参加哪类培训

1. 技术技能培训 42.3%
2. 文化知识培训 6.8%
3. 学历培训 4.5%
4. 外语培训 4.1%
5. 创业培训 6.6%
6. 兴趣爱好培训 6.0%
7. 职业资格认证培训 18.0%
8. 其他 2.5%
9. 无所谓 9.1%

C47. 为推动企（事）业发展，实现共同建设、共同享有和谐社会做贡献，您最希望参加下列哪类活动

1. 合理化建议活动 20.8%
2. 劳动竞赛活动 4.2%
3. 技术革新和技术发明活动 6.1%
4. 节能降耗活动 2.7%
5. 安全生产活动 4.6%
6. 职工技术协作活动 6.6%
7. 创建劳动关系和谐企业（单位）活动 9.4%
8. 只想做好本职工作 40.4%
9. 其他 5.2%

C48. 您认为钻研技术（业务）能不能给自己带来实惠

1. 能 75.0%
2. 不能 7.5%
3. 不清楚 17.5%

C49. 您所在单位有没有开展劳动竞赛活动

1. 有 41.2%
2. 没有 42.6%
3. 不清楚 16.2%

C50. 您是否愿意参加劳动竞赛活动

1. 愿意 68.7%
2. 不愿意 8.6%
3. 说不清 22.7%

C51. 您认为劳动竞赛最主要的作用是什么

1. 提高单位经济效益 15.9%
2. 推动单位技术进步 9.5%
3. 提高职工技术水平和素质 43.7%
4. 增加职工收入 6.6%
5. 为职工发挥积极性和创造性提供途径和机会 16.8%
6. 没什么作用 7.4%

C52. 下列几种情况中哪一种最符合您自己的情况

1. 单位经济效益增长了，我的工资收入也有所增加 45.7%
2. 单位经济效益增长了，但我的工资收入没有跟着增加 28.0%
3. 单位经济效益增长了，我的工资收入反而减少了 3.8%
4. 说不清 22.5%

C53. 下列几种情况中哪一种最符合您自己的情况

1. 单位经济效益增长了，我享受的福利待遇也有所改善 43.3%
2. 单位经济效益增长了，但我享受的福利待遇

状况没有改善 30.5%

3. 单位经济效益增长了，我享受的福利待遇反而下降了 4.1%

4. 说不清 22.1%

C54. 下列几种情况中哪一种最符合您自己的情况

1. 单位经济效益增长了，我享受的社会保障水平也有所提高 40.9%

2. 单位经济效益增长了，但我享受的社会保障水平没有提高 31.6%

3. 单位经济效益增长了，我享受的社会保障水平反而下降了 2.9%

4. 说不清 24.5%

C55. 您对本单位开展文体活动是否满意

1. 很满意 11.9%

2. 比较满意 48.8%

3. 不满意 10.8%

4. 很不满意 1.6%

5. 本单位没有开展文体活动 26.8%

D01A. 目前情况下，如果要找工作，您最看重的因素（分组一）

1. 收入高 53.8%

2. 职业稳定 26.2%

3. 社会保障待遇好 7.7%

4. 能发挥专长或有发展机会 5.5%

5. 在社会上受尊重 1.0%

6. 人际关系和谐 1.7%

7. 工作条件好 1.6%

8. 福利待遇好 2.3%

9. 其他 0.2%

D01B. 目前情况下，如果要找工作，您最看重的因素（分组二）

1. 收入高 9.6%

2. 职业稳定 35.4%

3. 社会保障待遇好 24.3%

4. 能发挥专长或有发展机会 8.6%

5. 在社会上受尊重 3.4%

6. 人际关系和谐 5.4%

7. 工作条件好 6.3%

8. 福利待遇好 7.0%

9. 其他 0.1%

D01C. 目前情况下，如果要找工作，您最看重的因素（分组三）

1. 收入高 5.9%

2. 职业稳定 5.3%

3. 社会保障待遇好 23.2%

4. 能发挥专长或有发展机会 9.8%

5. 在社会上受尊重 5.5%

6. 人际关系和谐 9.3%

7. 工作条件好 11.0%

8. 福利待遇好 28.5%

9. 其他 1.4%

D02. 您认为目前企业职工收入分配中存在的主要问题是什么

1. 普通职工工资水平太低 35.4%
2. 普通职工工资增长缓慢 18.0%
3. 普通职工长期不增加工资 5.7%
4. 拖欠工资 1.5%
5. 普通职工与经营管理者收入差距过大 20.8%
6. 工资多少完全由老板说了算 9.1%
7. 没有什么问题 2.7%
8. 不知道 6.7%

D03A. 您对现行的社会养老保险制度的评价如何

1. 好 14.0%
2. 较好 24.9%
3. 一般 44.8%
4. 较差 7.2%
5. 很差 3.4%
6. 不知道 5.7%

D03B. 您对现行的社会医疗保险制度的评价如何

1. 好 11.4%
2. 较好 21.1%
3. 一般 43.1%
4. 较差 12.5%
5. 很差 6.0%
6. 不知道 5.8%

D03C. 您对现行的社会工伤保险制度的评价如何

1. 好 9.6%
2. 较好 18.2%
3. 一般 39.7%
4. 较差 8.1%
5. 很差 3.6%
6. 不知道 20.7%

D03D. 您对现行的社会失业保险制度的评价如何

1. 好 9.0%
2. 较好 16.7%
3. 一般 39.9%
4. 较差 12.6%
5. 很差 6.6%
6. 不知道 15.2%

D03E. 您对现行的社会生育保险制度的评价如何

1. 好 9.8%
2. 较好 17.8%
3. 一般 34.4%
4. 较差 5.6%
5. 很差 3.1%
6. 不知道 29.3%

D04. 下列各项中哪一项最符合您的情况

1. 享受到比较充分的社会保障，有安全感 16.7%
2. 享受到一定程度社会保障，比较有安全感 37.2%

3. 能享受到的社会保障很少，安全感不强 24.1%
4. 没有享受到社会保障，没有安全感 13.4%
5. 说不清楚 8.6%

D05A. 您是否赞同“职工参与企（事）业管理有利于促进企（事）业的发展”的观点

1. 赞同 94.8%
2. 不赞同 5.2%

D05B. 您是否赞同“职工参与企（事）业管理有利于维护职工利益”的观点

1. 赞同 96.6%
2. 不赞同 3.4%

D05C. 您是否赞同“应当让职工都有机会参与企（事）业管理”的观点

1. 赞同 92.2%
2. 不赞同 7.8%

B05D. 您是否赞同“职工参与企（事）业管理是职工应当享有的权利”的观点

1. 赞同 93.8%
2. 不赞同 6.2%

D05E. 您是否赞同“职工只需要干活挣钱，没必要参与企（事）业管理”的观点

1. 赞同 13.3%
2. 不赞同 86.7%

D05F. 您是否赞同“让职工参与企（事）业管理，只会降低企（事）业的效率”的观点

1. 赞同 10.5%
2. 不赞同 89.5%

D05G. 您是否赞同“让职工参与企（事）业管理，必然增加企（事）业成本”的观点

1. 赞同 19.6%
2. 不赞同 80.4%

D06. 您认为工会在维护职工合法权益方面作用如何

1. 有重要作用 15.4%
2. 能发挥一定作用 38.4%
3. 作用不大 26.2%
4. 没有作用 9.1%
5. 说不清楚 10.9%

D07A. 党和政府提出以人为本的科学发展观，您怎么看（分组一）

1. 符合中国经济发展现实 57.2%
2. 能让广大群众得到实惠，得到广大群众的拥护 22.1%
3. 有利于促进经济社会和城乡协调发展 5.4%
4. 科学发展观要真正在一些地方、一些部门得到落实比较难 8.4%
5. 落实科学发展观必须

有正确的政绩观
来保证 1.9%
6. 说不清楚 5.1%

D07B. 党和政府提出以人为本的科学发展观，您怎么看（分组二）

1. 符合中国经济发展现实 7.1%
2. 能让广大群众得到实惠，得到广大群众的拥护 46.6%
3. 有利于促进经济社会和城乡协调发展 24.5%
4. 科学发展观要真正在一些地方、一些部门得到落实比较难 15.1%
5. 落实科学发展观必须有正确的政绩观来保证 6.3%
6. 说不清楚 0.4%

D07C. 党和政府提出以人为本的科学发展观，您怎么看（分组三）

1. 符合中国经济发展现实 6.7%
2. 能让广大群众得到实惠，得到广大群众的拥护 6.7%
3. 有利于促进经济社会和城乡协调发展 36.8%
4. 科学发展观要真正在一些地方、一些部门得到落实比较难 23.6%
5. 落实科学发展观必须有正确的政绩观来保证 19.5%
6. 说不清楚 6.8%

D08A. 党和政府提出构建和谐社会的战略思想，要让广大人民群众在共建中共享、在共享中共建，您怎么看（分组一）

1. 符合中国社会实际，有利于促进社会稳定 58.0%
2. 合民心，顺民意，能让广大群众得到实实在在的好处 19.1%
3. 实现“共建中共享、共享中共建”要靠广大劳动群众的努力 5.8%
4. 这一战略思想很好，但需要经过长期艰苦的努力才能实现 6.5%
5. 党和政府的政策是好的，但落实起来较难，未必能够完全实现 6.3%
6. 说不清楚 4.4%

D08B. 党和政府提出构建和谐社会的战略思想，要让广大人民群众在共建中共享、在共享中共建，您怎么看（分组二）

1. 符合中国社会实际，有利于促进社会稳定 6.3%
2. 合民心，顺民意，能让广大群众得到实实在在的好处 47.8%
3. 实现“共建中共享、共享中共建”要靠广大

劳动群众的努力 18.5%

4. 这一战略思想很好，但需要经过长期艰苦的努力才能实现 18.0%

5. 党和政府的政策是好的，但落实起来较难，未必能够完全实现 9.1%

6. 说不清楚 0.2%

D08C. 党和政府提出构建和谐社会的战略思想，要让广大人民群众在共建中共享、在共享中共建，您怎么看（分组三）

1. 符合中国社会实际，有利于促进社会稳定 6.3%
2. 合民心，顺民意，能让广大群众得到实实在在的好处 5.6%
3. 实现“共建中共享、共享中共建”要靠广大劳动群众的努力 32.3%
4. 这一战略思想很好，但需要经过长期艰苦的努力才能实现 19.1%
5. 党和政府的政策是好的，但落实起来较难，未必能够完全实现 32.1%
6. 说不清楚 4.7%

D09A. 您认为下列哪些问题对社会和谐的影响最严重（分组一）

1. 就业难 45.3%
2. 收入分配差距大 24.8%
3. 社会保障不健全 3.9%
4. 子女教育费用高 5.1%
5. 看病就医费用高 3.6%
6. 房价越来越高 3.5%
7. 腐败现象严重 10.6%
8. 社会治安差 1.4%
9. 安全生产事故频发 0.1%
10. 食品卫生没有保证 0.5%
11. 环境污染严重 0.5%
12. 社会风气不好 0.6%

D09B. 您认为下列哪些问题对社会和谐的影响最严重（分组二）

1. 就业难 4.8%
2. 收入分配差距大 28.5%
3. 社会保障不健全 10.5%
4. 子女教育费用高 12.8%
5. 看病就医费用高 13.5%
6. 房价越来越高 7.8%
7. 腐败现象严重 12.8%
8. 社会治安差 4.3%
9. 安全生产事故频发 0.5%
10. 食品卫生没有保证 1.7%
11. 环境污染严重 1.4%
12. 社会风气不好 1.4%

D09C. 您认为下列哪些问题对社会和谐的影响最严重（分组三）

1. 就业难 4.2%
2. 收入分配差距大 5.5%
3. 社会保障不健全 11.0%

4. 子女教育费用高 8.6%
5. 看病就医费用高 13.7%
6. 房价越来越高 13.1%
7. 腐败现象严重 18.6%
8. 社会治安差 6.8%
9. 安全生产事故频发 0.8%
10. 食品卫生没有保证 4.3%
11. 环境污染严重 5.2%
12. 社会风气不好 8.3%

D10A. 您认为就业难的问题对社会和谐的影响严重吗

1. 很严重 55.3%
2. 比较严重 36.2%
3. 一般 7.6%
4. 不太严重 0.7%
5. 不严重 0.2%

D10B. 您认为收入分配差距大的问题对社会和谐的影响严重吗

1. 很严重 55.1%
2. 比较严重 34.4%
3. 一般 9.2%
4. 不太严重 1.1%
5. 不严重 0.2%

D10C. 您认为社会保障不健全的问题对社会和谐的影响严重吗

1. 很严重 45.4%
2. 比较严重 41.9%
3. 一般 11.6%
4. 不太严重 0.9%
5. 不严重 0.2%

D10D. 您认为子女教育费用高的问题对社会和谐的影响严重吗

1. 很严重 39.3%
2. 比较严重 41.0%
3. 一般 17.6%
4. 不太严重 1.9%
5. 不严重 0.3%

D10E. 您认为看病就医费用高的问题对社会和谐的影响严重吗

1. 很严重 51.8%
2. 比较严重 37.5%
3. 一般 9.6%
4. 不太严重 0.8%
5. 不严重 0.2%

D10F. 您认为腐败现象严重对社会和谐的影响严重吗

1. 很严重 73.8%
2. 比较严重 21.0%
3. 一般 4.7%
4. 不太严重 0.5%
5. 不严重 0.1%

D10G. 您认为社会治安差对社会和谐的影响严重吗

1. 很严重 60.9%
2. 比较严重 31.9%
3. 一般 6.3%
4. 不太严重 0.6%
5. 不严重 0.2%

D10H. 您认为安全生产事故频发对社会和谐的影响严重吗

1. 很严重 41.4%
2. 比较严重 40.8%
3. 一般 15.6%
4. 不太严重 1.8%
5. 不严重 0.4%

D10I. 您认为食品卫生没有保证的问题对社会和谐的影响严重吗

1. 很严重 50.5%
2. 比较严重 35.9%
3. 一般 11.9%
4. 不太严重 1.4%
5. 不严重 0.3%

D10J. 您认为环境污染严重对社会和谐的影响严重吗

1. 很严重 53.5%
2. 比较严重 34.4%
3. 一般 10.4%
4. 不太严重 1.4%
5. 不严重 0.3%

D10K. 您认为社会风气不好对社会和谐的影响严重吗

1. 很严重 53.2%
2. 比较严重 37.5%
3. 一般 8.3%
4. 不太严重 0.8%
5. 不严重 0.2%

D10L. 您认为房价越来越高对社会和谐的影响严重吗

1. 很严重 46.7%
2. 比较严重 35.8%
3. 一般 15.1%
4. 不太严重 1.9%
5. 不严重 0.4%

D11. 您对近年来工人社会地位的变化怎么看

1. 有很大提高 3.9%
2. 有所提高 30.2%
3. 没有变化 24.9%
4. 有所下降 21.7%
5. 有很大下降 12.5%
6. 说不清 6.8%

D12A. 您认为工人社会地位下降的主要原因是什么（分组一）

1. 政府的政策落实得不好 33.6%
2. 新闻媒体对工人的劳动和贡献宣传得太少 4.9%
3. 工人的就业岗位不稳定 33.0%
4. 工人的收入太低 21.5%
5. 工人的民主权利得不到保障 4.4%
6. 人大代表、政协委员中没有多少工人 2.3%
7. 其他 0.3%

D12B. 您认为工人社会地位下降的主要原因是什么（分组二）

1. 政府的政策落实得不好 5.1%
2. 新闻媒体对工人的劳动和贡献宣传得太少 5.1%
3. 工人的就业岗位不稳定 30.7%
4. 工人的收入太低 42.6%
5. 工人的民主权利得不到保障 13.1%
6. 人大代表、政协委员中没有多少工人 3.1%
7. 其他 0.2%

D12C. 您认为工人社会地位下降的主要原因是什么（分组三）

1. 政府的政策落实得不好 8.7%
2. 新闻媒体对工人的劳动和贡献宣传得太少 3.0%
3. 工人的就业岗位不稳定 9.1%
4. 工人的收入太低 19.5%
5. 工人的民主权利得不到保障 35.4%
6. 人大代表、政协委员中没有多少工人 17.2%
7. 其他 7.1%

D13A. 要调动职工推动构建和谐劳动关系、和谐社会的积极性，您认为主要应解决好什么问题（分组一）

1. 提高工人工资 71.2%
2. 实行企事业职工民主管理 6.9%
3. 建立平等协商和集体合同制度 3.6%
4. 加强对工人劳动贡献的宣传 1.0%
5. 提高劳动模范待遇 0.6%
6. 保障工人就业岗位 10.7%
7. 提高对工人的社会保障水平 4.3%
8. 增加工人在各级人大、政协的代表数量 0.8%
9. 加强对工人的培训 0.7%

D13B. 要调动职工推动构建和谐劳动关系、和谐社会的积极性，您认为主要应解决好什么问题（分组二）

1. 提高工人工资 8.1%
2. 实行企事业职工民主管理 16.3%
3. 建立平等协商和集体合同制度 10.3%
4. 加强对工人劳动贡献的宣传 4.1%
5. 提高劳动模范待遇 3.0%
6. 保障工人就业岗位 38.4%
7. 提高对工人的社会保障水平 16.2%
8. 增加工人在各级人大、政协的代表数量 1.7%
9. 加强对工人的培训 1.7%

D13C. 要调动职工推动构建和谐劳动关系、和谐社会的积极性，您认为主要应解决好什么问题（分组三）

1. 提高工人工资 6.2%
2. 实行企事业职工民主管理 4.0%
3. 建立平等协商和集体合同制度 9.0%
4. 加强对工人劳动贡献的宣传 2.9%
5. 提高劳动模范待遇 2.2%
6. 保障工人就业岗位 14.5%
7. 提高对工人的社会保障水平 38.6%
8. 增加工人在各级人大、政协的代表数量 8.3%
9. 加强对工人的培训 14.2%

D14. 您认为近年来农民工的生产生活状况是否有所改善

1. 有很大改善 15.8%
2. 有所改善 63.1%
3. 没有改善 9.4%
4. 说不清 11.6%

D15. 您个人的最大理想是什么

1. 为社会做贡献 10.1%
2. 充分发挥自己才能 19.6%
3. 获得一份稳定工作 25.0%
4. 赚较多的钱 12.4%
5. 家庭生活舒适安定 27.9%
6. 做官并越大越好 0.4%
7. 越来越出名 0.1%
8. 追求个人生活情趣和快乐 3.2%
9. 其他 1.3%

D16. 您是否愿意加入中国共产党

1. 愿意 50.2%
2. 不愿意 16.1%
3. 说不清 33.7%

D17. 您对现在新闻媒体关于职工群众的宣传报道是否满意

1. 很满意 6.5%
2. 比较满意 26.1%
3. 一般 52.0%
4. 不太满意 12.1%
5. 很不满意 3.3%

D18A. 您对社会现象的看法主要受下列哪些外界因素的影响（分组一）

1. 广播电视 79.0%
2. 报纸刊物 9.0%
3. 书籍 1.0%
4. 互联网 6.0%
5. 单位或社会宣传 1.1%
6. 家庭成员 1.4%
7. 亲朋好友 1.5%
8. 学校 0.5%
9. 其他 0.5%

D18B. 您对社会现象的看法主要受下列哪些外界因素的影响（分组二）

1. 广播电视 8.4%
2. 报纸刊物 62.2%

3. 书籍 3.9%
4. 互联网 11.2%
5. 单位或社会宣传 4.1%
6. 家庭成员 3.9%
7. 亲朋好友 4.9%
8. 学校 1.2%
9. 其他 0.3%

D18C. 您对社会现象的看法主要受下列哪些外界因素的影响（分组三）

1. 广播电视 4.1%
2. 报纸刊物 7.5%
3. 书籍 11.2%
4. 互联网 24.2%
5. 单位或社会宣传 14.4%
6. 家庭成员 6.3%
7. 亲朋好友 16.3%
8. 学校 5.0%
9. 其他 11.0%

D19A. 您认为近年来政府采取的“给零就业家庭提供工作岗位”的举措对促进社会和谐的意义如何

1. 意义重大 63.4%
2. 有一定意义 32.9%
3. 意义不大 3.7%

D19B. 您认为近年来政府采取的“提高最低工资标准”的举措对促进社会和谐的意义如何

1. 意义重大 67.2%
2. 有一定意义 29.3%
3. 意义不大 3.5%

D19C. 您认为近年来政府采取的“提高城镇最低生活保障标准，扩大低保覆盖面”的举措对促进社会和谐的意义如何

1. 意义重大 63.1%
2. 有一定意义 32.4%
3. 意义不大 4.5%

D19D. 您认为近年来政府采取的“关闭带有安全隐患的小煤窑，防止发生煤矿安全事故”的举措对促进社会和谐的意义如何

1. 意义重大 73.9%
2. 有一定意义 22.8%
3. 意义不大 3.3%

D19E. 您认为近年来政府采取的“帮助农民工追讨欠薪”的举措对促进社会和谐的意义如何

1. 意义重大 68.1%
2. 有一定意义 29.1%
3. 意义不大 2.8%

D19F. 您认为近年来政府采取的“解决国有企业改制遗留问题”的举措对促进社会和谐的意义如何

1. 意义重大 58.2%
2. 有一定意义 35.9%
3. 意义不大 5.9%

D19G. 您认为近年来政府采取的“逐步免除义务教育阶段学杂费”的举措对促进社会和谐的意义如何

1. 意义重大 73.2%
2. 有一定意义 24.5%
3. 意义不大 2.3%

D19H. 您认为近年来政府采取的“限制药品价格”的举措对促进社会和谐的意义如何

1. 意义重大 73.3%
2. 有一定意义 22.4%
3. 意义不大 4.3%

D19I. 您认为近年来政府采取的“为低收入群众提供廉租住房和经济适用房”的举措对促进社会和谐的意义如何

1. 意义重大 64.9%
2. 有一定意义 30.7%
3. 意义不大 4.4%

D19J. 您认为近年来政府采取的“要求高收入者申报纳税”的举措对促进社会和谐的意义如何

1. 意义重大 59.1%
2. 有一定意义 33.3%
3. 意义不大 7.6%

D19K. 您认为近年来政府采取的“颁布《物权法》，维护公民合法财产权利”的举措对促进社会和谐的意义如何

1. 意义重大 59.1%
2. 有一定意义 36.0%
3. 意义不大 4.9%

D19L. 您认为近年来政府采取的“加强环境保护，减少资源浪费”的举措对促进社会和谐的意义如何

1. 意义重大 73.9%
2. 有一定意义 23.7%
3. 意义不大 2.5%

D20. 您认为现在人们的职业道德水平比以前是提高了还是降低了

1. 提高了 35.3%
2. 没什么变化 25.2%
3. 下降了 29.3%
4. 说不清 10.2%

D21A. 您认为导致职业道德水平降低的主要因素是什么（分组一）

1. 拜金主义严重 58.6%
2. 社会诚信缺失 26.6%
3. 行业自律不足 2.7%
4. 理想信念淡薄 4.3%
5. 职业规范不严格 2.4%
6. 对违反职业道德的行为惩戒不力 4.5%
7. 说不清 0.8%

D21B. 您认为导致职业道德水平降低的主要因素是什么（分组二）

1. 拜金主义严重 9.3%
2. 社会诚信缺失 42.6%
3. 行业自律不足 14.7%
4. 理想信念淡薄 14.5%

5. 职业规范不严格 10.7%
6. 对违反职业道德的行为惩戒不力 7.9%
7. 说不清 0.2%

D21C. 您认为导致职业道德水平降低的主要因素是什么（分组三）

1. 拜金主义严重 6.4%
2. 社会诚信缺失 7.3%
3. 行业自律不足 12.9%
4. 理想信念淡薄 18.5%
5. 职业规范不严格 15.4%
6. 对违反职业道德的行为惩戒不力 35.0%
7. 说不清 4.5%

D22A. 下列活动中，您更喜欢参加哪些（分组一）

1. 先进模范人物事迹报告会 18.9%
2. 红色旅游 30.2%
3. 群众性文体活动 25.8%
4. 知识竞赛 4.9%
5. 志愿者活动 6.7%
6. 听讲座 4.1%
7. 看文艺演出 7.4%
8. 其他 1.9%

D22B. 下列活动中，您更喜欢参加哪些（分组二）

1. 先进模范人物事迹报告会 2.9%
2. 红色旅游 12.3%
3. 群众性文体活动 29.1%
4. 知识竞赛 13.1%
5. 志愿者活动 14.5%
6. 听讲座 10.4%
7. 看文艺演出 16.3%
8. 其他 1.3%

D22C. 下列活动中，您更喜欢参加哪些（分组三）

1. 先进模范人物事迹报告会 3.0%
2. 红色旅游 4.9%
3. 群众性文体活动 10.0%
4. 知识竞赛 8.0%
5. 志愿者活动 13.4%
6. 听讲座 12.1%
7. 看文艺演出 29.4%
8. 其他 19.2%

D23. 当您遇到困难和问题时，您倾向于找谁解决

1. 党组织 12.1%
2. 政府（行政部门） 19.1%
3. 工会 8.9%
4. 司法部门 4.5%
5. 亲朋好友 37.9%
6. 新闻媒体 5.6%
7. 宗教组织 0.2%
8. 慈善机构 0.3%
9. 社区组织 6.7%
10. 其他 4.7%

D24A. 您是否赞同“应该使农民工和城市职工同工同酬”的观点
1. 赞同 82.0%
2. 不赞同 18.0%

D24B. 您是否赞同“农民工是促进新农村建设的一支重要力量”的观点
1. 赞同 93.5%
2. 不赞同 6.5%

D24C. 您是否赞同“农民工是促进工业化、城市化的重要力量”的观点
1. 赞同 81.1%
2. 不赞同 18.9%

D24D. 您是否赞同“要建设和谐社会必须维护农民工合法权益”的观点
1. 赞同 96.5%
2. 不赞同 3.5%

D24E. 您是否赞同“党和政府保护农民工的政策使农民工得到了实惠”的观点
1. 赞同 94.7%
2. 不赞同 5.3%

D24F. 您是否赞同“农民工有困难找工会”的观点
1. 赞同 79.7%
2. 不赞同 20.3%

D24G. 您是否赞同“农民进城打工的现象将长期存在”的观点
1. 赞同 75.5%
2. 不赞同 24.5%

D24H. 您是否赞同“农民工进城挤占了城市职工的就业岗位”的观点
1. 赞同 48.1%
2. 不赞同 51.9%

D24I. 您是否赞同“农民工大量进城会影响城市社会治安状况”的观点
1. 赞同 58.6%
2. 不赞同 41.4%

D25A. 总的来说，您是否感到幸福
1. 很幸福 13.6%
2. 比较幸福 45.3%
3. 一般 33.7%
4. 不太幸福 5.9%
5. 很不幸福 1.4%

D25B. 您对您的家庭是否满意
1. 很满意 39.7%
2. 比较满意 42.6%
3. 一般 14.3%
4. 不太满意 2.7%
5. 很不满意 0.6%

D26A. 您对您的职业是否满意
1. 很满意 13.2%
2. 比较满意 39.3%
3. 一般 29.8%
4. 不太满意 12.5%
5. 很不满意 5.3%

D26B. 您对您的居住条件是否满意
1. 很满意 11.0%

2. 比较满意 34.7%
3. 一般 27.8%
4. 不太满意 18.9%
5. 很不满意 7.7%

D26C. 您对您的社会地位是否满意

1. 很满意 6.5%
2. 比较满意 30.5%
3. 一般 42.2%
4. 不太满意 15.4%
5. 很不满意 5.4%

D26D. 您对您的知识和能力是否满意

1. 很满意 7.6%
2. 比较满意 36.3%
3. 一般 35.9%
4. 不太满意 17.7%
5. 很不满意 2.5%

D26E. 您对您与别人的关系是否满意

1. 很满意 16.3%
2. 比较满意 56.3%
3. 一般 24.9%
4. 不太满意 2.2%
5. 很不满意 0.4%

D26F. 您对您的健康状况是否满意

1. 很满意 15.3%
2. 比较满意 43.0%
3. 一般 28.5%
4. 不太满意 11.0%
5. 很不满意 2.2%

D26G. 您对您的生活环境是否满意

1. 很满意 7.9%
2. 比较满意 37.9%
3. 一般 34.5%
4. 不太满意 15.7%
5. 很不满意 4.0%

D27. 您认为现阶段我国社会是否和谐

1. 非常和谐 3.4%
2. 比较和谐 53.5%
3. 不太和谐 29.1%
4. 非常不和谐 4.2%
5. 说不清 9.7%

D28A. 您认为下列哪些问题让您感到压力最大（分组一）

1. 就业难 26.8%
2. 收入低 34.8%
3. 社会保障待遇差 6.2%
4. 子女教育费用高 13.0%
5. 看病就医费用高 6.4%
6. 房价高 7.5%
7. 升职机会少 1.8%
8. 劳动强度大 1.1%
9. 劳动时间长 0.5%
10. 工作不稳定 1.2%
11. 与单位领导关系差 0.1%
12. 掌握的技能不能满足工作需要 0.6%

D28B. 您认为下列哪些问题让您感到压力最大（分组二）

1. 就业难 3.7%
2. 收入低 22.6%

3. 社会保障待遇差 13.5%
4. 子女教育费用高 20.4%
5. 看病就医费用高 19.4%
6. 房价高 11.2%
7. 升职机会少 3.2%
8. 劳动强度大 1.6%
9. 劳动时间长 1.4%
10. 工作不稳定 2.1%
11. 与单位领导关系差 0.1%
12. 掌握的技能不能满足工作需要 0.6%

D28C. 您认为下列哪些问题让您感到压力最大（分组三）

1. 就业难 3.1%
2. 收入低 6.2%
3. 社会保障待遇差 11.6%
4. 子女教育费用高 12.2%
5. 看病就医费用高 21.6%
6. 房价高 21.3%
7. 升职机会少 5.3%
8. 劳动强度大 2.4%
9. 劳动时间长 3.1%
10. 工作不稳定 8.3%
11. 与单位领导关系差 0.7%
12. 掌握的技能不能满足工作需要 4.2%

D29. 您的户籍情况

1. 本地非农业户口 96.2%
2. 外地非农业户口 2.1%
3. 本人户口所在地已取消农业与非农业户口划分方法 0.5%
4. 本地农业户口 0.6%
5. 外地农业户口 0.4%
6. 其他 0.2%

2007 年全国职工队伍状况调查数据处理结果（三）

——农民工单变量数据

全总全国职工队伍状况调查办公室

BM1_ NEW. 省（区、市）编码

11. 北京	10.0%
14. 山西	10.0%
31. 上海	10.0%
32. 江苏	10.0%
33. 浙江	10.0%
34. 安徽	10.0%
41. 河南	10.0%
42. 湖北	10.0%
44. 广东	10.2%
51. 四川	10.0%

N01. 行业

1. 农林牧渔业	1.8%
2. 采矿业	3.4%
3. 制造业	42.5%
4. 电力、燃气及水的生产和供应业	2.5%
5. 建筑业	16.0%
6. 交通运输、仓储和邮政业	4.0%
7. 信息传输、计算机服务和软件业	0.3%
8. 批发和零售业	9.3%
9. 住宿和餐饮业	9.6%
10. 金融业	0.4%
11. 房地产业	1.5%
12. 租赁和商务服务业	1.3%
13. 科学研究、技术服务和地质勘查业	0.4%
14. 水利、环境和公共设施管理业	0.7%
15. 居民服务和其他服务业	4.2%
16. 教育	0.6%
17. 卫生、社会保障和社会福利业	0.3%
18. 文化、体育和娱乐业	0.9%
19. 公共管理和社会组织	0.3%

A01. 性别

1. 男	62.5%
2. 女	37.5%

A02N_ F. 年龄（分组一）

1. 16—20 岁 9.2%
2. 21—25 岁 19.3%
3. 26—30 岁 18.1%
4. 31—35 岁 18.1%
5. 36—40 岁 16.3%
6. 41—45 岁 11.3%
7. 46—50 岁 4.0%
8. 51—55 岁 2.5%
9. 56—60 岁 0.9%
10. 60 岁以上 0.2%

A03. 民族

1. 汉族 97.7%
2. 少数民族 2.3%

A04. 婚姻状况

1. 未婚 29.6%
2. 有配偶 68.6%
3. 丧偶 0.5%
4. 离异 1.1%
5. 其他 0.1%

A05. 政治面貌

1. 中共党员 8.4%
2. 共青团员 26.8%
3. 民主党派成员 0.1%
4. 未加入任何党派 64.7%

A06. 宗教信仰

1. 不信仰任何宗教 85.2%
2. 佛教 7.8%
3. 道教 0.3%
4. 伊斯兰教 0.4%
5. 基督教 1.6%
6. 天主教 0.3%
7. 其他 4.4%

A07. 受教育程度

1. 没上过学 0.7%
2. 小学 6.3%
3. 初中 43.9%
4. 高中（职高） 26.6%
5. 中专（中技） 12.9%
6. 大专（高职） 8.3%
7. 大学本科 1.3%
8. 研究生及以上 0.0%

A08. 是否是工会会员

1. 是 30.0%
2. 不是 67.0%
3. 曾经是，但现在不是 3.0%

A09N_ F. 工龄（分组一）

1. 5 年及以下 28.5%
2. 6—10 年 25.3%
3. 11—20 年 32.5%
4. 21—30 年 11.5%
5. 30 年以上 2.3%

A10_ F. 目前家庭人均月收入（分组一）

1. 100 元及以下 0.5%
2. 101—300 元 11.1%
3. 301—500 元 24.5%
4. 501—1000 元 45.4%
5. 1001—2000 元 15.4%
6. 2001—5000 元 3.1%

7. 5001—10000元　0.1%

A11A. 您的家庭支出中，哪项占的比例较大（分组一）

1. 食品支出　47.0%
2. 医疗药品　11.7%
3. 子女教育费用　24.6%
4. 其他教育费用　1.0%
5. 交通费用　1.0%
6. 购（租）房费用　9.3%
7. 耐用消费品　1.0%
8. 娱乐及旅游　0.4%
9. 通信、网络费用　0.5%
10. 赡养老人　2.0%
11. 人际交往花费　1.2%
12. 其他　0.3%

A11B. 您的家庭支出中，哪项占的比例较大（分组二）

1. 食品支出　11.9%
2. 医疗药品　16.9%
3. 子女教育费用　27.4%
4. 其他教育费用　3.1%
5. 交通费用　3.7%
6. 购（租）房费用　14.8%
7. 耐用消费品　4.6%
8. 娱乐及旅游　1.4%
9. 通信、网络费用　3.9%
10. 赡养老人　7.9%
11. 人际交往花费　3.8%
12. 其他　0.6%

A11C. 您的家庭支出中，哪项占的比例较大（分组三）

1. 食品支出　8.1%
2. 医疗药品　7.5%
3. 子女教育费用　8.1%
4. 其他教育费用　2.3%
5. 交通费用　3.4%
6. 购（租）房费用　12.4%
7. 耐用消费品　5.4%
8. 娱乐及旅游　1.5%
9. 通信、网络费用　6.9%
10. 赡养老人　21.1%
11. 人际交往花费　11.5%
12. 其他　11.6%

A12. 与5年前相比，您的家庭生活水平有何变化

1. 有很大提高　10.4%
2. 有所提高　67.0%
3. 没有变化　12.8%
4. 有所下降　4.6%
5. 有很大下降　0.9%
6. 说不清楚　4.3%

A13. 您觉得未来5年您的家庭生活水平是否会有所变化

1. 会有很大提高　11.4%
2. 会有所提高　55.6%
3. 基本不会有变化　12.6%
4. 可能会下降　4.7%
5. 可能会下降很多　0.9%
6. 说不清楚　14.8%

A14. 您认为今后改善自己的生活和工作条件的机会多吗

1. 很多 11.8%
2. 较多 35.2%
3. 较少 23.4%
4. 很少 9.0%
5. 不知道 20.6%

A15. 与5年前相比，您认为自己目前的社会地位变化如何

1. 有很大提高 6.2%
2. 有所提高 48.7%
3. 没有变化 30.9%
4. 有所下降 4.0%
5. 有很大下降 0.8%
6. 说不清楚 9.4%

A16. 您觉得未来5年您的社会地位是否会有所变化

1. 会有很大提高 6.3%
2. 会有所提高 41.6%
3. 基本不会有变化 26.9%
4. 可能会下降 2.9%
5. 可能会下降很多 0.6%
6. 说不清楚 21.6%

A17. 您是否参加了最近一次县（区）或乡（镇）人大代表选举投票

1. 参加了 29.9%
2. 没参加 64.3%
3. 不清楚 5.9%

A18. 您目前的就业状况

1. 有工作 99.7%
2. 没工作 0.3%

B01. 您目前在哪类单位工作

1. 企业 93.6%
2. 党政机关、社会团体 0.4%
3. 事业单位 2.2%
4. 其他单位 3.8%

B02. 您所在企业的性质

1. 国有企业（含国有控股企业） 25.0%
2. 集体企业 7.1%
3. 私营（民营）、个体企业 47.1%
4. 外商（港澳台）投资企业 11.6%
5. 混合所有制企业 6.8%
6. 其他 2.3%

B03. 您是通过什么途径获得目前这份工作的

1. 毕业分配 2.9%
2. 单位招工 27.5%
3. 劳务市场（人才市场） 9.3%
4. 职业介绍机构 2.7%
5. 亲友帮忙 33.2%
6. 自己到用人单位应聘 18.4%
7. 政府安置 0.7%
8. 原工作单位帮助就业 1.1%
9. 工会帮助 0.2%
10. 网络应聘 0.8%
11. 其他 3.2%

B04. 您是否有下岗（失业）的经历

1. 有 14.6%
2. 没有 85.4%

B05. 您下岗（失业）后再就业用了多长时间

1. 3个月以内 47.1%
2. 3个月至1年 30.0%
3. 1年以上 22.9%

B06. 您下岗（失业）后是否接受过再就业培训

1. 接受过 29.6%
2. 没接受过 70.4%

B07N. 您到本单位工作前换过几次工作

1. 未换过工作 41.2%
2. 换过1次工作 17.3%
3. 换过2次工作 19.5%
4. 换过3次工作 12.6%
5. 换过4次工作 4.0%
6. 换过5次工作 2.7%
7. 换过6次及以上 2.6%

B08. 您对您目前从事的工作是否满意

1. 很满意 13.8%
2. 比较满意 34.1%
3. 一般 36.8%
4. 不太满意 11.2%
5. 很不满意 2.1%
6. 说不清 1.9%

B09A. 您对目前从事的工作不满意的主要原因（分组一）

1. 工资收入低 72.8%
2. 劳动强度太大 10.2%
3. 社会保障待遇差 6.6%
4. 劳动生产环境不好 1.8%
5. 在工作中得不到尊重 1.2%
6. 工作不稳定 3.0%
7. 人际关系不好 0.3%
8. 没有发展前途 3.4%
9. 其他原因 0.6%

B09B. 您对目前从事的工作不满意的主要原因（分组二）

1. 工资收入低 6.9%
2. 劳动强度太大 30.2%
3. 社会保障待遇差 25.5%
4. 劳动生产环境不好 8.5%
5. 在工作中得不到尊重 5.3%
6. 工作不稳定 10.6%
7. 人际关系不好 1.4%
8. 没有发展前途 10.6%
9. 其他原因 1.0%

B09C. 您对目前从事的工作不满意的主要原因（分组三）

1. 工资收入低 4.1%
2. 劳动强度太大 4.4%
3. 社会保障待遇差 17.0%
4. 劳动生产环境不好 8.9%
5. 在工作中得不到尊重 9.1%
6. 工作不稳定 12.8%

7. 人际关系不好 1.3%
8. 没有发展前途 27.6%
9. 其他原因 14.8%

B10. 您的劳动积极性是否得到充分发挥

1. 充分 22.5%
2. 比较充分 32.7%
3. 一般 36.2%
4. 不太充分 5.1%
5. 很不充分 1.3%
6. 不知道 2.2%

B11. 您的创造性是否在工作中得到充分发挥

1. 充分 13.3%
2. 比较充分 23.2%
3. 一般 44.2%
4. 不太充分 6.8%
5. 很不充分 1.7%
6. 我的工作岗位不需要创造性 7.0%
7. 不知道 3.8%

B12. 您感觉目前的工作是否稳定

1. 很稳定 12.0%
2. 比较稳定 48.4%
3. 不太稳定 24.3%
4. 很不稳定 3.4%
5. 说不清 12.0%

B13_ F. 您上月从本单位（或目前从事的有固定收入的工作）获得的全部货币收入是多少元（分组一）

1. 300 元及以下 1.3%
2. 301—500 元 6.8%
3. 501—1000 元 44.3%
4. 1001—2000 元 39.9%
5. 2001—5000 元 7.4%
6. 5001—10000 元 0.2%
7. 10000 元以上 0.1%

B13_ F. 您上月从本单位（或目前从事的有固定收入工作）获得的全部货币收入是多少元（国务院研究室分组）

1. 300 元及以下 1.3%
2. 301—500 元 6.8%
3. 501—800 元 24.2%
4. 801—1000 元 20.2%
5. 1001—1200 元 12.2%
6. 1201—1500 元 14.6%
7. 1500 元以上 20.8%

B14. 您最近一次增加工资收入是什么时候

1. 今年 36.3%
2. 去年 34.6%
3. 2 年以前 6.6%
4. 3 年以前 2.9%
5. 5 年来未增加过工资 19.6%

B15_ F. 您最近一次增加工资涨了多少钱(分组一)

1. 10元及以下	0.8%
2. 11—50元	21.3%
3. 51—100元	35.5%
4. 101—200元	26.9%
5. 201—500元	13.4%
6. 501—1000元	1.7%
7. 1000元以上	0.3%

B16. 目前,您所在单位是否拖欠您的工资

1. 拖欠	5.0%
2. 不拖欠	95.0%

B17_ F. 到目前为止,单位已拖欠您多少个月的工资(分组一)

1. 6个月及以下	95.7%
2. 7—12个月	2.4%
3. 1—2年	0.8%
4. 2年以上	1.1%

B18_ F. 到目前为止,单位还拖欠您多少工资(分组一)

1. 100元及以下	0
2. 101—500元	13.2%
3. 501—1000元	28.6%
4. 1001—5000元	52.8%
5. 5001—10000元	3.7%
6. 10000元以上	1.8%

B19. 您知道所在地区的小时最低工资标准吗

1. 知道	24.6%
2. 不知道	75.4%

B20. 您知道所在地区的最低工资标准吗

1. 知道	37.8%
2. 不知道	62.2%

B21. 扣除加班加点工资,夜班补贴,高温、井下、有毒有害等津贴收入后,您上月工资是否高于当地的最低工资标准

1. 高于最低工资标准	71.5%
2. 相当于最低工资标准	15.3%
3. 低于最低工资标准	4.5%
4. 说不清	8.6%

B22. 您认为自己的工资收入水平在您所在城市(区)中属于哪个档次

1. 高收入	0.3%
2. 中等偏上	4.7%
3. 中等	32.7%
4. 中等偏下	31.0%
5. 低收入	24.6%
6. 说不清	6.7%

B23. 您对现在自己的工资收入水平是否满意

1. 满意	5.9%
2. 比较满意	13.0%
3. 一般	41.0%
4. 不太满意	21.5%
5. 不满意	16.2%
6. 说不清	2.3%

B24. 您的医疗费用如何报销

1. 单位承担全部 0.9%
2. 单位承担大部分 2.6%
3. 单位和个人各承担一半 2.8%
4. 个人承担大部分 8.4%
5. 个人承担全部 76.8%
6. 不知道 8.5%
7. 已参加医保 0.1%

B25. 您的单位是否拖欠您的医疗费用

1. 拖欠 1.5%
2. 不拖欠 98.5%

B26_ F. 目前，您的单位还拖欠您医疗费用的金额（分组一）

1. 100 元及以下 14.3%
2. 101—500 元 47.6%
3. 501—1000 元 9.5%
4. 1001—5000 元 28.6%

B27. 您所在单位为您办理住房公积金情况

1. 办理了 10.8%
2. 未办理 74.4%
3. 不知道 14.8%

B28. 您目前所在单位是否建立了工会组织

1. 建立了 54.5%
2. 没建立 24.2%
3. 不知道 21.3%

B29. 您属于下列中的哪类人员

1. 工人 69.5%
2. 专业技术人员 9.7%
3. 企事业单位一般管理人员 8.8%
4. 企事业单位中层管理人员 2.8%
5. 企事业单位高层管理人员或负责人 0.3%
6. 公务员 0.1%
7. 其他 9.3%

B30. 目前您的技术等级

1. 无技术等级 76.0%
2. 初级技工 13.6%
3. 中级技工 8.2%
4. 高级技工 1.5%
5. 工人技师（包括高级技师） 0.8%

B31. 目前您的专业技术职称

1. 初级职称 12.5%
2. 中级职称 9.1%
3. 高级职称 1.3%
4. 无职称 77.1%

B32. 目前您的职务等级

1. 办事员、科员 100.0%

C01_ F. 目前您每周工作多少个小时（分组一）

1. 20 小时及以下 0.3%
2. 21—39 小时 2.2%
3. 40 小时 21.1%
4. 41—48 小时 28.6%
5. 49—56 小时 22.3%

6. 56 小时以上　25. 4%

C02. 您的工作岗位是否实行计件工资

1. 是　30. 8%
2. 否　69. 2%

C03. 您所在单位是否给您规定了劳动定额

1. 规定了　35. 6%
2. 没规定　64. 4%

C04. 您单位的劳动定额是如何确定的

1. 企业单方面确定　48. 1%
2. 企业与职工本人协商后确定　26. 8%
3. 企业与工会（或职工代表）协商后确定　8. 0%
4. 不知道　17. 1%

C05. 一般情况下，您能否在 8 小时内完成单位规定的当天的劳动定额

1. 能完成　82. 8%
2. 不能完成　17. 2%

C06. 您的加班情况

1. 每天加班　5. 1%
2. 经常加班　13. 6%
3. 有时加班　61. 2%
4. 不加班　20. 1%

C07. 您加班能否拿到加班费

1. 能按法律规定的标准领到　32. 9%
2. 能领到，但达不到法律规定标准　33. 0%
3. 领不到　18. 7%
4. 说不清　15. 4%

C08. 在下列几项保险中，您认为哪一项对您来说最为迫切

1. 养老保险　48. 7%
2. 医疗保险　30. 3%
3. 失业保险　10. 0%
4. 工伤保险　10. 1%
5. 生育保险　1. 0%

C09A. 您所在单位为您缴纳养老保险金情况

1. 缴纳了　42. 6%
2. 未缴纳　44. 5%
3. 不知道　12. 9%

C09B. 您所在单位为您缴纳医疗保险金情况

1. 缴纳了　39. 3%
2. 未缴纳　47. 3%
3. 不知道　13. 4%

C09C. 您所在单位为您缴纳失业保险金情况

1. 缴纳了　23. 1%
2. 未缴纳　56. 1%
3. 不知道　20. 8%

C09D. 您所在单位为您缴纳工伤保险金情况

1. 缴纳了　44. 2%
2. 未缴纳　35. 1%

3. 不知道 20.7%

C09E. 您所在单位为您缴纳生育保险金情况

1. 缴纳了 13.9%
2. 未缴纳 55.4%
3. 不知道 30.7%

C10. 您所在单位是否对您进行过安全生产方面的培训

1. 进行过 79.9%
2. 没进行过 13.1%
3. 说不清 7.0%

C11. 您认为您的工作岗位的安全生产和劳动保护措施是否有效

1. 非常有效 27.0%
2. 有一定效果 53.9%
3. 没什么效果 5.9%
4. 没有安全生产保护措施 2.0%
5. 说不清 11.3%

C12. 您与单位签订合同的情况

1. 签订了劳动合同 55.5%
2. 签订过劳动合同，但合同已过期没有续签 3.6%
3. 签订了劳务合同 10.4%
4. 签订了聘用合同 3.6%
5. 没有签订任何合同 27.0%

C13. 您与单位订立劳动合同的期限

1. 1 年以内 58.2%
2. 1 年以上，3 年以下 22.9%
3. 3 年以上 9.7%
4. 以完成一项特定工作为期限 1.7%
5. 无固定期限 7.4%

C14. 在您与单位签订劳动合同过程中，得到过工会的指导或帮助吗

1. 得到过 40.0%
2. 没得到过 60.0%

C15A. 您与单位订立的劳动合同中是否含有劳动报酬的内容

1. 有 68.2%
2. 没有 17.8%
3. 不清楚 13.9%

C15B. 您与单位订立的劳动合同中是否含有工作时间的内容

1. 有 61.8%
2. 没有 24.8%
3. 不清楚 13.4%

C15C. 您与单位订立的劳动合同中是否含有加班工资的内容

1. 有 47.4%
2. 没有 35.0%
3. 不清楚 17.6%

C15D. 您与单位订立的劳动合同中是否含有福利待遇和社会保险的内容

1. 有 56.0%
2. 没有 24.3%
3. 不清楚 19.6%

C15E. 您与单位订立的劳动合同中是否含有劳动保护和劳动条件的内容

1. 有 64.0%

2. 没有 14.2%
3. 不清楚 21.9%

C15F. 您与单位订立的劳动合同中是否含有女职工“四期”保护的内容

1. 有 27.6%
2. 没有 26.6%
3. 不清楚 45.7%

C16. 您是在下列哪种情形下与单位签订劳动合同的

1. 经过与单位协商后签订 57.9%
2. 未经协商，直接在单位提供的合同文本上签字 37.7%
3. 由其他人代为签字 1.6%
4. 协商订立口头合同 2.8%

C17. 您是否持有劳动合同文本

1. 有 68.2%
2. 没有 31.8%

C18. 您与单位签订的劳动合同履行的情况如何

1. 完全能够履行 37.8%
2. 基本能够履行 49.0%
3. 不能完全履行 5.1%
4. 基本不能履行 1.3%
5. 不知道 6.8%

C19. 您目前所在单位是否有集体合同

1. 有 22.0%
2. 没有 33.6%
3. 不知道 44.3%

C20. 您认为集体合同在维护您的合法权益上能否发挥作用

1. 能发挥很大作用 12.3%
2. 能发挥一些作用 28.6%
3. 发挥不了什么作用 11.0%
4. 不知道 48.2%

C21. 您目前所在单位是否开展了工资集体协商

1. 开展了 16.9%
2. 没有开展 43.6%
3. 不知道 39.5%

C22. 您单位开展工资集体协商后，您的工资有没有增加

1. 增加了 73.4%
2. 没有增加 16.4%
3. 不知道 10.2%

C23. 您是否愿意参加本单位的民主管理、民主监督、民主参与、民主选举

1. 愿意 70.8%
2. 不愿意 6.1%
3. 说不清楚 23.1%

C24. 目前，您有没有对本单位的经营管理表达意见、反映愿望的渠道

1. 有 35.7%
2. 没有 42.6%
3. 说不清 21.7%

C25A. 您参与本单位管理的渠道（分组一）

1. 通过单位的职代会（包括区域性、行业性职代会）反映意见或要求 30.1%
2. 参与厂务公开活动 13.1%
3. 向职工董事、职工监事反映意见或要求 9.5%
4. 在单位集体协商会议上提出意见和要求 8.4%
5. 在单位的民主议事会、恳谈会上发表意见或建议 3.3%
6. 直接向单位管理者反映意见 30.1%
7. 向单位工会组织反映自己的意见和要求 3.5%
8. 其他渠道 2.1%

C25B. 您参与本单位管理的渠道（分组二）

1. 通过单位的职代会（包括区域性、行业性职代会）反映意见或要求 3.7%
2. 参与厂务公开活动 13.8%
3. 向职工董事、职工监事反映意见或要求 9.3%
4. 在单位集体协商会议上提出意见和要求 14.9%
5. 在单位的民主议事会、恳谈会上发表意见或建议 10.5%
6. 直接向单位管理者反映意见 27.2%
7. 向单位工会组织反映自己的意见和要求 14.6%
8. 其他渠道 6.0%

C25C. 您参与本单位管理的渠道（分组三）

1. 通过单位的职代会（包括区域性、行业性职代会）反映意见或要求 2.8%
2. 参与厂务公开活动 4.1%
3. 向职工董事、职工监事反映意见或要求 5.3%
4. 在单位集体协商会议上提出意见和要求 5.5%
5. 在单位的民主议事会、恳谈会上发表意见或建议 5.9%
6. 直接向单位管理者反映意见 20.9%
7. 向单位工会组织反映自己的意见和要求 22.1%
8. 其他渠道 33.5%

C26. 您所在单位是否建立了职工（代表）大会制度

1. 已建立 36.7%
2. 没有建立 30.0%
3. 不知道 33.2%

C27. 您是否参加过本单位选举职工（代表）大会代表的投票

1. 参加过 47.0%
2. 没参加过 53.0%

C28. 您认为，您所在单位职工（代表）大会作用发挥得如何

1. 很好 17.8%
2. 较好 28.1%
3. 一般 35.4%
4. 较差 3.4%
5. 很差 2.1%
6. 说不清楚 13.3%

C29A. 您所在单位是否实行了厂务公开（或校务、所务公开）

1. 实行了 27.9%
2. 没实行 22.8%
3. 不知道 49.3%

C29B. 您所在单位是否实行了职工董事、职工监事制度

1. 实行了 22.3%
2. 没实行 25.6%
3. 不知道 52.1%

C29C. 您所在单位是否参加了区域或行业职代会

1. 参加了 17.1%
2. 没参加 24.3%
3. 不知道 58.6%

C29D. 您所在单位是否实行了民主议事会制度

1. 实行了 21.3%
2. 没实行 22.1%
3. 不知道 56.5%

C29E. 您所在单位是否实行了工会与单位行政平等协商制度

1. 实行了 19.1%
2. 没实行 19.6%
3. 不知道 61.3%

C30A. 您希望工会从哪些方面给职工提供帮助（分组一）

1. 维护职工劳动就业权利 35.0%
2. 提高工资福利待遇 50.9%
3. 督促单位给职工上各项社会保险 4.4%
4. 改善劳动条件、消除安全隐患 3.0%
5. 维护职工的民主权利 1.2%
6. 提高职工技能和素质 2.3%
7. 帮助职工解决实际生产生活困难 1.8%
8. 指导和帮助职工签订劳动合同 0.6%
9. 代表职工与单位进行平等协商和签订集体合同 0.4%
10. 保障女职工特殊权益 0.4%

C30B. 您希望工会从哪些方面给职工提供帮助（分组二）

1. 维护职工劳动就业权利 6.0%
2. 提高工资福利待遇 31.5%

3. 督促单位给职工上各项社会保险 20.2%
4. 改善劳动条件、消除安全隐患 13.8%
5. 维护职工的民主权利 6.4%
6. 提高职工技能和素质 9.9%
7. 帮助职工解决实际生产生活困难 8.5%
8. 指导和帮助职工签订劳动合同 1.7%
9. 代表职工与单位进行平等协商和签订集体合同 0.9%
10. 保障女职工特殊权益 1.2%

C30C. 您希望工会从哪些方面给职工提供帮助（分组三）

1. 维护职工劳动就业权利 4.6%
2. 提高工资福利待遇 3.5%
3. 督促单位给职工上各项社会保险 15.7%
4. 改善劳动条件、消除安全隐患 11.8%
5. 维护职工的民主权利 7.3%
6. 提高职工技能和素质 13.8%
7. 帮助职工解决实际生产生活困难 20.9%
8. 指导和帮助职工签订劳动合同 6.9%
9. 代表职工与单位进行平等协商和签订集体合同 4.8%
10. 保障女职工特殊权益 10.9%

C31. 您认为您所在单位管理者与普通员工之间的关系怎么样

1. 很融洽 20.8%
2. 比较融洽 35.5%
3. 一般 37.0%
4. 不太融洽 5.5%
5. 很不融洽 1.2%

C32A. 您认为单位经营管理者和普通员工关系不融洽的主要原因（分组一）

1. 经营管理者对普通职工尊重不够 47.8%
2. 经营管理者对普通职工困难关心不够 20.9%
3. 经营管理者与普通职工收入及福利待遇差距过大 17.2%
4. 普通职工没有民主参与的权利 4.0%
5. 普通职工对经营管理者的劳动贡献理解不够 2.9%
6. 缺乏相互沟通渠道 5.9%
7. 其他 1.3%

C32B. 您认为单位经营管理者和普通员工关系不融洽的主要原因（分组二）

1. 经营管理者对普通职工尊重不够 4.7%
2. 经营管理者对普通职工困难关心不够 28.9%

3. 经营管理者与普通职工收入及福利待遇差距过大 28.0%
4. 普通职工没有民主参与的权利 15.0%
5. 普通职工对经营管理者的劳动贡献理解不够 8.7%
6. 缺乏相互沟通渠道 13.9%
7. 其他 0.9%

C32C. 您认为单位经营管理者和普通员工关系不融洽的主要原因（分组三）

1. 经营管理者对普通职工尊重不够 3.1%
2. 经营管理者对普通职工困难关心不够 6.5%
3. 经营管理者与普通职工收入及福利待遇差距过大 16.1%
4. 普通职工没有民主参与的权利 13.2%
5. 普通职工对经营管理者的劳动贡献理解不够 6.7%
6. 缺乏相互沟通渠道 37.9%
7. 其他 16.5%

C33. 您所在单位是否建立了劳动争议调解委员会

1. 建立了 19.9%
2. 没建立 31.5%
3. 不知道 48.7%

C34. 您与所在单位是否发生过劳动争议

1. 发生过 12.7%
2. 未发生过 87.3%

C35. 最近一次劳动争议的主要原因是什么

1. 解除或终止劳动合同 7.0%
2. 自动离职或辞职 11.8%
3. 经济补偿 12.4%
4. 劳动报酬 33.9%
5. 社会保险和福利待遇 10.0%
6. 工作时间或休息休假 11.2%
7. 劳动安全卫生 1.9%
8. 职业技能培训 1.6%
9. 女职工和未成年工保护 0.3%
10. 其他 9.9%

C36. 最近一次劳动争议解决得怎么样

1. 全部解决 27.4%
2. 部分解决 43.8%
3. 没有解决 28.8%

C37. 最近一次劳动争议的最终解决方式

1. 协商 42.9%
2. 调解 30.7%
3. 仲裁 3.0%
4. 诉讼 3.2%
5. 其他 20.2%

C38. 您在解决劳动争议的过程中是否接受过工会的法律援助

1. 接受过 17.5%
2. 没接受过 82.5%

C39. 如果您与单位发生劳动争议，您最希望通过什么途径解决

1. 私下协商 18.1%
2. 找单位工会组织 22.9%
3. 找单位经营管理者 28.6%
4. 找劳动争议调解委员会 13.4%
5. 找劳动争议仲裁委员会 9.4%
6. 到法院起诉 2.8%
7. 其他 4.8%

C40. 如果您的单位发生了由集体劳动争议导致的群体性事件，您可能会怎么做

1. 参加 18.0%
2. 不参加 20.0%
3. 多数人参加我就参加 10.1%
4. 涉及自身利益就参加 30.2%
5. 不知道 1.7%

C41. 您所在企业（单位）是否开展了“创建劳动关系和谐企业（单位）活动”

1. 开展了 25.3%
2. 没开展 29.1%
3. 不知道 45.6%

C42. 创建劳动关系和谐企业（单位）活动是否给您带来好处

1. 带来很多好处 29.9%
2. 带来一些好处 52.0%
3. 没有带来好处 4.5%
4. 说不清 13.7%

C43. 您的职业技能能满足目前工作需要吗

1. 能满足 36.0%
2. 基本满足 49.0%
3. 不能满足 9.8%
4. 不知道 5.2%

C44. 您参加过职业技能培训吗

1. 参加过 62.1%
2. 没参加过 37.9%

C45. 您没参加培训的主要原因是什么

1. 培训费用太高 11.8%
2. 没有时间参加 24.8%
3. 单位没有提供培训机会 39.1%
4. 不想参加培训 5.9%
5. 其他 18.4%

C46. 您最希望参加哪类培训

1. 技术技能培训 54.1%
2. 文化知识培训 6.7%
3. 学历培训 3.6%
4. 外语培训 3.9%
5. 创业培训 6.8%
6. 兴趣爱好培训 3.6%
7. 职业资格认证培训 13.7%
8. 其他 1.7%
9. 无所谓 6.0%

C47. 为推动企（事）业发展，实现共同建设、共同享有和谐社会做贡献，您最希望参加下列哪类活动

1. 合理化建议活动 16.6%
2. 劳动竞赛活动 7.7%
3. 技术革新和技术发明活动 8.7%
4. 节能降耗活动 3.8%
5. 安全生产活动 10.7%
6. 职工技术协作活动 9.7%
7. 创建劳动关系和谐企业（单位）活动 9.1%
8. 只想做好本职工作 28.9%
9. 其他 4.9%

C48. 您认为钻研技术（业务）能不能给自己带来实惠

1. 能 79.4%
2. 不能 3.9%
3. 不清楚 16.7%

C49. 您所在单位有没有开展劳动竞赛活动

1. 有 43.1%
2. 没有 38.6%
3. 不清楚 18.3%

C50. 您是否愿意参加劳动竞赛活动

1. 愿意 77.8%
2. 不愿意 5.4%
3. 说不清 16.7%

C51. 您认为劳动竞赛最主要的作用是什么

1. 提高单位经济效益 12.7%
2. 推动单位技术进步 8.4%
3. 提高职工技术水平和素质 44.7%
4. 增加职工收入 8.3%
5. 为职工发挥积极性和创造性提供途径和机会 21.7%
6. 没什么作用 4.3%

C52. 下列几种情况中哪一种最符合您自己的情况

1. 单位经济效益增长了，我的工资收入也有所增加 54.4%
2. 单位经济效益增长了，但我的工资收入没有跟着增加 23.9%
3. 单位经济效益增长了，我的工资收入反而减少了 2.2%
4. 说不清 19.5%

C53. 下列几种情况中哪一种最符合您自己的情况

1. 单位经济效益增长了，我享受的福利待遇也有所改善 47.0%
2. 单位经济效益增长了，但我享受的福利待遇状

况没有改善 28.6%

3. 单位经济效益增长了，我享受的福利待遇反而下降了 2.8%

4. 说不清 21.7%

C54. 下列几种情况中哪一种最符合您自己的情况

1. 单位经济效益增长了，我享受的社会保障水平也有所提高 42.7%

2. 单位经济效益增长了，但我享受的社会保障水平没有提高 29.7%

3. 单位经济效益增长了，我享受的社会保障水平反而下降了 2.0%

4. 说不清 25.6%

C55. 您对本单位开展文体活动是否满意

1. 很满意 16.9%

2. 比较满意 42.1%

3. 不满意 8.7%

4. 很不满意 1.7%

5. 本单位没有开展文体活动 30.6%

D01A. 目前情况下，如果要找工作，您最看重的因素（分组一）

1. 收入高 56.8%

2. 职业稳定 23.3%

3. 社会保障待遇好 6.5%

4. 能发挥专长或有发展机会 7.1%

5. 在社会上受尊重 0.9%

6. 人际关系和谐 2.0%

7. 工作条件好 1.4%

8. 福利待遇好 1.8%

9. 其他 0.2%

D01B. 目前情况下，如果要找工作，您最看重的因素（分组二）

1. 收入高 7.4%

2. 职业稳定 34.0%

3. 社会保障待遇好 21.1%

4. 能发挥专长或有发展机会 12.7%

5. 在社会上受尊重 3.5%

6. 人际关系和谐 6.5%

7. 工作条件好 8.6%

8. 福利待遇好 6.3%

9. 其他 0.1%

D01C. 目前情况下，如果要找工作，您最看重的因素（分组三）

1. 收入高 4.7%

2. 职业稳定 5.2%

3. 社会保障待遇好 17.4%

4. 能发挥专长或有发展机会 10.9%

5. 在社会上受尊重 5.2%

6. 人际关系和谐 10.5%

7. 工作条件好 14.2%

8. 福利待遇好 29.9%

9. 其他 1.9%

D02. 您认为目前企业职工收入分配中存在的主要问题是什么

1. 普通职工工资水平太低 21.7%
2. 普通职工工资增长缓慢 27.7%
3. 普通职工长期不增加工资 5.5%
4. 拖欠工资 1.4%
5. 普通职工与经营管理者收入差距过大 11.3%
6. 工资多少完全由老板说了算 12.5%
7. 没有什么问题 9.5%
8. 不知道 10.4%

D03A. 您对现行的社会养老保险制度的评价如何

1. 好 21.1%
2. 较好 22.1%
3. 一般 33.0%
4. 较差 4.1%
5. 很差 3.1%
6. 不知道 16.7%

D03B. 您对现行的社会医疗保险制度的评价如何

1. 好 19.3%
2. 较好 20.1%
3. 一般 33.1%
4. 较差 6.8%
5. 很差 4.1%
6. 不知道 16.6%

D03C. 您对现行的社会工伤保险制度的评价如何

1. 好 20.6%
2. 较好 20.4%
3. 一般 31.8%
4. 较差 4.9%
5. 很差 2.5%
6. 不知道 19.9%

D03D. 您对现行的社会失业保险制度的评价如何

1. 好 15.6%
2. 较好 14.9%
3. 一般 30.0%
4. 较差 8.2%
5. 很差 4.9%
6. 不知道 26.4%

D03E. 您对现行的社会生育保险制度的评价如何

1. 好 14.6%
2. 较好 14.9%
3. 一般 26.1%
4. 较差 4.0%
5. 很差 2.4%
6. 不知道 37.9%

D04. 下列各项中哪一项最符合您的情况

1. 享受到比较充分的社会保障，有安全感 15.6%
2. 享受到一定程度社会保障，比较有安全感 26.5%

3. 能享受到的社会保障很少，安全感不强　23.1%
4. 没有享受到社会保障，没有安全感　18.2%
5. 说不清楚　16.6%

D05A. 您是否赞同“职工参与企（事）业管理有利于促进企（事）业的发展”的观点

1. 赞同　94.2%
2. 不赞同　5.8%

D05B. 您是否赞同“职工参与企（事）业管理有利于维护职工利益”的观点

1. 赞同　94.7%
2. 不赞同　5.3%

D05C. 您是否赞同“应当让职工都有机会参与企（事）业管理”的观点

1. 赞同　89.8%
2. 不赞同　10.2%

D05D. 您是否赞同“职工参与企（事）业管理是职工应当享有的权利”的观点

1. 赞同　89.2%
2. 不赞同　10.8%

D05E. 您是否赞同“职工只需要干活挣钱，没必要参与企（事）业管理”的观点

1. 赞同　16.2%
2. 不赞同　83.8%

D05F. 您是否赞同“让职工参与企（事）业管理，只会降低企（事）业的效率”的观点

1. 赞同　12.7%
2. 不赞同　87.3%

D05G. 您是否赞同“让职工参与企（事）业管理，必然增加企（事）业成本”的观点

1. 赞同　25.8%
2. 不赞同　74.2%

D06. 您认为工会在维护职工合法权益方面作用如何

1. 有重要作用　21.3%
2. 能发挥一定作用　38.1%
3. 作用不大　16.1%
4. 没有作用　5.3%
5. 说不清楚　19.2%

D07A. 党和政府提出以人为本的科学发展观，您怎么看（分组一）

1. 符合中国经济发展现实　56.1%
2. 能让广大群众得到实惠，得到广大群众的拥护　26.1%
3. 有利于促进经济社会和城乡协调发展　6.3%
4. 科学发展观要真正在一些地方、一些部门得到落实比较难　5.7%
5. 落实科学发展观必须有

正确的政绩观来保证 1.4%
6. 说不清楚 4.4%

D07B. 党和政府提出以人为本的科学发展观，您怎么看（分组二）

1. 符合中国经济发展现实 5.8%
2. 能让广大群众得到实惠，得到广大群众的拥护 43.5%
3. 有利于促进经济社会和城乡协调发展 32.2%
4. 科学发展观要真正在一些地方、一些部门得到落实比较难 13.4%
5. 落实科学发展观必须有正确的政绩观来保证 4.8%
6. 说不清楚 0.4%

D07C. 党和政府提出以人为本的科学发展观，您怎么看（分组三）

1. 符合中国经济发展现实 6.4%
2. 能让广大群众得到实惠，得到广大群众的拥护 5.8%
3. 有利于促进经济社会和城乡协调发展 35.0%
4. 科学发展观要真正在一些地方、一些部门得到落实比较难 23.3%
5. 落实科学发展观必须有正确的政绩观来保证 21.6%
6. 说不清楚 8.0%

D08A. 党和政府提出构建和谐社会的战略思想，要让广大人民群众在共建中共享、在共享中共建，您怎么看（分组一）

1. 符合中国社会实际，有利于促进社会稳定 56.8%
2. 合民心，顺民意，能让广大群众得到实实在在的好处 23.0%
3. 实现“共建中共享、共享中共建”要靠广大劳动群众的努力 5.9%
4. 这一战略思想很好，但需要经过长期艰苦的努力才能实现 5.3%
5. 党和政府的政策是好的，但落实起来较难，未必能够完全实现 4.7%
6. 说不清楚 4.3%

D08B. 党和政府提出构建和谐社会的战略思想，要让广大人民群众在共建中共享、在共享中共建，您怎么看（分组二）

1. 符合中国社会实际，有利于促进社会稳定 5.5%
2. 合民心，顺民意，能让广大群众得到实实在在的好处 46.0%
3. 实现“共建中共享、共享中共建”要靠广

大劳动群众的努力 23.9%

4. 这一战略思想很好，但需要经过长期艰苦的努力才能实现 16.4%

5. 党和政府的政策是好的，但落实起来较难，未必能够完全实现 7.9%

6. 说不清楚 0.3%

D08C. 党和政府提出构建和谐社会的战略思想，要让广大人民群众在共建中共享、在共享中共建，您怎么看（分组三）

1. 符合中国社会实际，有利于促进社会稳定 5.5%
2. 合民心，顺民意，能让广大群众得到实实在在的好处 4.7%
3. 实现“共建中共享、共享中共建”要靠广大劳动群众的努力 30.1%
4. 这一战略思想很好，但需要经过长期艰苦的努力才能实现 20.4%
5. 党和政府的政策是好的，但落实起来较难，未必能够完全实现 33.1%
6. 说不清楚 6.2%

DO9A. 您认为下列哪些问题对社会和谐的影响最严重（分组一）

1. 就业难 36.9%
2. 收入分配差距大 27.4%
3. 社会保障不健全 5.2%
4. 子女教育费用高 6.9%
5. 看病就医费用高 5.8%
6. 房价越来越高 4.2%
7. 腐败现象严重 9.5%
8. 社会治安差 1.6%
9. 安全生产事故频发 0.3%
10. 食品卫生没有保证 0.4%
11. 环境污染严重 0.8%
12. 社会风气不好 0.9%

DO9B. 您认为下列哪些问题对社会和谐的影响最严重（分组二）

1. 就业难 3.1%
2. 收入分配差距大 20.5%
3. 社会保障不健全 11.1%
4. 子女教育费用高 13.3%
5. 看病就医费用高 17.8%
6. 房价越来越高 10.1%
7. 腐败现象严重 12.3%
8. 社会治安差 5.5%
9. 安全生产事故频发 1.2%
10. 食品卫生没有保证 1.6%
11. 环境污染严重 2.1%
12. 社会风气不好 1.3%

D09C. 您认为下列哪些问题对社会和谐的影响最严重（分组三）

1. 就业难 3.2%
2. 收入分配差距大 4.7%
3. 社会保障不健全 8.6%

4. 子女教育费用高 6.3%
5. 看病就医费用高 15.1%
6. 房价越来越高 15.2%
7. 腐败现象严重 16.2%
8. 社会治安差 6.4%
9. 安全生产事故频发 2.3%
10. 食品卫生没有保证 3.4%
11. 环境污染严重 8.2%
12. 社会风气不好 10.5%

D10A. 您认为就业难的问题对社会和谐的影响严重吗

1. 很严重 46.7%
2. 比较严重 37.9%
3. 一般 13.1%
4. 不太严重 1.6%
5. 不严重 0.7%

D10B. 您认为收入分配差距大的问题对社会和谐的影响严重吗

1. 很严重 43.9%
2. 比较严重 36.7%
3. 一般 16.2%
4. 不太严重 2.2%
5. 不严重 1.0%

D10C. 您认为社会保障不健全的问题对社会和谐的影响严重吗

1. 很严重 41.3%
2. 比较严重 39.2%
3. 一般 17.3%
4. 不太严重 1.6%
5. 不严重 0.6%

D10D. 您认为子女教育费用高的问题对社会和谐的影响严重吗

1. 很严重 39.5%
2. 比较严重 38.2%
3. 一般 18.5%
4. 不太严重 3.0%
5. 不严重 0.8%

D10E. 您认为看病就医费用高的问题对社会和谐的影响严重吗

1. 很严重 51.0%
2. 比较严重 34.3%
3. 一般 12.6%
4. 不太严重 1.5%
5. 不严重 0.6%

D10F. 您认为腐败现象严重对社会和谐的影响严重吗

1. 很严重 71.8%
2. 比较严重 20.4%
3. 一般 6.5%
4. 不太严重 0.8%
5. 不严重 0.5%

D10G. 您认为社会治安差对社会和谐的影响严重吗

1. 很严重 63.4%
2. 比较严重 27.6%
3. 一般 7.6%
4. 不太严重 0.9%
5. 不严重 0.4%

D10H. 您认为安全生产事故频发对社会和谐的影响严重吗

1. 很严重 50.0%
2. 比较严重 33.7%
3. 一般 13.7%
4. 不太严重 1.9%
5. 不严重 0.7%

D10I. 您认为食品卫生没有保证的问题对社会和谐的影响严重吗

1. 很严重 52.4%
2. 比较严重 31.9%
3. 一般 13.5%
4. 不太严重 1.7%
5. 不严重 0.5%

D10J. 您认为环境污染严重对社会和谐的影响严重吗

1. 很严重 58.0%
2. 比较严重 28.6%
3. 一般 11.3%
4. 不太严重 1.6%
5. 不严重 0.5%

D10K. 您认为社会风气不好对社会和谐的影响严重吗

1. 很严重 53.6%
2. 比较严重 33.6%
3. 一般 11.0%
4. 不太严重 1.2%
5. 不严重 0.5%

D10L. 您认为房价越来越高对社会和谐的影响严重吗

1. 很严重 45.8%
2. 比较严重 32.8%
3. 一般 17.8%
4. 不太严重 2.8%
5. 不严重 0.9%

D11. 您对近年来工人社会地位的变化怎么看

1. 有很大提高 8.7%
2. 有所提高 48.2%
3. 没有变化 19.5%
4. 有所下降 11.0%
5. 有很大下降 3.9%
6. 说不清 8.6%

D12A. 您认为工人社会地位下降的主要原因是什么（分组一）

1. 政府的政策落实得不好 35.0%
2. 新闻媒体对工人的劳动和贡献宣传得太少 6.7%
3. 工人的就业岗位不稳定 32.3%
4. 工人的收入太低 21.0%
5. 工人的民主权利得不到保障 3.3%
6. 人大代表、政协委员中没有多少工人 1.3%
7. 其他 0.4%

D12B. 您认为工人社会地位下降的主要原因是什么（分组二）

1. 政府的政策落实得不好 4.6%
2. 新闻媒体对工人的劳动和贡献宣传得太少 6.1%
3. 工人的就业岗位不稳定 29.0%
4. 工人的收入太低 43.2%
5. 工人的民主权利得不到保障 13.0%
6. 人大代表、政协委员中没有多少工人 3.8%
7. 其他 0.3%

D12C. 您认为工人社会地位下降的主要原因是什么（分组三）

1. 政府的政策落实得不好 6.9%
2. 新闻媒体对工人的劳动和贡献宣传得太少 3.3%
3. 工人的就业岗位不稳定 8.0%
4. 工人的收入太低 19.0%
5. 工人的民主权利得不到保障 36.3%
6. 人大代表、政协委员中没有多少工人 16.3%
7. 其他 10.3%

D13A. 要调动职工推动构建和谐劳动关系、和谐社会的积极性，您认为主要应解决好什么问题（分组一）

1. 提高工人工资 73.2%
2. 实行企事业职工民主管理 7.2%
3. 建立平等协商和集体合同制度 4.9%
4. 加强对工人劳动贡献的宣传 1.6%
5. 提高劳动模范待遇 1.1%
6. 保障工人就业岗位 6.3%
7. 提高对工人的社会保障水平 4.1%
8. 增加工人在各级人大、政协的代表数量 0.5%
9. 加强对工人的培训 1.1%

D13B. 要调动职工推动构建和谐劳动关系、和谐社会的积极性，您认为主要应解决好什么问题（分组二）

1. 提高工人工资 5.8%
2. 实行企事业职工民主管理 14.1%
3. 建立平等协商和集体合同制度 13.8%
4. 加强对工人劳动贡献的宣传 6.1%
5. 提高劳动模范待遇 6.6%
6. 保障工人就业岗位 31.9%
7. 提高对工人的社会保障水平 17.4%
8. 增加工人在各级人大、政协的代表数量 1.5%
9. 加强对工人的培训 2.8%

D13C. 要调动职工推动构建和谐劳动关系、和谐社会的积极性，您认为主要应解决好什么问题（分组三）

1. 提高工人工资 4.7%
2. 实行企事业职工民主管理 2.8%
3. 建立平等协商和集体合同制度 9.0%
4. 加强对工人劳动贡献的宣传 3.3%
5. 提高劳动模范待遇 3.9%
6. 保障工人就业岗位 12.8%
7. 提高对工人的社会保障水平 33.2%
8. 增加工人在各级人大、政协的代表数量 5.3%
9. 加强对工人的培训 25.0%

D14. 您认为近年来农民工的生产生活状况是否有所改善

1. 有很大改善 11.8%
2. 有所改善 70.8%
3. 没有改善 10.1%
4. 说不清 7.3%

D15. 您个人的最大理想是什么

1. 为社会做贡献 11.3%
2. 充分发挥自己才能 20.2%
3. 获得一份稳定工作 22.5%
4. 赚较多的钱 16.6%
5. 家庭生活舒适安定 23.3%
6. 做官并越大越好 0.4%
7. 越来越出名 0.2%
8. 追求个人生活情趣和快乐 4.1%
9. 其他 1.3%

D16. 您是否愿意加入中国共产党

1. 愿意 68.4%
2. 不愿意 9.7%
3. 说不清 21.9%

D17. 您对现在新闻媒体关于职工群众的宣传报道是否满意

1. 很满意 12.7%
2. 比较满意 29.1%
3. 一般 46.5%
4. 不太满意 9.2%
5. 很不满意 2.4%

D18A. 您对社会现象的看法主要受下列哪些外界因素的影响（分组一）

1. 广播电视 79.6%
2. 报纸刊物 8.3%
3. 书籍 1.5%
4. 互联网 4.7%
5. 单位或社会宣传 0.8%
6. 家庭成员 2.1%
7. 亲朋好友 1.6%
8. 学校 0.8%
9. 其他 0.5%

D18B. 您对社会现象的看法主要受下列哪些外界因素的影响（分组二）

1. 广播电视 6.1%

2. 报纸刊物 57.9%
3. 书籍 6.2%
4. 互联网 11.2%
5. 单位或社会宣传 4.6%
6. 家庭成员 5.3%
7. 亲朋好友 6.4%
8. 学校 1.9%
9. 其他 0.5%

D18C. 您对社会现象的看法主要受下列哪些外界因素的影响（分组三）

1. 广播电视 3.5%
2. 报纸刊物 6.0%
3. 书籍 14.7%
4. 互联网 19.5%
5. 单位或社会宣传 12.4%
6. 家庭成员 5.9%
7. 亲朋好友 15.5%
8. 学校 7.9%
9. 其他 14.6%

D19A. 您认为近年来政府采取的“给零就业家庭提供工作岗位”的举措对促进社会和谐的意义如何

1. 意义重大 61.2%
2. 有一定意义 34.6%
3. 意义不大 4.3%

D19B. 您认为近年来政府采取的“提高最低工资标准”的举措对促进社会和谐的意义如何

1. 意义重大 66.7%
2. 有一定意义 29.2%
3. 意义不大 4.1%

D19C. 您认为近年来政府采取的“提高城镇最低生活保障标准，扩大低保覆盖面”的举措对促进社会和谐的意义如何

1. 意义重大 62.4%
2. 有一定意义 32.3%
3. 意义不大 5.3%

D19D. 您认为近年来政府采取的“关闭带有安全隐患的小煤窑，防止发生煤矿安全事故”的举措对促进社会和谐的意义如何

1. 意义重大 77.0%
2. 有一定意义 19.5%
3. 意义不大 3.6%

D19E. 您认为近年来政府采取的“帮助农民工追讨欠薪”的举措对促进社会和谐的意义如何

1. 意义重大 78.6%
2. 有一定意义 18.9%
3. 意义不大 2.5%

D19F. 您认为近年来政府采取的“解决国有企业改制遗留问题”的举措对促进社会和谐的意义如何

1. 意义重大 50.5%
2. 有一定意义 42.0%
3. 意义不大 7.5%

D19G. 您认为近年来政府采取的“逐步免除义务教育阶段学杂费”的举措对促进社会和谐的意义如何

1. 意义重大 78.0%
2. 有一定意义 19.5%
3. 意义不大 2.5%

D19H. 您认为近年来政府采取的“限制药品价格”的举措对促进社会和谐的意义如何

1. 意义重大 74.1%
2. 有一定意义 21.8%
3. 意义不大 4.1%

D19I. 您认为近年来政府采取的“为低收入群众提供廉租住房和经济适用房”的举措对促进社会和谐的意义如何

1. 意义重大 66.4%
2. 有一定意义 28.9%
3. 意义不大 4.7%

D19J. 您认为近年来政府采取的“要求高收入者申报纳税”的举措对促进社会和谐的意义如何

1. 意义重大 55.2%
2. 有一定意义 35.4%
3. 意义不大 9.4%

D19K. 您认为近年来政府采取的“颁布《物权法》，维护公民合法财产权利”的举措对促进社会和谐的意义如何

1. 意义重大 60.7%
2. 有一定意义 33.9%
3. 意义不大 5.4%

D19L. 您认为近年来政府采取的“加强环境保护，减少资源浪费”的举措对促进社会和谐的意义如何

1. 意义重大 74.7%
2. 有一定意义 22.0%
3. 意义不大 3.3%

D20. 您认为现在人们的职业道德水平比以前是提高了还是降低了

1. 提高了 50.5%
2. 没什么变化 21.1%
3. 下降了 17.9%
4. 说不清 10.6%

D21A. 您认为导致职业道德水平降低的主要因素是什么（分组一）

1. 拜金主义严重 59.8%
2. 社会诚信缺失 25.9%
3. 行业自律不足 4.2%
4. 理想信念淡薄 3.2%
5. 职业规范不严格 2.5%
6. 对违反职业道德的行为惩戒不力 3.2%
7. 说不清 1.1%

D21B. 您认为导致职业道德水平降低的主要因素是什么（分组二）

1. 拜金主义严重 8.6%
2. 社会诚信缺失 42.5%
3. 行业自律不足 15.8%
4. 理想信念淡薄 13.9%

5. 职业规范不严格　10.6%
6. 对违反职业道德的行为惩戒不力　8.1%
7. 说不清　0.5%

D21C. 您认为导致职业道德水平降低的主要因素是什么（分组三）

1. 拜金主义严重　5.3%
2. 社会诚信缺失　6.1%
3. 行业自律不足　14.2%
4. 理想信念淡薄　18.1%
5. 职业规范不严格　17.3%
6. 对违反职业道德的行为惩戒不力　31.6%
7. 说不清　7.5%

D22A. 下列活动中，您更喜欢参加哪些（分组一）

1. 先进模范人物事迹报告会　24.1%
2. 红色旅游　26.7%
3. 群众性文体活动　23.9%
4. 知识竞赛　6.0%
5. 志愿者活动　6.3%
6. 听讲座　3.1%
7. 看文艺演出　8.4%
8. 其他　1.6%

D22B. 下列活动中，您更喜欢参加哪些（分组二）

1. 先进模范人物事迹报告会　3.4%
2. 红色旅游　10.6%
3. 群众性文体活动　28.6%
4. 知识竞赛　15.1%
5. 志愿者活动　15.6%
6. 听讲座　10.2%
7. 看文艺演出　15.2%
8. 其他　1.3%

D22C. 下列活动中，您更喜欢参加哪些（分组三）

1. 先进模范人物事迹报告会　3.4%
2. 红色旅游　4.1%
3. 群众性文体活动　8.5%
4. 知识竞赛　9.2%
5. 志愿者活动　13.0%
6. 听讲座　10.7%
7. 看文艺演出　32.0%
8. 其他　19.0%

D23. 当您遇到困难和问题时，您倾向于找谁解决

1. 党组织　6.8%
2. 政府（行政部门）　19.7%
3. 工会　14.6%
4. 司法部门　5.0%
5. 亲朋好友　39.9%
6. 新闻媒体　6.1%
7. 宗教组织　0.2%
8. 慈善机构　0.5%
9. 社区组织　1.9%
10. 其他　4.6%

D24A. 您是否赞同“应该使农民工和城市职工同工同酬”的观点
1. 赞同 94.4%
2. 不赞同 5.6%

D24B. 您是否赞同“农民工是促进新农村建设的一支重要力量”的观点
1. 赞同 97.2%
2. 不赞同 2.8%

D24C. 您是否赞同“农民工是促进工业化、城市化的重要力量”的观点
1. 赞同 91.9%
2. 不赞同 8.1%

D24D. 您是否赞同“要建设和谐社会必须维护农民工合法权益”的观点
1. 赞同 97.8%
2. 不赞同 2.2%

D24E. 您是否赞同“党和政府保护农民工的政策使农民工得到了实惠”的观点
1. 赞同 93.3%
2. 不赞同 6.7%

D24F. 您是否赞同“农民工有困难找工会”的观点
1. 赞同 82.6%
2. 不赞同 17.4%

D24G. 您是否赞同“农民进城打工的现象将长期存在”的观点
1. 赞同 75.7%
2. 不赞同 24.3%

D24H. 您是否赞同“农民工进城挤占了城市职工的就业岗位”的观点
1. 赞同 26.0%
2. 不赞同 74.0%

D24I. 您是否赞同“农民工大量进城会影响城市社会治安状况”的观点
1. 赞同 29.2%
2. 不赞同 70.8%

D25. 总的来说，您是否感到幸福
1. 很幸福 14.1%
2. 比较幸福 41.1%
3. 一般 37.0%
4. 不太幸福 6.4%
5. 很不幸福 1.4%

D26A. 您对您的家庭是否满意
1. 很满意 47.6%
2. 比较满意 35.8%
3. 一般 12.8%
4. 不太满意 3.0%
5. 很不满意 0.8%

D26B. 您对您的职业是否满意
1. 很满意 14.5%
2. 比较满意 39.3%
3. 一般 32.9%
4. 不太满意 11.5%
5. 很不满意 1.9%

D26C. 您对您的居住条件是否满意
1. 很满意 11.8%

2. 比较满意 28.7%
3. 一般 29.8%
4. 不太满意 21.9%
5. 很不满意 7.8%

D26D. 您对您的社会地位是否满意

1. 很满意 7.5%
2. 比较满意 25.2%
3. 一般 42.8%
4. 不太满意 19.1%
5. 很不满意 5.4%

D26E. 您对您的知识和能力是否满意

1. 很满意 6.3%
2. 比较满意 24.5%
3. 一般 33.9%
4. 不太满意 29.3%
5. 很不满意 6.0%

D26F. 您对您与别人的关系是否满意

1. 很满意 18.2%
2. 比较满意 49.2%
3. 一般 28.6%
4. 不太满意 3.4%
5. 很不满意 0.5%

D26G. 您对您的健康状况是否满意

1. 很满意 29.8%
2. 比较满意 40.1%
3. 一般 21.4%
4. 不太满意 7.3%
5. 很不满意 1.4%

D26H. 您对您的生活环境是否满意

1. 很满意 10.7%
2. 比较满意 33.2%
3. 一般 36.8%
4. 不太满意 15.8%
5. 很不满意 3.5%

D27. 您认为现阶段我国社会是否和谐

1. 非常和谐 7.4%
2. 比较和谐 53.7%
3. 不太和谐 23.4%
4. 非常不和谐 3.1%
5. 说不清 12.3%

D28A. 您认为下列哪些问题让您感到压力最大（分组一）

1. 就业难 24.6%
2. 收入低 42.0%
3. 社会保障待遇差 7.5%
4. 子女教育费用高 9.8%
5. 看病就医费用高 5.4%
6. 房价高 5.7%
7. 升职机会少 1.0%
8. 劳动强度大 0.9%
9. 劳动时间长 0.8%
10. 工作不稳定 1.2%
11. 与单位领导关系差 0.1%
12. 掌握的技能不能满足工作需要 1.0%

D28B. 您认为下列哪些问题让您感到压力最大（分组二）

1. 就业难 3.1%
2. 收入低 21.1%

3. 社会保障待遇差 15.0%
4. 子女教育费用高 17.4%
5. 看病就医费用高 20.4%
6. 房价高 9.7%
7. 升职机会少 3.1%
8. 劳动强度大 2.9%
9. 劳动时间长 2.5%
10. 工作不稳定 3.4%
11. 与单位领导关系差 0.2%
12. 掌握的技能不能满足工作需要 1.2%

D28C. 您认为下列哪些问题让您感到压力最大（分组三）

1. 就业难 2.7%
2. 收入低 4.7%
3. 社会保障待遇差 9.5%
4. 子女教育费用高 9.1%
5. 看病就医费用高 19.4%
6. 房价高 19.3%
7. 升职机会少 4.7%
8. 劳动强度大 3.8%
9. 劳动时间长 6.5%
10. 工作不稳定 11.3%
11. 与单位领导关系差 0.8%
12. 掌握的技能不能满足工作需要 8.0%

D29. 您的户籍情况

1. 本地非农业户口 0.3%
2. 外地非农业户口 0.3%
3. 本人户口所在地已取消农业与非农业户口划分方法 0.1%
4. 本地农业户口 49.6%
5. 外地农业户口 49.6%
6. 其他 0.1%

E01A. 您为什么进城打工（分组一）

1. 赚钱养家 64.7%
2. 希望过城里人的生活 5.0%
3. 增长见识和能力 15.3%
4. 争取发展机会 7.8%
5. 为子女前途考虑 2.4%
6. 在老家没有就业机会 2.4%
7. 不想务农 1.4%
8. 没有责任田 0.6%
9. 其他 0.4%

E01B. 您为什么进城打工（分组二）

1. 赚钱养家 5.3%
2. 希望过城里人的生活 10.2%
3. 增长见识和能力 28.1%
4. 争取发展机会 25.6%
5. 为子女前途考虑 17.5%
6. 在老家没有就业机会 7.7%
7. 不想务农 4.0%
8. 没有责任田 1.3%
9. 其他 0.4%

E01C. 您为什么进城打工（分组三）

1. 赚钱养家 5.2%
2. 希望过城里人的生活 3.3%
3. 增长见识和能力 9.6%
4. 争取发展机会 19.0%

5. 为子女前途考虑　20.9%
6. 在老家没有就业机会　15.9%
7. 不想务农　10.0%
8. 没有责任田　4.5%
9. 其他　11.7%

E02. 您进城打工有多长时间了

1. 3个月以内　2.8%
2. 3—6个月　1.8%
3. 6个月—1年　8.8%
4. 1年—3年　20.6%
5. 3年以上　66.0%

E03. 您在城里打工过程中，每周都能有一天休息吗

1. 有　69.5%
2. 没有　30.5%

E04. 您的劳动报酬是如何领取的

1. 按月领取　88.4%
2. 按季度领取　2.2%
3. 按年领取　1.7%
4. 按完成一项工作任务领取　2.6%
5. 每月发生活费，年终结算工资　3.9%
6. 其他　1.2%

E05_F. 您去年全年打工的总收入是多少钱（分组一）

1. 没有收入　1.5%
2. 3000元及以下　2.8%
3. 3001—6000元　11.9%
4. 6001—12000元　44.8%
5. 12001—60000元　38.7%
6. 60000元以上　0.2%

E06. 您在城里最大的收获是什么

1. 赚到了钱　26.9%
2. 增长了见识和才干　41.5%
3. 找到了发展的机会　13.9%
4. 子女将来能过上城里人生活　6.6%
5. 其他　11.2%

E07A. 您认为党和政府关于农民工的政策给您带来了哪些实惠（分组一）

1. 拖欠工资的少了　47.1%
2. 克扣工资的少了　4.6%
3. 劳动条件比以前好了　19.5%
4. 生活条件比以前好了　11.4%
5. 关心农民工的人多了　9.8%
6. 文化娱乐生活丰富了　1.1%
7. 城里人对农民工更友好了　0.8%
8. 子女在城里上学容易了　1.3%
9. 培训机会多了　1.8%
10. 没什么变化　1.2%
11. 不知道　1.4%

E07B. 您认为党和政府关于农民工的政策给您带来了哪些实惠（分组二）

1. 拖欠工资的少了　4.9%
2. 克扣工资的少了　17.2%
3. 劳动条件比以前好了　18.5%

4. 生活条件比以前好了 22.2%
5. 关心农民工的人多了 18.1%
6. 文化娱乐生活丰富了 5.3%
7. 城里人对农民工更友好了 4.0%
8. 子女在城里上学容易了 4.0%
9. 培训机会多了 3.4%
10. 没什么变化 1.8%
11. 不知道 0.5%

E07C. 您认为党和政府关于农民工的政策给您带来了哪些实惠（分组三）

1. 拖欠工资的少了 4.0%
2. 克扣工资的少了 3.5%
3. 劳动条件比以前好了 11.4%
4. 生活条件比以前好了 14.5%
5. 关心农民工的人多了 19.9%
6. 文化娱乐生活丰富了 6.8%
7. 城里人对农民工更友好了 8.0%
8. 子女在城里上学容易了 11.8%
9. 培训机会多了 14.2%
10. 没什么变化 1.9%
11. 不知道 4.0%

B08A. 您在城里打工中遇到的最大的难题是什么（分组一）

1. 不能按时领到工资 11.7%
2. 加班加点太多 19.1%
3. 劳动强度太大 18.0%
4. 就业的信息和渠道少 27.4%
5. 培训机会少，劳动技能低 14.6%
6. 容易出工伤事故 1.7%
7. 权益受到侵害时无处反映 3.6%
8. 其他 3.9%

E08B. 您在城里打工中遇到的最大的难题是什么（分组二）

1. 不能按时领到工资 1.3%
2. 加班加点太多 8.7%
3. 劳动强度太大 18.0%
4. 就业的信息和渠道少 22.3%
5. 培训机会少，劳动技能低 32.9%
6. 容易出工伤事故 5.3%
7. 权益受到侵害时无处反映 9.0%
8. 其他 2.5%

E08C. 您在城里打工中遇到的最大的难题是什么（分组三）

1. 不能按时领到工资 1.3%
2. 加班加点太多 3.0%
3. 劳动强度太大 7.6%
4. 就业的信息和渠道少 9.9%
5. 培训机会少，劳动技能低 16.9%
6. 容易出工伤事故 7.2%
7. 权益受到侵害时无处反映 20.7%
8. 其他 33.4%

E09A. 在城里生活，最困扰您的问题是什么（分组一）

1. 生活条件太艰苦 26.9%
2. 缺少文化娱乐生活 19.1%
3. 子女在城里就学困难 10.9%
4. 受城里人歧视 4.9%
5. 远离家人，感到孤独 14.8%
6. 父母、子女无人照顾 9.1%
7. 过年回家买票难 3.6%
8. 患大病无钱医治 6.4%
9. 没有城市户口 2.3%
10. 其他 1.9%

E09B. 在城里生活，最困扰您的问题是什么（分组二）

1. 生活条件太艰苦 4.3%
2. 缺少文化娱乐生活 12.0%
3. 于女在城里就学困难 9.7%
4. 受城里人歧视 7.1%
5. 远离家人，感到孤独 19.4%
6. 父母、子女无人照顾 18.7%
7. 过年回家买票难 9.8%
8. 患大病无钱医治 12.3%
9. 没有城市户口 5.5%
10. 其他 1.2%

E09C. 在城里生活，最困扰您的问题是什么（分组三）

1. 生活条件太艰苦 4.2%
2. 缺少文化娱乐生活 5.1%
3. 子女在城里就学困难 4.7%
4. 受城里人歧视 4.0%
5. 远离家人，感到孤独 9.6%
6. 父母、子女无人照顾 13.1%
7. 过年回家买票难 9.6%
8. 患大病无钱医治 19.8%
9. 没有城市户口 14.3%
10. 其他 15.6%

第七次中国职工状况调查数据

（2012 年）

2012年第七次职工状况调查问卷数据资料

中华全国总工会研究室

BM1. 调查省份

11. 北京	3.6%
15. 内蒙古	2.5%
21. 辽宁	5.5%
32. 江苏	13.3%
33. 浙江	10.4%
34. 安徽	4.3%
35. 福建	5.3%
37. 山东	12.3%
41. 河南	8.0%
42. 湖北	5.0%
44. 广东	16.3%
50. 重庆	2.9%
51. 四川	6.1%
61. 陕西	3.1%
62. 甘肃	1.6%

BM1F. 经济区域

1. 东部地区	66.6%
2. 中部地区	17.3%
3. 西部地区	16.1%

N01. 行业

1. 农、林、牧、渔业	4.2%
2. 采矿业	1.1%
3. 制造业	40.7%
4. 电力、热力、燃气及水生产和供应业	1.6%
5. 建筑业	4.2%
6. 批发和零售业	8.9%
7. 交通运输、仓储及邮政业	3.3%
8. 住宿和餐饮业	5.6%
9. 信息传输、软件和信息技术服务业	2.2%
10. 金融业	1.1%
11. 房地产业	1.7%
12. 租赁和商务服务业	1.9%
13. 科学研究和技术服务业	1.3%
14. 水利、环境和公共设施管理业	0.8%
15. 居民服务、修理和其他服务业	5.0%
16. 教育	6.0%
17. 卫生和社会工作	2.8%

18. 文化、体育和娱乐业 1.4%
19. 公共管理、社会保障和社会组织 6.2%
20. 国际组织 0.0%

N01F. 三次产业

1. 第一产业 4.2%
2. 第二产业 47.6%
3. 第三产业 48.2%

N02. 单位类别

1. 企业 69.1%
2. 事业单位 10.6%
3. 机关 5.5%
4. 个体经营户 11.0%
5. 其他 3.8%

N03. 所有制

1. 国有 19.5%
2. 集体 5.3%
3. 私有 67.2%
4. 港澳台商 3.6%
5. 外商 4.5%

A01. 性别

1. 男 51.1%
2. 女 48.9%

A02. 年龄

1. 35 岁及以下 53.3%
2. 36—50 岁 39.3%
3. 50 岁以上 7.4%

A03. 户籍状况

1. 本地非农业户口 56.0%
2. 本地农业户口 23.3%
3. 外地非农业户口 8.2%
4. 外地农业户口 12.5%

A04. 民族

1. 汉族 96.7%
2. 少数民族 3.3%

A05. 文化程度

1. 小学及以下 2.4%
2. 初中 18.8%
3. 高中（职高） 18.9%
4. 中专（中技） 12.5%
5. 大专（高职） 25.6%
6. 大学本科 20.6%
7. 研究生及以上 1.2%

A06. 您是否接受过职业教育

1. 是 52.0%
2. 否 48.0%

A07. 婚姻状况

1. 未结过婚 23.7%
2. 有配偶 73.8%
3. 丧偶 0.6%
4. 离异 1.8%

A08 政治面貌

1. 中共党员 26.2%
2. 共青团员 25.3%
3. 民主党派成员 0.5%
4. 未加入任何党派 48.0%

A10A. 上月从单位获得的全部货币收入（分组一）

1. 500 元及以下 0.3%
2. 501—1000 元 3.2%

3. 1001—2000 元　39. 1%
4. 2001—3000 元　36. 4%
5. 3001—4000 元　12. 8%
6. 4001—5000 元　4. 9%
7. 5001—10000 元　3. 1%
8. 10000 元以上　0. 2%

A10B. 上月从单位获得的全部货币收入（分组二）

1. 1600 元及以下　20. 5%
2. 1601—2000 元　22. 0%
3. 2001—2500 元　18. 3%
4. 2501—3100 元　19. 3%
5. 3100 元以上　19. 9%

A11. 就业身份

1. 公务员　4. 8%
2. 普通职工　60. 8%
3. 专业技术人员　15. 1%
4. 单位一般管理人员　12. 2%
5. 单位中层管理人员　5. 9%
6. 单位高层管理人员　1. 2%

A12. 技术等级

1. 无技术等级　71. 0%
2. 初级技工　14. 7%
3. 中级技工　9. 5%
4. 高级技工　3. 0%
5. 工人技师　1. 4%
6. 高级技师　0. 4%

A13. 目前您拥有的最高专业技术职称

1. 初级职称　21. 9%
2. 中级职称　19. 1%
3. 高级职称　5. 0%
4. 没有职称　54. 1%

B02. 您是否有过下岗经历

1. 有过　29. 0%
2. 没有过　71. 0%

B07. 您是通过什么途径获得目前这份工作的

1. 毕业分配　9. 2%
2. 单位招工　32. 0%
3. 劳务市场（人才市场）　6. 1%
4. 职业介绍机构　1. 0%
5. 亲友帮忙　17. 7%
6. 自己到用人单位应聘　18. 3%
7. 政府安置　2. 6%
8. 原工作单位帮助就业　1. 2%
9. 工会帮助　0. 9%
10. 网络应聘　4. 9%
11. 其他　6. 0%

B08. 您找工作最看重的因素（多选）

1. 收入高　36. 7%
2. 职业稳定　62. 9%
3. 社会保障条件好　38. 7%
4. 能发挥专长或有发展机会　33. 9%
5. 在社会上受尊重　7. 8%
6. 单位人际关系好　13. 8%
7. 工作场所环境好　18. 1%
8. 福利待遇好　20. 9%
9. 方便照顾家人　28. 3%

10. 喜欢工作所在城市的生活 10.4%
11. 其他 9.0%

B09. 您对这份工作是否满意

1. 非常满意 21.2%
2. 比较满意 47.5%
3. 一般 28.5%
4. 不太满意 2.3%
5. 很不满意 0.5%

B10. 您感觉找这份工作难不难

1. 非常困难 5.8%
2. 有一定困难 50.2%
3. 没什么困难 43.9%

B11. 您是否担心自己会失业

1. 担心 17.2%
2. 有点担心 36.1%
3. 不担心 46.7%

B12. 您感觉在单位是否有发展机会

1. 机会较大 33.9%
2. 机会不多 53.0%
3. 没有机会 13.1%

B13. 您与单位签订合同情况

1. 与工作单位签订了劳动合同 78.7%
2. 与工作单位签订过劳动合同，但合同已过期没有续签 2.5%
3. 与劳务派遣公司签订了劳动合同 1.2%
4. 与外单位（不是劳务派遣公司）签订了劳动合同 0.3%
5. 与工作单位签订了聘用合同（仅指事业单位） 5.8%
6. 没有签订任何合同 11.6%

B14. 您的劳动合同期限

1. 不满3个月 2.0%
2. 3个月及以上不满1年 5.5%
3. 1年及以上不满2年 27.6%
4. 2年及以上不满3年 11.2%
5. 3年及以上 34.7%
6. 以完成一定工作任务为期限 1.1%
7. 无固定期限 17.8%

B15. 您刚进单位工作时没有试用期

1. 试用期不超过1个月 20.7%
2. 试用期1个月以上，但不超过2个月 21.0%
3. 试用期2个月以上，但不超过半年 29.7%
4. 试用期超过半年 7.1%
5. 没有试用期 21.4%

B16. 在您签订劳动合同过程中得到过工会的指导或帮助吗

1. 得到过 53.5%
2. 没得到过 46.5%

B17. 您是在下列哪种情形下与单位签订劳动合同的

1. 经过与单位讨价还价后签字 13.0%

2. 直接在单位提供的合同文本上签字 82.5%
3. 由其他人代为签字 1.6%
4. 在未全部理解合同条款的情况下签字 2.9%

B18. 您的劳动合同中对劳动报酬是如何约定的

1. 约定了全部工资的具体数额 41.3%
2. 只约定了底薪的数额 26.2%
3. 只约定了不低于当地最低工资标准 13.9%
4. 没有关于劳动报酬数额的具体约定 18.6%

B19. 您的劳动合同对您岗位的工作时间是如何约定的

1. 规定实行标准工时制 69.3%
2. 规定实行综合计算工时制 13.4%
3. 规定实行不定时工时制 4.1%
4. 没有工作时间的规定 7.4%
5. 不清楚 5.9%

B20. 您的劳动合同是否对加班工资的计算有明确的约定

1. 有 58.2%
2. 没有 31.0%
3. 不清楚 10.8%

B21. 您的劳动合同中是否对提供的社会保险有明确的约定

1. 有 76.6%
2. 没有 12.3%
3. 不清楚 11.1%

B22. 您的劳动合同中是否含有劳动安全、劳动条件和职业危害防护的约定

1. 有 71.5%
2. 没有 12.4%
3. 不清楚 16.1%

B23. 您的劳动合同中是否含有保护女职工特殊权益的内容（仅女性填报）

1. 有 64.6%
2. 没有 17.5%
3. 不清楚 17.9%

B24. 您自己是否存有一份与单位签订的劳动合同

1. 有 76.6%
2. 没有 23.4%

B25. 您单位能否遵守与您签订的劳动合同

1. 完全能够遵守 60.3%
2. 大部分都能遵守 32.5%
3. 大部分都不能遵守 1.7%
4. 说不清 5.5%

B26. 您的工作岗位是否实行计件工资

1. 全部工资都是计件 11.7%
2. 部分工资是计件 15.5%
3. 否 72.8%

B27. 您岗位的计件单价是如何确定的

1. 企业单方面确定 33.4%
2. 企业与职工本人协商后确定 29.3%
3. 企业与工会（或职工代表）协商后确定 27.0%
4. 不知道 10.3%

B28. 您所在单位是否给您规定了劳动定额

1. 规定了 26.6%
2. 没规定 73.4%

B29. 您单位的劳动定额是如何确定的

1. 企业单方面确定 36.9%
2. 企业与职工本人协商后确定 28.2%
3. 企业与工会（或职工代表）协商后确定 24.1%
4. 不知道 10.9%

B30. 一般情况下，您能否在8小时内完成单位规定的当天的劳动定额

1. 能完成 68.3%
2. 大部分时候能完成 25.9%
3. 偶尔能完成 3.4%
4. 不能完成 2.4%

B31. 您最近一次涨工资是什么时候

1. 今年 49.5%
2. 2011年 27.6%
3. 2010年 7.9%
4. 2009年 2.2%
5. 2009年以来没涨过工资 12.7%

B32F. 您最近一次增加工资分组（元）

1. 50元及以下 8.3%
2. 51元至100元 18.1%
3. 101元至200元 34.1%
4. 201元至300元 16.5%
5. 301元至400元 5.2%
6. 401元至500元 9.6%
7. 500元以上 8.2%

B33. 目前，您单位有没有拖欠您的工资

1. 拖欠 3.6%
2. 未拖欠 96.4%

B34F. 到目前为止，单位共拖欠您工资分组（元）

1. 100元及以下 0.7%
2. 101元至500元 5.4%
3. 501元至1000元 7.7%
4. 1001元至1500元 10.1%
5. 1501元至2000元 15.0%
6. 2001元至5000元 40.8%
7. 5001元至10000元 20.3%

B35. 扣除加班加点工资，夜班补贴，高温、井下、有毒有害作业等津贴收入后，您上月工资是否高于当地的最低工资标准

1. 高于最低工资标准 72.7%

2. 相当于最低工资标准 11.3%
3. 低于最低工资标准 3.0%
4. 说不清 12.9%

B36. 您的工资是否与单位经济效益有关联

1. 单位效益增长，工资就涨；效益下降，工资就降 27.4%
2. 单位效益增长，工资就涨；效益下降，工资也没有太大变化 26.2%
3. 单位效益增长，工资没什么变化；但效益下降，工资也会降 4.7%
4. 单位效益增长，工资反而下降了 0.6%
5. 单位效益好坏与我的工资没有关联 25.0%
6. 说不清楚 16.0%

B37. 您认为自己的工资收入水平在您所在城市中属于哪个档次

1. 高收入 0.9%
2. 中等偏上 8.8%
3. 中等 40.4%
4. 中等偏下 29.1%
5. 低收入 17.3%
6. 说不清 3.4%

B38. 您对自己现在的工资收入水平是否满意

1. 满意 9.7%
2. 比较满意 20.1%
3. 一般 43.6%
4. 不太满意 20.4%
5. 很不满意 6.3%

B41. 您单位在什么情况下算加班

1. 工作日超过 8 小时就算加班，周末工作都算加班 59.0%
2. 平均一天超过 8 小时才算加班，某一天超过 8 小时并不算是加班 9.1%
3. 完成了规定的任务之后才算加班 8.9%
4. 经常性的超过 8 小时也不算是加班 7.9%
5. 实行不定时工时制，不管多长时间都没有加班的说法 15.1%

B42. 按您单位的标准，您是否经常加班加点

1. 几乎每天加班加点 3.6%
2. 经常加班加点 10.5%
3. 偶尔加班加点 69.6%
4. 从不加班加点 16.2%

B43. 您加班加点能否得到下列补偿

1. 按劳动法规定足额拿到加班费 37.3%
2. 按加班时间安排相当时间的倒休 11.9%

3. 部分倒休，部分拿到加班费 13.8%
4. 不足时间的倒休或不足额的加班费 3.5%
5. 其他补偿形式 15.4%
6. 没有任何补偿 18.1%

B44. 您是否愿意加班加点

1. 希望能加班加点，加班多工资收入也多 15.1%
2. 适度的加班也能接受，能增加些收入 54.0%
3. 不愿意加班加点，因为没有补偿或补偿很少 24.1%
4. 有加班工资也不愿意加班加点 6.8%

B45. 您去年是否享受了带薪年假

1. 按规定享受了带薪年假 45.3%
2. 享受了带薪年假，但没有达到规定的天数 8.5%
3. 没有享受带薪年假 46.2%

B46. 您参加的是哪种养老保险

1. 参加了职工基本养老保险 74.2%
2. 参加了新型农村养老保险 7.2%
3. 参加了新型城镇居民养老保险 2.4%
4. 没有参加上述养老保险 9.3%
5. 不知道 7.0%

B47. 您是否知道您参加的养老保险中个人缴费的数额

1. 知道 81.8%
2. 不知道 18.2%

B48. 您单位是否还为您提供了补充养老保险

1. 提供了 20.3%
2. 没有提供 56.6%
3. 不知道 23.1%

B49. 您是否担心将来的养老金不够用

1. 担心 45.1%
2. 有点担心 39.2%
3. 不担心 15.7%

B50. 您是否担心退休后不能按时足额领取养老金

1. 担心 39.1%
2. 有点担心 33.3%
3. 不担心 27.6%

B51A. 您是否参加了单位办理的基本医疗保险

1. 参加了 76.4%
2. 没参加 17.5%
3. 不知道 6.1%

B51B. 您是否参加了新型农村合作医疗

1. 参加了 26.5%
2. 没参加 61.6%
3. 不知道 11.8%

B51C. 您是否参加了城镇居民基本医疗保险

1. 参加了 27.0%
2. 没参加 58.2%
3. 不知道 14.8%

B51D. 您是否参加了商业医疗保险

1. 参加了 15.2%
2. 没参加 69.5%
3. 不知道 15.3%

B53. 您单位是否为您办理了工伤保险

1. 办理了 69.5%
2. 没有办理 15.8%
3. 不知道 14.7%

B54. 您单位是否为您办理了失业保险

1. 办理了 61.0%
2. 没有办理 23.6%
3. 不知道 15.4%

B55. 您单位是否为您办理了生育保险

1. 办理了 52.9%
2. 没有办理 27.8%
3. 不知道 19.3%

B56. 您单位是否会支付女职工生育或流产的医疗费用

1. 会 14.5%
2. 不会 41.6%
3. 不知道 43.9%

B57. 您单位是否会支付女职工产假期间的生育津贴

1. 会 25.0%
2. 不会 31.5%
3. 不知道 43.4%

B58. 您单位是否为您办理了住房公积金

1. 办理了 38.4%
2. 没有办理 52.4%
3. 不知道 9.2%

B59. 您最近一次参加单位组织的安全生产方面的培训是什么时候

1. 今年 54.6%
2. 2011年 14.3%
3. 2010年 3.1%
4. 2010年以前 4.1%
5. 没有参加过 23.8%

B60. 您单位给您发放劳动保护用品的情况

1. 按时足量发放 47.2%
2. 按时发放，但不够用 12.0%
3. 发放不及时 4.8%
4. 有需要，但从未发放过 8.8%
5. 不需要劳动保护用品 27.3%

B61A. 您的工作岗位或工作环境是否存在高温、低温作业

1. 存在，但防护措施有效 20.3%
2. 存在，且防护措施不够 8.1%
3. 存在，且没有防护措施 2.5%
4. 不存在 69.1%

B61B. 您的工作岗位或工作环境是否存在粉尘污染

1. 存在，但防护措施有效 14.1%
2. 存在，且防护措施不够 8.5%
3. 存在，且没有防护措施 4.7%
4. 不存在 72.8%

B61C. 您的工作岗位或工作环境是否存在噪声污染

1. 存在，但防护措施有效 13.3%
2. 存在，且防护措施不够 9.3%
3. 存在，且没有防护措施 5.3%
4. 不存在 72.0%

B61D. 您的工作岗位或工作环境是否存在有毒有害气体污染

1. 存在，但防护措施有效 8.8%
2. 存在，且防护措施不够 6.2%
3. 存在，且没有防护措施 2.6%
4. 不存在 82.4%

B61E. 您的工作岗位或工作环境是否存在辐射污染

1. 存在，但防护措施有效 6.8%
2. 存在，且防护措施不够 6.0%
3. 存在，且没有防护措施 4.8%
4. 不存在 82.4%

B61F. 您的工作岗位或工作环境是否存在容易伤及肢体的机械故障隐患

1. 存在，但防护措施有效 16.7%
2. 存在，且防护措施不够 6.4%
3. 存在，且没有防护措施 1.6%
4. 不存在 75.3%

B62. 您是否担心工作中会有职业病或工伤的危险

1. 非常担心 12.9%
2. 有点担心 40.6%
3. 不担心 46.5%

B63. 去年 7 月以来，单位是否安排您参加过体检

1. 参加过 52.2%
2. 没有参加过 47.8%

B64. 您最近一次参加单位组织的女职工妇科疾病及乳腺疾病检查是什么时候（仅女性填报）

1. 今年 28.3%
2. 2011 年 15.6%
3. 2010 年 4.8%
4. 2010 年以前 4.0%
5. 没有参加过 47.2%

B65. 您是否得过职业病或受过工伤

1. 得过职业病或受过工伤，但现在已经治好 5.5%
2. 得了职业病或受了工伤，还没有治好 3.6%
3. 没有患过职业病，也没有受过工伤 90.9%

B66. 发生职业病或工伤以后，单位对您的治疗、疗养和赔偿等做得怎么样

1. 做得很好 33.0%
2. 做得一般 43.6%

3. 做得不好 23.4%

B67. 治疗职业病或工伤对您生活的影响

1. 难以负担，为治病欠下很多债务 15.8%
2. 勉强能负担治病费用 43.0%
3. 没有什么经济压力 41.3%

B68. 最近5年，您在本单位参加了多少次与工作相关的培训

1. 1次 14.8%
2. 2次 13.7%
3. 3次 10.1%
4. 超过3次 40.8%
5. 没有参加过 20.6%

B69. 去年7月以来，您是否参加过单位组织的与工作相关的培训

1. 参加过 64.6%
2. 没有参加过 35.4%

B70A. 参加单位组织的与工作相关的培训是否给您带来了好处：晋升了职务

1. 是 25.2%
2. 否 74.8%

B70B. 参加单位组织的与工作相关的培训是否给您带来了好处：增加了工资收入

1. 是 45.2%
2. 否 54.8%

B70C. 参加单位组织的与工作相关的培训是否给您带来了好处：提高了技术等级或专业技能

1. 是 74.0%
2. 否 26.0%

B70D. 参加单位组织的与工作相关的培训是否给您带来了好处：提升了就业竞争力

1. 是 73.1%
2. 否 26.9%

B70E. 参加单位组织的与工作相关的培训是否给您带来了好处：调到了更理想的工作岗位

1. 是 35.5%
2. 否 64.5%

B70F. 参加单位组织的与工作相关的培训是否给您带来了好处：增加了劳动安全卫生知识

1. 是 81.3%
2. 否 18.7%

B70G. 参加单位组织的与工作相关的培训是否给您带来了好处：其他的好处

1. 是 61.5%
2. 否 38.5%

B71. 您是否自费参加过进修或培训

1. 参加过 30.8%
2. 没有参加过 69.2%

B72. 您最近一次自费参加进修或培训的主要目的是

1. 为了保住现有岗位 16.8%
2. 为了晋升职务、技术等级或提高工资收入 51.9%
3. 为了换工作 5.5%
4. 为了满足个人兴趣爱好 25.8%

B73. 您最希望参加的进修或培训内容（多选）

1. 外语类课程 26.4%
2. 计算机技术类课程 46.9%
3. 人力资源、文秘等课程 25.7%
4. 金融、财会类课程 29.0%
5. 生产管理、物流和营销类课程 36.1%
6. 教育、心理等咨询类课程 28.8%
7. 厨师、家政类课程 13.5%
8. 技工类课程（如车工、钳工、铣工等） 19.9%
9. 文体娱乐类课程 20.1%
10. 其他 24.5%

B74. 您的职业技能可以满足目前工作需要吗

1. 能满足 43.7%
2. 基本满足 46.8%
3. 不能满足 6.8%
4. 不知道 2.8%

B76. 您是否愿意下班后接受培训或者进修

1. 愿意 75.2%
2. 不愿意 24.8%

B77. 您所在单位有没有开展劳动竞赛活动（岗位练兵、技术比武）

1. 有 49.8%
2. 没有 39.3%
3. 不清楚 11.0%

B78. 您认为劳动竞赛（岗位练兵、技术比武）是否对单位和个人有好处

1. 对单位和个人都有好处 87.9%
2. 只是对单位有好处，个人没什么实惠 6.0%
3. 只是对个人有好处，对单位没什么实质性的帮助 1.7%
4. 对单位和个人都没什么作用 4.4%

B79. 您是否赞成推迟退休年龄

1. 赞成 11.6%
2. 不赞成 75.2%
3. 无所谓 13.1%

C01. 您工作的单位是否建立了职工（代表）大会制度

1. 已建立 59.3%
2. 没有建立 20.0%
3. 不知道 20.7%

C02. 您是否参加过工作单位选举职工（代表）大会代表的投票

1. 参加过 75.0%
2. 没参加过 25.0%

C03. 您自己是不是职工（代表）大会的代表

1. 是 44.5%
2. 不是 55.5%

C04. 您认为您工作单位的职工（代表）大会作用发挥得如何

1. 很好 36.1%
2. 较好 25.6%
3. 一般 29.2%
4. 较差 1.5%
5. 很差 1.4%
6. 说不清楚 6.2%

C05. 您工作的单位是否实行了厂务公开（或校务、所务公开）

1. 实行了 52.6%
2. 没实行 16.6%
3. 不知道 30.8%

C06. 您是否有机会对工作单位经营管理和自身权益发表意见或反映愿望

1. 有 56.0%
2. 没有 24.2%
3. 说不清 19.8%

C07. 您主要通过什么渠道发表意见或反映愿望（多选）

1. 在单位职工代表大会（或民主议事会、恳谈会）上发表意见、提出提案等 56.8%
2. 在单位的工资、劳动保护等方面的集体协商会议上反映意见 37.7%
3. 向单位工会组织或职工代表反映意见 59.7%
4. 直接向班组长或单位领导反映意见 61.5%
5. 其他渠道 30.8%

C08A. 您工作单位劳动规章制度的制定是否符合下列情况：单位领导（老板）个人说了算

1. 符合 34.6%
2. 不符合 48.6%
3. 不知道 16.8%

C08B. 您工作单位劳动规章制度的制定是否符合下列情况：管理部门单独制定

1. 符合 35.4%
2. 不符合 44.4%
3. 不知道 20.2%

C08C. 您工作单位劳动规章制度的制定是否符合下列情况：工会或职工代表参与制定

1. 符合 53.8%
2. 不符合 18.7%
3. 不知道 27.5%

C08D. 您工作单位劳动规章制度的制定是否符合下列情况：职工代表大会表决决定

1. 符合 49.9%
2. 不符合 21.1%
3. 不知道 29.0%

C08E. 您工作单位劳动规章制度的制定是否符合下列情况：职代会讨论和审议

1. 符合 51.2%
2. 不符合 19.5%
3. 不知道 29.3%

C08F. 您工作单位劳动规章制度的制定是否符合下列情况：事先张贴出来征求意见

1. 符合 53.5%
2. 不符合 22.5%
3. 不知道 24.0%

C08G. 您工作单位劳动规章制度的制定是否符合下列情况：先实行再根据职工意见修改

1. 符合 46.9%
2. 不符合 27.9%
3. 不知道 25.3%

C09. 您对职工参与单位管理的看法（多选）

1. 职工参与单位管理有利于促进单位的发展 86.6%
2. 职工参与单位管理有利于维护职工利益 84.9%
3. 职工参与单位管理是职工应当享有的权利 75.5%
4. 职工只需要干活挣钱，没必要参与单位管理 6.7%
5. 让职工参与单位管理，只会降低单位的效率 3.6%
6. 让职工参与单位管理，必然增加单位的成本 5.0%
7. 单位领导不可能真正让职工参与管理 15.0%

C10. 您目前所在单位是否与职工签订了集体合同

1. 签订了 47.5%
2. 没签订 24.0%
3. 不知道 28.5%

C11. 您目前所在单位是否开展了工资集体协商

1. 开展了 37.0%
2. 没有开展 35.1%
3. 不知道 27.9%

C12. 您是否了解最近一次工资集体协商的情况

1. 了解 61.0%
2. 知道一部分 27.9%
3. 不了解 11.1%

C13. 最近一次工资集体协商的结果如何

1. 全体职工都增加了工资 74.4%
2. 普通职工增加了工资，

干部和管理人员没有增加 10.9%
3. 干部和管理人员增加了工资，普通职工没有增加 1.6%
4. 确定了增加工资的制度，但是还没有实际增加工资 9.2%
5. 没有什么作用 3.8%

C14. 在最近的一次工资集体协商中，单位行政方表现如何

1. 积极协商 93.3%
2. 只是做做表面功夫，没有协商的诚意 5.8%
3. 反对协商，最后在工会的坚持下被迫参加协商 0.9%

C15. 在最近的一次工资集体协商中，单位工会表现如何

1. 尽力为职工争取利益 93.3%
2. 没有尽到自己的责任，只是应付上级要求 4.3%
3. 虽然很努力为职工争取利益，但不懂协商技巧，该争取的争取不到 2.5%

C16. 您是否希望有人能代表职工与单位老板进行工资协商

1. 希望 79.3%
2. 不希望 3.4%
3. 无所谓 17.3%

C17. 您本人是否愿意代表本单位职工老板进行工资集体协商

1. 愿意 45.6%
2. 不愿意 22.0%
3. 如果工友都同意就愿意 29.3%
4. 大家都选我也不会去 3.1%

C18. 您认为您所在单位经营管理者和普通职工之间的关系怎么样

1. 很融洽 34.3%
2. 比较融洽 38.3%
3. 一般 23.3%
4. 不太融洽 3.2%
5. 很不融洽 1.0%

C19. 单位经营管理者和普通职工关系不融洽的原因（多选）

1. 经营管理者不尊重职工 40.2%
2. 职工收入低 55.3%
3. 经常克扣拖欠工资 12.3%
4. 收入和福利待遇差距大 35.8%
5. 社会保险权益得不到落实 15.0%
6. 工作太累，经常加班 15.9%
7. 工作环境恶劣，存在安全和健康隐患 10.4%
8. 有些劳动争议没有得到及时解决 18.2%
9. 单位管理决策缺乏职工的参与，双方之间沟通较少 42.8%

10. 现在的职工不好管 13.2%
11. 其他 16.4%

C20. 您工作的单位关心您的个人利益和发展吗

1. 非常关心 22.9%
2. 比较关心 32.0%
3. 一般 33.5%
4. 不怎么关心 8.6%
5. 完全不关心 2.9%

C21. 您关心工作单位的前途和发展吗

1. 非常关心 44.7%
2. 比较关心 35.2%
3. 一般 16.9%
4. 不怎么关心 2.6%
5. 完全不关心 0.7%

C23. 最近一次劳动争议发生的主要原因是什么

1. 解除或终止合同 21.5%
2. 自动离职或辞职 12.8%
3. 劳动报酬 26.7%
4. 社会保险 5.2%
5. 福利待遇 7.1%
6. 工作时间或休息休假 6.7%
7. 劳动安全卫生 1.8%
8. 职业技能培训 2.1%
9. 其他 16.0%

C24. 最近一次劳动争议解决过程中，是否得到过工会组织的帮助

1. 得到过帮助 47.3%
2. 未得到过帮助 52.7%

C25. 最近一次劳动争议解决得怎么样

1. 全部解决 47.5%
2. 部分解决 26.0%
3. 没有解决 20.4%
4. 正在解决过程中 6.1%

C26A. 最近一次劳动争议解决过程中，是否采用了下列方式：协商

1. 是 78.3%
2. 否 21.7%

C26B. 最近一次劳动争议解决过程中，是否采用了下列方式：劳动争议调解

1. 是 46.8%
2. 否 53.2%

C26C. 最近一次劳动争议解决过程中，是否采用了下列方式：劳动争议仲裁

1. 是 36.1%
2. 否 63.9%

C26D. 最近一次劳动争议解决过程中，是否采用了下列方式：向法院提起诉讼

1. 是 22.7%
2. 否 77.3%

C26E. 最近一次劳动争议解决过程中，是否采用了下列方式：停工、怠工

1. 是 28.8%

2. 否 71.2%

C26F. 最近一次劳动争议解决过程中，是否采用了下列方式：上访

1. 是 25.6%
2. 否 74.4%

C27. 如果您与单位发生劳动争议，您认为最有用的解决方式是什么

1. 自己直接去找单位领导 34.9%
2. 依靠工会组织解决 30.0%
3. 找政府部门解决 4.1%
4. 向单位或地方的劳动争议调解机构申请调解 11.2%
5. 向劳动争议仲裁机构申请仲裁 8.5%
6. 到法院起诉 1.2%
7. 联合工友或老乡去争取 0.6%
8. 找工会以外的其他组织（如打工者协会、民工协会等）帮忙 0.4%
9. 离开单位 3.7%
10. 新闻媒体曝光 2.2%
11. 其他 3.3%

C28. 您是工会会员吗

1. 是，工会关系在现在的工作单位 58.8%
2. 是，但关系没有接转到现在的单位 2.8%
3. 是，但工会关系在劳务派遣公司，不在现在的工作单位 0.4%
4. 单位有工会，但是我没有加入 12.9%
5. 单位没有工会 10.7%
6. 不是会员，也不知道有没有工会 14.5%

C29. 您知道您单位的工会主席是谁吗

1. 知道 92.6%
2. 不知道 7.4%

C30. 您知道单位工会办公地点在哪里吗

1. 知道 90.6%
2. 不知道 9.4%

C31. 您知道单位工会主席的电话号码吗

1. 知道 83.0%
2. 不知道 17.0%

C32. 您单位工会干部中有没有您的朋友

1. 有 59.1%
2. 没有 40.9%

C34. 在您的意识中，工会与下列哪些词语关系最紧密（多选）

1. 职工代表 74.4%
2. 涨工资 28.5%
3. 单位领导 19.2%
4. 合同 21.6%

5. 老板的亲信 4.2%
6. 政府机关 9.6%
7. 旅游、文艺演出、体育比赛 16.4%
8. 生活用品 4.8%
9. 劳保用品 12.3%
10. 劳动模范 11.1%
11. 劳动竞赛 13.5%
12. 安全事故 10.7%
13. 慰问 26.1%
14. 福利补助 32.1%

C35. 您单位是否有劳务派遣工

1. 有 12.7%
2. 没有 59.1%
3. 不清楚 28.2%

C36. 您感觉单位对待劳务派遣工是否公平

1. 公平 65.1%
2. 不公平，做同样的工作，但与正式职工的待遇差别很大 15.2%
3. 无所谓公平不公平，正式职工就应该有一定的优势 6.1%
4. 说不清楚 13.6%

C38. 您单位是否有职工文体活动场所

1. 有 53.6%
2. 没有 36.7%
3. 不知道 9.7%

C39. 您是否愿意到职工文体活动场所活动

1. 愿意，经常去 54.6%
2. 愿意，但没有时间去 35.1%
3. 不愿意，对那些活动不感兴趣 5.7%
4. 不愿意，上班太累 4.1%
5. 不愿意，不想浪费钱 0.5%

C40. 您对单位职工文体活动的开展情况是否满意

1. 很满意 23.0%
2. 比较满意 40.9%
3. 不太满意 13.6%
4. 很不满意 2.3%
5. 本单位没有开展文体活动 20.2%

D05. 您家庭现在的总体收支状况

1. 能攒下些钱 33.4%
2. 收入刚刚够用，没有多少富余 54.5%
3. 花销太大，还欠了债 12.1%

D06. 现在物价上涨对您的生活影响大吗

1. 对生活影响很大 69.0%
2. 对生活有一点影响 28.5%
3. 对生活基本没有影响 2.5%

D07. 您目前的住房情况

1. 自己买的房子，且已经付清房款 33.1%
2. 自己买的房子，但还在

还房贷　22.4%
3. 在外单独租房居住　10.9%
4. 在外与别人合租居住　3.6%
5. 住单位宿舍　10.7%
6. 政府提供的廉租房、公租房　0.7%
7. 住亲戚家　1.8%
8. 住工棚　0.5%
9. 其他　16.2%

D09. 您今年是否有买房的打算

1. 有买房的计划　8.4%
2. 房价太高，暂时不会买房　19.1%
3. 由于政策限制不能买房　1.5%
4. 按目前的收入和房价，买不起房　37.4%
5. 没有买房的需要　33.6%

D10. 您住所周边的治安状况如何

1. 非常好　15.8%
2. 比较好　33.8%
3. 一般　42.2%
4. 有点乱　6.0%
5. 非常乱　2.3%

D11. 您是否有子女在上学（包括幼儿园）

1. 是　51.1%
2. 否　48.9%

D12. 您在子女教育方面（包括幼儿园）面临的主要问题

1. 教育费用太高　55.5%
2. 没时间管　16.5%
3. 学校教育质量不好　9.2%
4. 没地方上学　0.9%
5. 上下学的安全　9.7%
6. 其他　8.3%

D13. 您对现在的食品安全问题是否担心

1. 不担心　5.5%
2. 有点担心　39.0%
3. 非常担心　55.4%

D14. 您对现在的环境污染问题是否担心

1. 不担心　6.3%
2. 有点担心　40.5%
3. 非常担心　53.3%

D15. 您对自己的身体状况如何评价

1. 身体状况良好　46.9%
2. 身体状况一般　35.6%
3. 虽然没什么大病，但是身体状况不怎么好　16.8%
4. 重病在身　0.7%

D16. 与5年前相比，您的家庭生活水平有何变化

1. 有很大提高　14.3%
2. 有所提高　54.3%
3. 没什么变化　21.2%
4. 有所下降　8.3%

5. 有很大下降 2.0%

D17. 您感觉生活有压力吗

1. 压力很大 41.8%
2. 有一定的压力 50.8%
3. 没什么压力 7.4%

D18. 您认为下列哪些问题让您感到压力最大（多选）

1. 就业难 19.5%
2. 工作不稳定 17.2%
3. 收入低 60.5%
4. 看病就医费用高 43.8%
5. 子女教育 39.5%
6. 社会保障待遇差 21.8%
7. 房价越来越高 43.7%
8. 升职机会少 10.2%
9. 掌握的技能不能满足工作需要 8.6%
10. 劳动时间长 4.1%
11. 与单位领导关系差 1.0%
12. 劳动强度大 4.2%
13. 其他 12.9%

D19. 当您遇到困难和问题时，倾向于找谁解决（多选）

1. 党组织 15.5%
2. 政府 21.6%
3. 工会 35.1%
4. 司法部门 7.8%
5. 单位领导 38.6%
6. 亲朋好友 70.4%
7. 新闻媒体 7.5%
8. 宗教组织 1.1%
9. 慈善机构 1.4%
10. 社区组织 7.8%
11. 上网发帖求助 8.5%
12. 默默忍受 22.2%
13. 其他 29.2%

D20. 您上周下班后经常进行的活动有哪些（多选）

1. 照顾家人 58.2%
2. 看电视 65.0%
3. 唱歌、跳舞、健身等文体活动 14.3%
4. 打牌 9.1%
5. 读书看报 25.6%
6. 参加进修培训 5.2%
7. 喝酒 5.0%
8. 购物 14.5%
9. 睡觉 29.0%
10. 上网 34.6%
11. 在街上闲逛 6.3%
12. 当志愿者帮助他人 2.4%
13. 其他 16.3%

D22. 了解新闻、获取信息的主要渠道（多选）

1. 新闻网站 66.0%
2. 广播电视 69.8%
3. 报刊 42.4%
4. 微博 16.6%
5. 手机报 19.6%
6. 亲友交流 20.4%

7. 其他　12.3%

D23. 您上周上网多少小时

1. 没有上网　29.7%
2. 1 小时至 5 小时　11.3%
3. 6 小时至 10 小时　23.3%
4. 11 小时至 20 小时　21.1%
5. 21 小时至 30 小时　7.5%
6. 31 小时至 40 小时　3.0%
7. 41 小时至 50 小时　1.9%
8. 50 小时以上　2.1%

D24. 您上周上网做得最多的是什么（多选）

1. 浏览新闻　81.7%
2. 查阅与工作学习相关的材料　45.4%
3. 兴趣爱好、游戏娱乐　46.8%
4. 与朋友交流　46.7%
5. 购物　19.0%
6. 查询生活信息　25.5%
7. 发布求助信息　1.3%
8. 发帖　2.6%
9. 其他　14.0%

D25. 您有微博吗

1. 有　40.4%
2. 没有　50.8%
3. 没有，也不知道什么是微博　8.8%

D26. 您是否经常用手机上网

1. 经常　27.1%
2. 偶尔　37.0%
3. 从不用手机上网　34.0%
4. 没有手机　1.9%

D27A. 您是否参加过下列社会组织的活动：文体休闲等兴趣爱好团体

1. 参加了　30.2%
2. 没有参加　69.8%

D27B. 您是否参加过下列社会组织的活动：社会公益组织

1. 参加了　24.4%
2. 没有参加　75.6%

D27C. 您是否参加过下列社会组织的活动：打工者协会、民工协会等

1. 参加了　7.4%
2. 没有参加　92.6%

D27D. 您是否参加过下列社会组织的活动：老乡会

1. 参加了　15.6%
2. 没有参加　84.4%

D28. 您有了情绪困扰时，一般向什么人倾诉（多选）

1. 家人　80.1%
2. 朋友　83.0%
3. 同事或工友　46.5%
4. 工会　10.6%
5. 上级领导　4.4%
6. 心理咨询机构　1.9%
7. 寺庙或教会的人员　1.1%
8. 其他人　10.1%
9. 自己扛过去　34.2%

D29A. 您是否喜欢下列问题活动：读书

1. 喜欢 75.0%
2. 不太喜欢 25.0%

D29B. 您是否喜欢下列问题活动：看电影、电视剧

1. 喜欢 87.1%
2. 不太喜欢 12.9%

D29C. 您是否喜欢下列问题活动：运动健身

1. 喜欢 69.2%
2. 不太喜欢 30.8%

D29D. 您是否喜欢下列问题活动：唱歌跳舞

1. 喜欢 46.7%
2. 不太喜欢 53.3%

D29E. 您是否喜欢下列问题活动：观看文艺演出

1. 喜欢 62.7%
2. 不太喜欢 37.3%

D29F. 您是否喜欢下列问题活动：棋牌

1. 喜欢 43.0%
2. 不太喜欢 57.0%

D29G. 您是否喜欢下列问题活动：打电脑游戏

1. 喜欢 36.1%
2. 不太喜欢 63.9%

D29H. 您是否喜欢下列问题活动：上网

1. 喜欢 64.4%
2. 不太喜欢 35.6%

D30. 您是否参加了最近一次的人大代表选举投票

1. 参加了 38.2%
2. 没参加 61.8%

D31. 您是否参加过现在居住的社区或村镇的活动

1. 经常参加 9.1%
2. 偶尔参加 33.5%
3. 从未参加过 57.4%

D32. 您是否关心所在社区或村镇事务

1. 非常关心 12.3%
2. 比较关心 21.3%
3. 一般 40.4%
4. 不太关心 19.6%
5. 完全不关心 6.4%

D33. 您不关心所在社区或村镇事务的原因是什么

1. 与自己关系不大 40.6%
2. 没有发言权，关心也没用 34.2%
3. 不愿意占用自己的时间 6.5%
4. 不能从中得到好处 4.5%
5. 其他 14.1%

D34. 您是否关心现在工作所在的城市

1. 我关心所在城市，城市发展与我的利益关系密切 50.9%
2. 我关心所在城市的发展，但没有表达自己意见的机会 26.9%
3. 城市怎么发展不会听老百姓的意见，关心也没用 17.1%
4. 我只是在这个城市打工挣钱，城市怎么发展不关我的事 5.0%

D35A. 在下列方面，您是否受到过不公平的对待：找工作

1. 受到过 25.8%
2. 没受到过 74.2%

D35B. 在下列方面，您是否受到过不公平的对待：工资收入

1. 受到过 29.8%
2. 没受到过 70.2%

D35C. 在下列方面，您是否受到过不公平的对待：职务升迁

1. 受到过 21.9%
2. 没受到过 78.1%

D35D. 在下列方面，您是否受到过不公平的对待：培训深造

1. 受到过 16.7%
2. 没受到过 83.3%

D35E. 在下列方面，您是否受到过不公平的对待：福利待遇

1. 受到过 24.9%
2. 没受到过 75.1%

D35F. 在下列方面，您是否受到过不公平的对待：提升自己社会地位的机会

1. 受到过 19.7%
2. 没受到过 80.3%

D37. 您感觉您未来的生活会变得怎样

1. 会越来越好 58.5%
2. 不会有什么变化 7.8%
3. 会越来越难 9.4%
4. 说不清楚 24.2%

E01. 您对建党 100 周年时建成惠及全体人民的小康社会有没有信心

1. 充满信心 34.7%
2. 比较有信心 25.0%
3. 一般 19.6%
4. 没什么信心 11.9%
5. 不知道 8.7%

E02A. 您是否赞成：改革开放是大势所趋，应该继续坚持

1. 赞同 82.3%
2. 不赞同 1.9%
3. 说不清 15.8%

E02B. 您是否赞成：改革开放使我的生活变得更好了

1. 赞同 77.8%

2. 不赞同　4.9%
3. 说不清　17.3%

E02C. 您是否赞成：改革开放让我利益受损了，更怀念改革开放前的社会

1. 赞同　18.4%
2. 不赞同　61.1%
3. 说不清　20.5%

E02D. 您是否赞成：必须重视解决改革开放过程中出现的消极腐败现象

1. 赞同　88.4%
2. 不赞同　2.4%
3. 说不清　9.2%

E04. 您对“十二五”规划目标怎么看

1. 规划切实可行　25.1%
2. 能让老百姓得到实惠　21.9%
3. 虽然对具体内容不很了解，但相信党和政府制定的目标是正确的　19.5%
4. 目标是好的，但落实起来很难，未必能够实现　15.4%
5. 那是政府的事情，跟我们老百姓没有关系　2.6%
6. 说不清楚　15.6%

E05. 您对当前社会保障的切身感受是什么

1. 享受到比较充分的社会保障　20.3%
2. 享受到一定程度社会保障　41.6%
3. 能享受到的社会保障很少　21.6%
4. 没有享受到社会保障　6.7%
5. 说不清楚　9.8%

E06A. 您是否能从“加大强农惠农力度”中获益

1. 能从中获益　52.0%
2. 不能从中获益　10.3%
3. 与自己关系不大　37.8%

E06B. 您是否能从“逐步缩小城乡区域间人民生活水平和公共服务差距”中获益

1. 能从中获益　60.2%
2. 不能从中获益　9.7%
3. 与自己关系不大　30.1%

E06C. 您是否能从“增加低收入者收入，扩大中等收入群体，扭转社会收入差距扩大的趋势”中获益

1. 能从中获益　75.1%
2. 不能从中获益　7.1%
3. 与自己关系不大　17.8%

E06D. 您是否能从“促进中小企业发展”中获益

1. 能从中获益　64.5%
2. 不能从中获益　6.4%
3. 与自己关系不大　29.1%

E06E. 您是否能从“优先发展公共交通”中获益

1. 能从中获益 81.0%
2. 不能从中获益 4.0%
3. 与自己关系不大 15.1%

E06F. 您是否能从“把有稳定劳动关系并在城镇居住一定年限的农民工及其家属逐步转为城镇居民”中获益

1. 能从中获益 46.2%
2. 不能从中获益 11.8%
3. 与自己关系不大 42.0%

E06G. 您是否能从“加大环境保护力度，重点解决饮用水不安全和空气、土壤污染等突出环境问题”中获益

1. 能从中获益 88.6%
2. 不能从中获益 3.1%
3. 与自己关系不大 8.2%

E06H. 您是否能从“健全面向全体劳动者的职业培训制度”中获益

1. 能从中获益 80.5%
2. 不能从中获益 4.0%
3. 与自己关系不大 15.4%

E06I. 您是否能从“完善基本医疗卫生制度”中获益

1. 能从中获益 91.8%
2. 不能从中获益 2.3%
3. 与自己关系不大 5.9%

E06J. 您是否能从“加强反腐倡廉建设”中获益

1. 能从中获益 75.0%
2. 不能从中获益 4.4%
3. 与自己关系不大 20.7%

E06K. 您是否能从“拓宽社情民意表达渠道”中获益

1. 能从中获益 76.0%
2. 不能从中获益 4.2%
3. 与自己关系不大 19.8%

E06L. 您是否能从“推行经济适用房、廉租房、公租房制度”中获益

1. 能从中获益 65.9%
2. 不能从中获益 7.6%
3. 与自己关系不大 26.5%

E07. 您认为工会最应该在哪个方面发挥作用

1. 工会应把主要精力用在提高职工素质上 20.8%
2. 工会应当把维护职工合法权益放在首位 70.1%
3. 工会应组织职工开展劳动竞赛、建功立业 2.4%
4. 工会应代表职工参与国家、社会和企事业单位管理 6.7%

E08. 您认为目前我国社会是否和谐

1. 非常和谐 14.3%
2. 比较和谐 53.9%

3. 不太和谐 15.5%
4. 很不和谐 5.8%
5. 说不清楚 10.5%

E09. 对社会和谐稳定影响最突出的问题（多选）

1. 就业难 38.9%
2. 收入分配差距大 61.2%
3. 社会保障不健全 24.4%
4. 子女教育费用高 19.5%
5. 看病就医费用高 29.4%
6. 房价越来越高 33.7%
7. 腐败现象严重 33.3%
8. 社会治安差 5.9%
9. 安全生产事故频繁 2.8%
10. 食品安全没有保证 15.3%
11. 环境污染严重 10.9%
12. 干群关系紧张 3.8%
13. 社会风气不好 11.1%
14. 其他 3.1%

E10. 您认为目前社会总体上是否公平

1. 很公平 7.0%
2. 比较公平 43.1%
3. 不太公平 39.6%
4. 很不公平 10.3%

E11. 您认为社会不公平的主要表现（多选）

1. 收入分配不公平 68.4%
2. 社会保障待遇不公平 36.3%
3. 贪污腐败 64.5%
4. 教育资源分配不公平 17.5%
5. 弱势群体得不到帮助 29.0%
6. 富二代、官二代占有更多的资源 41.4%
7. 普通群众没有表达意见的机会 22.2%
8. 年轻人没有发展的机会 7.9%
9. 其他 5.8%

E12. 您对近年来工人社会地位的变化怎么看

1. 有很大提高 15.1%
2. 有所提高 42.5%
3. 没有变化 17.2%
4. 有所下降 10.7%
5. 有很大下降 5.0%
6. 说不清楚 9.6%

E13. 工人社会地位下降的原因（多选）

1. 政府的政策落实得不好 38.7%
2. 新闻媒体对工人的劳动和贡献宣传得太少 14.4%
3. 工人的就业岗位不稳定 47.3%
4. 工人的收入太低 69.2%
5. 工人的民主权利得不到保障 40.2%
6. 人大代表、政协委员中没有多少工人 19.6%

7. 政府中没有多少人代表工人说话 42.5%
8. 其他 10.7%

E14. 您是否认同“靠劳动能够过上富裕生活”

1. 认同 52.0%
2. 不认同 25.1%
3. 说不清 22.9%

E15. 您认为与以前相比现在人们的道德水平有何变化

1. 提高了 41.4%
2. 没什么变化 12.8%
3. 降低了 33.5%
4. 说不清 12.3%

E16. 您是否经常碰到不讲诚信的人和事

1. 经常碰到 22.2%
2. 偶尔碰到 73.7%
3. 没有碰到过 4.2%

E17. 有人认为“干得好不如嫁（娶）得好”，您怎么看

1. 很有道理 23.4%
2. 有一定道理 47.2%
3. 没什么道理 16.4%
4. 说不清 13.0%

E18. 有人认为“再努力也比不过有个有钱有势的父母”，您怎么看

1. 很有道理 26.5%
2. 有一定道理 44.9%
3. 没什么道理 17.1%
4. 说不清 11.5%

E19. 有人认为“读书没什么用”，您怎么看

1. 很有道理 5.5%
2. 有一定道理 19.3%
3. 没什么道理 63.8%
4. 说不清 11.5%

E20. 如果路上碰到老人摔倒，您会不会去扶

1. 会，有困难就要帮 56.6%
2. 不敢去扶，担心被人赖上 39.8%
3. 不会 3.6%

E21. 您对现在贪污腐败现象的感受

1. 十分普遍 42.9%
2. 比较普遍 33.6%
3. 一般 14.2%
4. 不太普遍 5.2%
5. 很少 4.1%

E22. 您如何看待学习雷锋

1. 雷锋是我们学习的楷模，人人都应该向雷锋学习 47.4%
2. 雷锋精神固然好，但不是人人都能做到的 37.8%
3. 学习雷锋多是走个形式，意义不大 10.3%
4. 现在是市场经济时代，学习雷锋是要吃亏的 4.4%

E23. 您怎么看待劳动模范

1. 劳模是工人学习的榜样 41.6%
2. 大部分劳模能起到模范作用，带动职工努力工作，作出贡献 29.8%
3. 当劳模付出太多，奉献太大 4.2%
4. 自己身边很多人也很优秀，但由于名额少等原因当不上劳模得不到肯定 12.1%
5. 说不清 12.3%

E24. 您希望自己成为劳动模范吗

1. 希望 52.0%
2. 不希望 10.5%
3. 没想过 37.5%

E25. 您希望成为劳动模范的主要原因

1. 当劳模社会地位高 13.4%
2. 当劳模可以拿到更高的收入 6.7%
3. 当劳模能给家里增光 4.9%
4. 当劳模是对自己工作的肯定 44.9%
5. 当劳模可以代表工人说话，帮他们做更多的事情 10.0%
6. 当劳模可以激励更多的劳动者通过努力劳动改善自身的生活 18.1%
7. 其他 2.0%

E26. 您是否知道社会主义核心价值体系的内容

1. 基本了解 34.8%
2. 听说过，但记不住具体内容 41.1%
3. 不知道 24.0%

E27. 总的来说，您对您的生活是否感到满意

1. 很满意 11.2%
2. 比较满意 40.4%
3. 一般 38.8%
4. 不太满意 7.4%
5. 很不满意 2.1%

第八次中国职工状况调查数据

（2017 年）

BM1. 调查省份

11. 北京 2.4%
14. 山西 3.6%
21. 辽宁 4.7%
32. 江苏 9.6%
33. 浙江 6.7%
34. 安徽 6.9%
35. 福建 4.2%
37. 山东 11.9%
41. 河南 9.5%
42. 湖北 6.4%
44. 广东 13.1%
45. 广西 5.1%
51. 四川 9.3%
61. 陕西 3.9%
62. 甘肃 2.8%

BM1F. 经济区域

1. 东部地区 52.5%
2. 中部地区 26.4%
3. 西部地区 21.1%

N01. 行业

1. 农、林、牧、渔业 4.1%
2. 采矿业 1.0%
3. 制造业 36.8%
4. 电力、热力、燃气及水生产和供应业 2.0%
5. 建筑业 5.5%
6. 批发和零售业 7.3%
7. 交通运输、仓储及邮政业 3.2%
8. 住宿和餐饮业 4.6%
9. 信息传输、软件和信息技术服务业 2.2%
10. 金融业 1.6%
11. 房地产业 2.4%
12. 租赁和商务服务业 2.2%
13. 科学研究和技术服务业 0.9%
14. 水利、环境和公共设施管理业 1.4%
15. 居民服务、修理和其他服务业 4.4%
16. 教育 8.3%
17. 卫生和社会工作 3.4%
18. 文化、体育和娱乐业 1.3%
19. 公共管理、社会保障和社会组织 7.6%
20. 国际组织 0.0%

N01F. 三次产业

1. 第一产业 4.1%
2. 第二产业 45.3%
3. 第三产业 50.6%

---

* 本次调查中问卷调查开展时间为 2017 年 5 月，部分题目中“今年”指 2017 年，问卷调查的抽样方法为分层多阶段随机抽样，计算结果均为加权后的数据。问卷中部分题目涉及跳答，已在单变量数据资料中标识。使用数据结果时应注意跳转关系，准确表述数据适用范围。问卷中有部分题目为多项选择题，数据结果均为“个案百分比”，表示有多少比例的被调查职工选择该选项。

N02F. 产业工会

1. 铁路产业 0.3%
2. 民航产业 0.0%
3. 金融产业 1.8%
4. 教科文卫体产业 14.1%
5. 海员建设产业 13.3%
6. 能源化学地质产业 6.1%
7. 机械冶金建材产业 16.0%
8. 邮电产业 3.2%
9. 财贸轻纺烟草产业 25.4%
10. 农林水利气象产业 5.0%
11. 无明确产业类别 14.7%

N03. 单位类别

1. 企业 70.6%
2. 事业单位 12.6%
3. 机关 7.0%
4. 个体经营户 5.9%
5. 其他 3.8%

N04. 所有制

1. 国有 27.9%
2. 集体 5.3%
3. 私有 59.8%
4. 港澳台商 3.0%
5. 外商 4.1%

A01. 性别

1. 男 46.8%
2. 女 53.2%

A02F. 年龄

1. 35 岁及以下 47.1%
2. 36 岁到 50 岁 42.8%
3. 50 岁以上 10.2%

A03. 户籍状况

1. 本地非农业户口 53.5%
2. 本地农业户口 23.4%
3. 不再区分农业/非农业，本地居民户口 4.9%
4. 外地非农业户口 6.3%
5. 外地农业户口 11.0%
6. 不再区分农业/非农业，外地居民户口 0.9%

A04. 婚姻状况

1. 未结过婚 17.7%
2. 有配偶 79.5%
3. 丧偶 0.5%
4. 离异 2.2%

A05. 政治面貌

1. 中共党员 27.3%
2. 共青团员 21.7%
3. 民主党派成员 0.7%
4. 未加入任何党派 50.4%

A06. 文化程度

1. 小学及以下 1.7%
2. 初中 13.7%
3. 高中（职高） 15.0%
4. 中专（中技） 10.2%
5. 大专（高职） 27.5%
6. 大学本科 29.8%
7. 研究生及以上 2.1%

A08A. 您上月从单位获得的全部货币收入（分组一）

1. 500 元及以下　0.3%
2. 501 元至 1000 元　0.8%
3. 1001 元至 2000 元　13.9%
4. 2001 元至 3000 元　33.7%
5. 3001 元至 4000 元　25.9%
6. 4001 元至 5000 元　13.4%
7. 5001 元至 10000 元　11.1%
8. 10000 元以上　0.8%

A08B. 您上月从单位获得的全部货币收入（分组二）

1. 2300 元及以下　20.6%
2. 2301—3000 元　28.2%
3. 3001—3500 元　13.6%
4. 3501—4500 元　25.7%
5. 4500 元以上　11.9%

A10. 就业身份（选 1 者跳至 D01 题，选 3、4、5、6 者跳至 A12 题）

1. 公务员　5.1%
2. 普通职工　58.5%
3. 专业技术人员　17.1%
4. 单位（不包括机关单位）一般管理人员　10.9%
5. 单位（不包括机关单位）中层管理人员　7.0%
6. 单位（不包括机关单位）高层管理人员　1.4%

A11. 专业技术等级

1. 无技术等级　72.8%
2. 初级工　12.8%
3. 中级工　8.3%
4. 高级工　3.7%
5. 技师　1.8%
6. 高级技师　0.6%

A12. 专业技术职称

1. 没有职称　61.3%
2. 初级职称　18.2%
3. 中级职称　16.0%
4. 高级职称　4.5%

（未换过工作者跳至 B07 题）

B03. 最近五年，您是否有过下岗、待岗、安置转岗经历

1. 有过下岗经历　12.6%
2. 有过待岗经历　15.2%
3. 有过安置转岗经历　3.4%
4. 有过两项经历　6.1%
5. 三种经历都有　3.0%
6. 三种经历都没有　59.8%

B04. 您结束上一份工作时，是否拿到了经济补偿金

1. 不符合条件　25.8%
2. 拿到了　15.8%
3. 没拿到　50.3%
4. 不清楚　8.0%

B05. 您结束上一份工作后，是否接受过职业技能培训（包括自费）

1. 接受过　33.4%
2. 没接受过　66.6%

B07. 您是通过什么途径获得目前这份工作的

1. 毕业分配 9.3%
2. 单位招聘 47.8%
3. 亲友帮忙 14.2%
4. 网络应聘 9.5%
5. 政府安置或工会帮助 2.3%
6. 人才（劳务）市场 4.1%
7. 其他 12.8%

B08. 您对目前这份工作是否满意

1. 非常满意 33.2%
2. 比较满意 42.2%
3. 一般 22.3%
4. 不太满意 1.8%
5. 很不满意 0.5%

B09. 您认为在单位是否有发展机会

1. 机会较多 38.2%
2. 机会一般 41.0%
3. 机会较少 12.1%
4. 没啥机会 8.6%

B10. 您是否担心自己会失业

1. 担心 13.9%
2. 有点担心 31.4%
3. 不担心 54.6%

B11. 您感觉自己就业选择的空间大不大

1. 很大 12.1%
2. 比较大 23.6%
3. 一般 49.6%
4. 比较小 9.1%
5. 很小 5.5%

B12. 您与单位签订合同的情况（选3、5者跳至B17题）

1. 与工作单位签订了劳动合同 76.2%
2. 与工作单位签订过劳动合同，但合同已过期没有续签 1.8%
3. 与工作单位签订了聘用合同（仅指事业单位） 10.4%
4. 签订了其他用工合同 2.3%
5. 没有签订任何合同 9.2%

B13. 您的劳动合同期限

1. 不满1年 4.3%
2. 1年及以上不满2年 18.7%
3. 2年及以上不满3年 11.0%
4. 3年及以上 40.0%
5. 无固定期限 24.9%
6. 以完成一定工作任务为期限 1.1%

B14. 您的劳动合同中对劳动报酬是如何约定的

1. 约定了全部月工资（或年工资）的具体数额 44.1%
2. 只约定了底薪的数额 18.8%
3. 只约定了不低于当地最低工资标准 11.6%
4. 没有关于劳动报酬数额的具体约定 12.6%
5. 记不清 12.9%

B15. 您的劳动合同是否对加班工资的计算有明确约定

1. 有 50.9%
2. 没有 33.1%
3. 不清楚 16.0%

B16. 您的劳动合同是否对提供的社会保险有明确约定

1. 有 75.2%
2. 没有 11.6%
3. 不清楚 13.2%

B17. 您最近一次涨工资是什么时候（选 5 者跳至 B19 题）

1. 今年 29.9%
2. 2016 年 32.9%
3. 2015 年 10.6%
4. 2014 年 5.5%
5. 2014 年以来没涨过工资 21.1%

B18F. 您最近一次涨工资分组（元）

1. 50 元及以下 5.2%
2. 51 元至 100 元 15.4%
3. 101 元至 200 元 30.3%
4. 201 元至 300 元 17.7%
5. 301 元至 400 元 5.3%
6. 401 元至 500 元 13.7%
7. 501 元至 1000 元 9.7%
8. 1000 元以上 2.7%

B19. 目前，您单位有没有拖欠您的工资（选 2 者跳至 B21 题）

1. 拖欠 3.6%
2. 未拖欠 96.4%

B20F. 到目前为止，单位共拖欠您工资分组（元）

1. 1000 元及以下 7.2%
2. 1001 元至 2000 元 6.8%
3. 2001 元至 5000 元 37.2%
4. 5001 元至 10000 元 25.3%
5. 10001 元至 50000 元 20.1%
6. 50000 元以上 3.4%

B21. 您认为自己的工资收入水平在您所在的城市属于哪个档次

1. 高收入 0.5%
2. 中等偏上 8.8%
3. 中等 36.1%
4. 中等偏下 30.4%
5. 低收入 19.5%
6. 说不清 4.6%

B22. 您对自己现在的工资收入水平是否满意

1. 满意 12.7%
2. 比较满意 19.5%
3. 一般 36.9%
4. 不太满意 19.5%
5. 不满意 11.4%

B25. 您加班加点的情况如何（选 4 者跳至 B28 题）

1. 几乎每天加班加点 3.2%
2. 经常加班加点 9.9%
3. 偶尔加班加点 66.9%
4. 从不加班加点 20.1%

B26. 您加班加点能得到下列哪种补偿

1. 按劳动法规定足额拿到加班费 27.2%
2. 按加班时间安排相当时间的倒休 16.9%
3. 部分倒休，部分拿到加班费 13.2%
4. 不足时倒休或不足额的加班费 3.2%
5. 其他补偿形式 14.1%
6. 没有任何补偿 25.4%

B27. 您是否愿意加班加点

1. 希望能加班加点，加班多工资收入也多 9.1%
2. 可以接受适度加班，能增加些收入 55.5%
3. 不愿意加班加点，因为没有补偿或补偿很少 28.5%
4. 有加班工资也不愿意加班加点 6.9%

B28. 您去年是否享受了带薪年假

1. 按规定享受了带薪年假 51.3%
2. 享受了带薪年假，但没有达到规定天数 6.8%
3. 没有享受带薪年假，得到相应补偿 6.8%
4. 没有享受带薪年假，没有补偿 35.1%

B29. 您参加的是哪种养老保险（选3、4者跳至B32A题）

1. 参加了职工基本养老保险 78.5%
2. 参加了城乡居民基本养老保险 7.7%
3. 没有参加上述养老保险 7.5%
4. 不知道 6.4%

B30. 您是否知道您参加的养老保险中个人缴费的数额

1. 知道 79.0%
2. 不知道 21.0%

B31. 除了上述养老保险外，您单位是否为您提供了补充养老保险（如企业年金、职业年金等）

1. 提供了 22.2%
2. 没有提供 55.9%
3. 不知道 21.9%

B32A. 您是否参加了单位办理的职工基本医疗保险

1. 参加了 80.0%
2. 没参加 13.7%
3. 不知道 6.3%

B32B. 您是否参加了新型农村合作医疗（B32B、B32C有1题选1者，跳至B32E题）

1. 参加了 25.1%
2. 没参加 62.5%
3. 不知道 12.4%

B32C. 您是否参加了城镇居民基本医疗保险（B32B、B32C 有 1 题选 1 者，跳至 B32E 题）

1. 参加了 22.6%
2. 没参加 61.9%
3. 不知道 15.5%

B32D. 您是否参加了城乡居民基本医疗保险

1. 参加了 5.7%
2. 没参加 74.6%
3. 不知道 19.8%

B32E. 您是否参加了商业医疗保险

1. 参加了 19.2%
2. 没参加 65.1%
3. 不知道 15.7%

B32F. 您是否参加了职工医疗互助活动

1. 参加了 20.6%
2. 没参加 56.1%
3. 不知道 23.3%

B33. 您单位是否为您办理了工伤保险

1. 办理了 76.4%
2. 没有办理 11.5%
3. 不知道 12.1%

B34. 您单位是否为您办理了失业保险

1. 办理了 69.0%
2. 没有办理 17.9%
3. 不知道 13.1%

B35. 您单位是否为您办理了生育保险

1. 办理了 63.9%
2. 已与医疗保险合并办理 3.6%
3. 没有办理 20.2%
4. 不知道 12.4%

B36. 最近一年，您单位为您缴纳各类保险的基数是否有变化

1. 比过去降低了 3.6%
2. 没变化 22.0%
3. 比过去提高了 47.0%
4. 不知道 27.4%

B37. 您单位是否为您办理了住房公积金

1. 办理了 46.9%
2. 没有办理 47.5%
3. 不知道 5.6%

B38. 您最近一次参加单位组织的安全生产方面的培训是什么时候

1. 今年 53.5%
2. 2016 年 21.6%
3. 2015 年 3.1%
4. 2015 年以前 3.8%
5. 没有参加过 18.0%

B39. 您单位给您发放劳动保护用品的情况

1. 按时足量发放 50.7%
2. 按时发放，但不够用 9.0%
3. 发放不及时 3.6%
4. 有需要，但从未发放过 8.5%

5. 不需要劳动保护用品 28.2%

B40A. 您的工作岗位或工作环境是否存在高温、低温作业

1. 存在，但防护措施有效 16.6%
2. 存在，且防护措施不够 5.5%
3. 存在，且没有防护措施 1.8%
4. 不存在 76.1%

B40B. 您的工作岗位或工作环境是否存在粉尘污染

1. 存在，但防护措施有效 13.0%
2. 存在，且防护措施不够 6.8%
3. 存在，且没有防护措施 3.9%
4. 不存在 76.3%

B40C. 您的工作岗位或工作环境是否存在噪声污染

1. 存在，但防护措施有效 12.5%
2. 存在，且防护措施不够 7.0%
3. 存在，且没有防护措施 3.9%
4. 不存在 76.6%

B40D. 您的工作岗位或工作环境是否存在有毒有害气体污染

1. 存在，但防护措施有效 7.3%
2. 存在，且防护措施不够 4.6%
3. 存在，且没有防护措施 2.0%
4. 不存在 86.1%

B40E. 您的工作岗位或工作环境是否存在辐射污染

1. 存在，但防护措施有效 5.1%
2. 存在，且防护措施不够 3.6%
3. 存在，且没有防护措施 2.8%
4. 不存在 88.5%

B40F. 您的工作岗位或工作环境是否存在容易伤及肢体的机械故障隐患

1. 存在，但防护措施有效 13.7%
2. 存在，且防护措施不够 4.0%
3. 存在，且没有防护措施 1.0%
4. 不存在 81.3%

B41. 最近一年来，您参加单位组织体检的情况

1. 参加过 58.2%
2. 没参加过 41.8%

B42. 您最近一次参加单位组织的女职工妇科及乳腺疾病检查是什么时候（仅女性填答）

1. 今年 17.8%
2. 2016 年 26.0%
3. 2015 年 4.4%
4. 2015 年以前 5.5%
5. 没有参加过 46.3%

B43. 您是否得过职业病或受过工伤（选 3 者跳至 B46 题）

1. 得过职业病或受过工伤，但现在已经治好 4.4%
2. 得了职业病或受了工伤，还没有治好 3.5%
3. 没有患过职业病，也没有受过工伤 92.1%

B44. 发生职业病或工伤后，单位对您的治疗、疗养和赔偿等做得怎么样

1. 做得很好　36.6%
2. 做得一般　41.8%
3. 做得不好　21.6%

B45. 治疗职业病或工伤对您生活的影响

1. 难以负担，为治病欠下很多债务　9.2%
2. 勉强能负担治病费用　43.2%
3. 没有什么经济压力　47.6%

B46. 最近 1 年，您参加单位组织的培训情况（选 4 者跳至 B48 题）

1. 经常参加　37.5%
2. 有时参加　20.5%
3. 偶尔参加　19.8%
4. 没参加过　22.2%

B47A. 参加单位组织的与工作相关的培训，您是否提高了技术等级或专业技能

1. 是　90.4%
2. 否　9.6%

B47B. 参加单位组织的与工作相关的培训，您是否增加了工资收入

1. 是　43.3%
2. 否　56.7%

B47C. 参加单位组织的与工作相关的培训，您是否提升了就业竞争力

1. 是　77.9%
2. 否　22.1%

B47D. 参加单位组织的与工作相关的培训，您是否调到了更理想的工作岗位

1. 是　42.3%
2. 否　57.7%

B48. 您是否参加过所在单位开展的劳动和技能竞赛（技术比武、岗位练兵等）活动

1. 参加过　34.0%
2. 单位开展过但我没参加　22.8%
3. 单位没开展过此类活动　27.9%
4. 不清楚　15.3%

B49. 您认为开展劳动和技能竞赛（技术比武、岗位练兵等），对单位和个人是否有好处

1. 对单位和个人都有好处　92.3%
2. 只对单位有好处，对个人没什么帮助　2.2%
3. 只对个人有好处，对单位没什么帮助　1.0%
4. 对单位和个人都没什么帮助　4.5%

B50. 您如何评价设立“劳模创新工作室”、“技能大师工作室”对于提高技术技能水平的作用

1. 对单位、劳模（大师）

和普通职工都有好处 60.6%
2. 对单位和劳模（大师）有好处，对普通职工没啥帮助 3.8%
3. 对单位、劳模（大师）和普通职工都没啥帮助 0.7%
4. 听说过，但不太了解 16.0%
5. 没听说过 19.0%

B51. 近五年来，您是否自费参加过（不是由单位组织的）进修或培训（选2者跳至B54题）
1. 参加过 27.1%
2. 没有参加过 72.9%

B52. 您自费参加进修或培训的主要目的是
1. 为了保住现有岗位 10.6%
2. 为了晋升职务、技术等级或提高工资收入 65.7%
3. 为了换工作 2.9%
4. 为了满足个人兴趣爱好 20.7%

B54. 您最希望参加哪些方面的进修或培训（限选三项）
1. 学历或学位教育 36.7%
2. 计算机技术类 35.7%
3. 外语类 19.9%
4. 金融、财会类 23.5%
5. 教育、心理等类 25.5%
6. 人力资源、文秘等类 17.1%
7. 管理、策划、营销等类43.1%
8. 技工类培训（如车工、钳工等） 17.3%
9. 厨师、家政类 15.6%
10. 文艺、体育、书画等类 25.2%
11. 其他 17.0%

B55. 您是否担心您目前的职业技能在未来会过时
1. 非常担心 11.6%
2. 比较担心 20.2%
3. 有点担心 35.5%
4. 不担心 32.7%

B56. 您是否有兴趣学习新的职业技术、知识或能力
1. 很有兴趣 51.5%
2. 比较有兴趣 27.0%
3. 有点兴趣 17.0%
4. 没兴趣 4.5%

B57. 您目前的学习状态如何
1. 经常主动学习，能坚持学习计划 20.5%
2. 偶尔主动学习，有计划但坚持不够 26.9%
3. 有学习想法和打算，但没有时间 14.7%
4. 工作需要时，会有针对性开展学习 32.1%
5. 很少有学习的念头 5.8%

B58. 您觉得，下列哪种学习方式更适合您的实际情况

1. 单位内部集中授课培训　28.9%
2. 单位之外脱产培训　11.2%
3. 单位内“师带徒”的形式　13.6%
4. 利用网络在线学习　21.8%
5. 业余时间参加培训课程　24.5%

B59. 您所在单位是否发生过限制女职工怀孕的情况

1. 没有　85.0%
2. 暗示工作几年后怀孕　0.8%
3. 有限制，如根据工作实际安排时间　1.0%
4. 不清楚　13.2%

B60. 您所在单位是否因女职工怀孕、生育、哺乳而发生过下列情况

1. 发生过降低工资的情况　2.1%
2. 发生过辞退或解除合同的情况　0.9%
3. 以上两种情况都发生过　1.6%
4. 以上两种情况都没发生过　66.7%
5. 不清楚　28.7%

B61. 目前，您是否从事兼职工作（选 1 者跳至 C01 题）

1. 没有兼职　95.0%
2. 1 份兼职　4.2%
3. 2—3 份兼职　0.4%
4. 3 份以上兼职　0.4%

B62. 您从事兼职工作的主要目的是

1. 增加收入　79.2%
2. 发展业余爱好　14.5%
3. 为换工作准备　2.1%
4. 为了打发时间　4.2%

C01. 您所在单位是否建立了职工（代表）大会制度（选 2 者跳至 C04 题，选 3、4 者跳至 C05 题）

1. 建立了职工代表大会制度　56.0%
2. 建立了职工大会制度　8.3%
3. 没有建立　15.1%
4. 不知道　20.6%

C02. 您是否愿意担任职工代表大会的代表

1. 愿意　78.2%
2. 不愿意　9.5%
3. 说不清　12.3%

C03. 您自己是不是职工代表大会的代表

1. 是　35.1%
2. 是，且是职工董事　0.5%
3. 是，且是职工监事　0.6%
4. 不是　60.9%
5. 不知道　2.8%

C04. 您认为您单位的职工（代表）大会作用发挥得如何

1. 很好　42.2%

2. 较好 28.2%
3. 一般 21.7%
4. 较差 1.7%
5. 很差 1.1%
6. 说不清 5.2%

C05. 您所在单位是否实行了厂务公开（业务、校务或院务公开）

1. 实行了 54.8%
2. 没实行 11.5%
3. 不知道 33.7%

C06. 您是否有机会对工作单位的经营管理和自身权益发表意见或反映愿望（选2、3者跳至C08题）

1. 有 57.5%
2. 没有 23.6%
3. 说不清 18.9%

C07. 您主要通过什么渠道发表意见或反映愿望（限选三项）

1. 在单位职工代表大会上发表意见、提出提案等 49.2%
2. 通过民主议事会、恳谈会等发表意见 28.1%
3. 直接向班组长或单位领导反映意见 68.1%
4. 向单位工会组织或职工代表反映 44.1%
5. 在单位的工资、劳动保护等方面的集体协商会议上反映意见或要求 13.3%
6. 通过微信群、QQ群、电子邮件、OA、意见箱等方式 38.8%
7. 其他渠道 21.8%

C08A. 您的工作单位是如何制定劳动规章制度的：领导（老板）个人说了算

1. 是 21.8%
2. 不是 61.6%
3. 不知道 16.6%

C08B. 您的工作单位是如何制定劳动规章制度的：管理部门单独制定

1. 是 32.8%
2. 不是 46.8%
3. 不知道 20.4%

C08C. 您的工作单位是如何制定劳动规章制度的：工会或职工代表参与制定

1. 是 48.8%
2. 不是 19.0%
3. 不知道 32.1%

C08D. 您的工作单位是如何制定劳动规章制度的：职工代表大会表决决定

1. 是 46.9%
2. 不是 20.7%
3. 不知道 32.4%

C08E. 您的工作单位是如何制定劳动规章制度的：事先张贴出来征求职工意见

1. 是 51.1%
2. 不是 21.9%
3. 不知道 27.1%

C08F. 您的工作单位是如何制定劳动规章制度的：先实行再根据职工意见修改

1. 是 43.9%
2. 不是 27.4%
3. 不知道 28.8%

C09. 您对“职工参与单位管理”的看法（限选三项）

1. 是职工应当享有的权利 79.7%
2. 有利于促进单位的发展 77.3%
3. 有利于维护职工利益 82.2%
4. 那是少数人的事情 5.5%
5. 实际作用不大，多是走形式 15.2%
6. 会增加单位的成本 3.9%
7. 单位领导不太可能真正让职工参与管理 12.4%
8. 职工只要干活挣钱，没必要参与单位管理 5.0%

C10. 您目前所在单位是否开展了工资集体协商（选 2、3 者跳至 C14 题）

1. 开展了 30.8%
2. 没有开展 41.7%
3. 不知道 27.6%

C11. 您觉得工资集体协商在维护职工权益方面发挥的作用如何

1. 非常有效 49.9%
2. 比较有效 32.5%
3. 一般 13.2%
4. 不太有效 3.0%
5. 没有效果 1.4%

C12. 在最近的一次工资集体协商中，单位行政方表现如何

1. 积极协商 84.2%
2. 只是做表面功夫，没有协商的诚意 3.5%
3. 反对协商，最后在工会的坚持下被迫参加协商 0.7%
4. 不清楚 11.7%

C13. 在最近的一次工资集体协商中，单位工会表现如何

1. 尽力为职工争取利益 83.8%
2. 没有尽到自己的责任，只是应付上级要求 2.8%
3. 虽然很努力为职工争取利益，但不懂协商技巧，该争取的争取不到 2.4%

4. 不清楚 10.9%

C14. 您关心工作单位的前途和发展吗

1. 非常关心 57.3%
2. 比较关心 29.9%
3. 一般 10.4%
4. 不怎么关心 1.7%
5. 完全不关心 0.7%

C15. 您工作的单位关心您的个人利益和成长发展吗

1. 非常关心 31.3%
2. 比较关心 31.2%
3. 一般 28.4%
4. 不怎么关心 6.5%
5. 完全不关心 2.6%

C16. 您认为您所在单位经营管理者与普通职工之间的关系怎么样（选1、2者跳至C18题）

1. 很融洽 37.0%
2. 比较融洽 42.7%
3. 一般 18.0%
4. 不太融洽 1.8%
5. 很不融洽 0.5%

C17. 您认为单位经营管理者和普通职工关系不够融洽的主要原因是什么（限选三项）

1. 经营管理者不尊重职工 19.7%
2. 职工收入低 57.2%
3. 经常克扣拖欠工资 6.1%
4. 收入和福利待遇差距大 41.4%
5. 社会保险权益得不到落实 12.9%
6. 工作太累，经常加班 15.9%
7. 工作环境恶劣，存在安全和健康隐患 5.9%
8. 有些劳动争议没有得到及时解决 15.6%
9. 单位管理决策缺乏职工的参与，双方之间沟通较少 50.4%
10. 现在的职工不好管 16.3%
11. 其他 26.0%

C18. 您是工会会员吗（选3、4、5者跳至C22题）

1. 是，工会关系在现在的工作单位 60.8%
2. 是，但关系没有接转到现在的工作单位 2.3%
3. 单位有工会，但我没加入 13.6%
4. 不是会员，单位没有工会 12.6%
5. 不是会员，不知道单位有没有工会 10.6%

C19. 您是通过什么方式加入工会的

1. 书面申请 23.7%
2. 口头申请 3.4%
3. 网上申请 0.2%
4. 由单位组织统一加入工会 66.6%

5. 其他方式　1.9%
6. 记不清　4.2%

C20. 您是否参与过本单位工会委员会或会员代表的选举

1. 参与过　64.3%
2. 没参与过　24.9%
3. 记不清　10.9%

C22. 提到工会，您会想到哪些与工会联系最密切的关键词（限选三项）

1. 职工代表　63.2%
2. 涨工资　28.8%
3. 劳动合同　33.1%
4. 旅游、文体活动　22.5%
5. 劳保用品　12.2%
6. 单位领导　4.1%
7. 劳动模范　15.3%
8. 劳动和技能竞赛　11.9%
9. 慰问送温暖　35.8%
10. 福利补助　34.2%
11. 技术培训　11.4%
12. 调解争议纠纷　19.8%

C23. 您最希望单位工会开展或加强下列哪些方面的职工服务工作（限选三项）

1. 提高职工工资收入　79.3%
2. 开展职工职业技能培训　65.0%
3. 组织职工参与企业管理　33.8%
4. 调解劳动争议　23.0%
5. 心理咨询、婚姻家庭咨询等专业服务　12.8%
6. 职工子女教育托管等　18.2%
7. 组织职工开展劳动和技能竞赛、建功立业　28.3%
8. 养老照料等　17.2%
9. 其他　10.3%

C24. 您单位是否有职工文体活动场所（选 2、3 者跳至 C26 题）

1. 有　58.8%
2. 没有　31.5%
3. 不知道　9.7%

C25. 您是否愿意到单位的职工文体活动场所活动

1. 愿意，经常去　52.9%
2. 愿意，但没有时间去　40.5%
3. 不愿意，对那些活动不感兴趣　4.2%
4. 不愿意，上班太累　2.1%
5. 不愿意，不想浪费钱　0.3%

C26. 您对单位开展的职工文体活动是否满意

1. 很满意　30.2%
2. 比较满意　41.7%
3. 不太满意　9.4%
4. 很不满意　1.0%
5. 本单位没有开展文体活动　17.7%

D01. 您目前的住房情况

1. 自购住房，已付清房款 29.3%
2. 自购住房，在还房贷 28.2%
3. 在外单独租房居住 6.9%
4. 在外与别人合租居住 2.4%
5. 住单位宿舍 8.4%
6. 住父母家 18.2%
7. 住亲戚家 0.7%
8. 政府提供的廉租房、公租房 0.8%
9. 住工棚 0.2%
10. 其他 4.8%

D02. 未来1年，您是否有买房的打算

1. 有买房的计划 13.9%
2. 房价太高，暂时不会买房 26.6%
3. 由于政策限制不能买房 1.5%
4. 按目前的收入和房价，买不起房 27.6%
5. 没有买房的需要 30.3%

D06. 您家庭现在的总体收支状况

1. 能攒下一些钱 18.7%
2. 收入够用，有少量结余 35.6%
3. 花销较大，基本月光 38.4%
4. 花销太大，还欠了债 7.3%

D07. 现在的物价对您的生活影响大吗

1. 影响很大 62.3%
2. 有一点影响 34.0%
3. 基本没影响 3.6%

D08. 与5年前相比，您家庭的生活水平有何变化

1. 有很大提高 11.9%
2. 有所提高 54.9%
3. 没什么变化 21.6%
4. 有所下降 9.2%
5. 有很大下降 2.3%

D09. 您家的家庭成员之间的关系和氛围如何（未婚者填与父母家庭的情况）（选1者跳至D11题）

1. 和睦融洽 75.3%
2. 比较融洽，偶有矛盾 22.4%
3. 有些矛盾，关系一般 1.8%
4. 矛盾重重，关系冷淡 0.4%

D10. 容易引发您家的家庭矛盾的主要原因有（限选三项）

1. 家庭收入较低，生活困难 51.4%
2. 财务管理分歧 25.5%
3. 夫妻性格不合 20.1%
4. 出轨问题 2.0%
5. 一方很少分担家务劳动 26.4%
6. 子女教育分歧 48.2%
7. 赡养老人压力 25.3%
8. 婆媳等关系不合 15.2%
9. 其他 42.0%

D11. 您觉得美好和谐的“家庭、家教、家风”主要包括以下哪些方面（限选三项）

1. 夫妻和睦 90.2%
2. 教子有方 53.2%
3. 孝老爱亲 80.5%
4. 勤俭持家 28.2%
5. 邻里友善 16.2%
6. 诚信明礼 13.2%
7. 爱岗敬业 5.6%
8. 爱国守法 5.4%
9. 热心公益 2.0%
10. 其他 1.8%

D12. 您是否有子女在上学（包括幼儿园）（选 2 者跳至 D14 题，选 3 者跳至 D15 题）

1. 有子女在上学 56.7%
2. 有子女，没在上学 15.5%
3. 没有子女 27.8%

D13. 您在子女教育方面（包括幼儿园）面临的最主要问题是

1. 教育费用太高 46.6%
2. 没时间管教、陪伴 22.8%
3. 缺少科学教育方法 13.0%
4. 择校困难 4.0%
5. 学校教育质量不好 4.5%
6. 上下学的安全 4.5%
7. 没地方上学 0.4%
8. 其他 4.3%

D14. 您是否有生育二胎的打算

1. 已经有二孩 22.1%
2. 正在计划中 10.0%
3. 短期内不考虑 18.3%
4. 不打算生 49.6%

D15. 您感觉生活有压力吗（选 3 者跳至 D17 题）

1. 压力很大 41.7%
2. 有一定的压力 49.8%
3. 没什么压力 8.5%

D16. 您认为下列哪些问题让您感到压力最大（限选三项）

1. 就业难 12.1%
2. 工作不稳定 11.8%
3. 收入低 62.3%
4. 看病就医费用高 45.1%
5. 子女教育 41.9%
6. 养老 21.8%
7. 房价越来越高 44.7%
8. 社会保障待遇差 16.9%
9. 升职机会少 10.0%
10. 掌握技能不能满足工作需要 8.4%
11. 劳动时间长、强度大 5.3%
12. 与单位领导关系差 0.5%
13. 其他 8.9%

D17. 当您遇到困难和问题时，您倾向于找谁帮忙解决（限选三项）

1. 党组织 12.7%
2. 政府 17.1%

3. 工会 30.0%
4. 司法部门 7.3%
5. 单位领导 34.5%
6. 亲朋好友 76.8%
7. 社区组织 8.6%
8. 专业机构 11.1%
9. 媒体、网络求助 10.5%
10. 联合有相似经历的人共同解决 10.5%
11. 默默忍受 22.9%
12. 其他 27.2%

D18. 您如何评价自己的心理健康情况

1. 很好 27.5%
2. 比较好，善于自我调整 42.6%
3. 一般，有时会有情绪困扰 23.3%
4. 不太好，经常有情绪困扰 4.5%
5. 不好，可能有点儿疾病倾向 0.9%
6. 说不好 1.3%

D19. 您最喜欢的业余休闲活动有哪些（限选三项）

1. 读书看报 38.6%
2. 进修培训 10.6%
3. 电影、电视 52.6%
4. 唱歌、跳舞 11.2%
5. 上网 27.5%
6. 观看演出 5.3%
7. 运动健身 36.7%
8. 逛街、购物 19.4%
9. 打牌、下棋 9.6%
10. 打游戏 6.4%
11. 喝酒、聚会 10.0%
12. 旅游 32.2%
13. 做志愿服务 3.7%
14. 睡觉 16.5%
15. 其他 9.1%

D20. 您了解新闻、获取信息的主要渠道是（限选两项）

1. 新闻网站 57.7%
2. 广播电视 32.1%
3. 报刊 7.5%
4. 亲友交流 7.4%
5. 微博、微信 58.5%
6. 手机资讯 APP 28.9%
7. 其他 3.7%

D21. 您平时上网，做得最多的是（限选三项）

1. 浏览新闻 72.2%
2. 开展工作 22.8%
3. 查阅资料 50.3%
4. 学习培训 14.3%
5. 聊天交友 25.5%
6. 休闲娱乐 32.6%
7. 网上购物 38.6%
8. 金融理财 5.1%
9. 获取生活、公共服务 12.0%

10. 发帖求助　0.8%
11. 其他　8.4%
12. 基本不上网　3.9%

D22. 如果离开互联网，您能否完成现在所从事的工作

1. 可以完成　42.7%
2. 只能完成部分　33.2%
3. 无法完成　15.1%
4. 说不好　9.0%

D23. 在日常生活中，您是否使用过下列移动互联网时代的产品或服务：

D23A. 网上购物

1. 经常用　45.6%
2. 偶尔用　41.5%
3. 没用过　12.8%

D23B. 网络约车、移动单车

1. 经常用　16.9%
2. 偶尔用　36.1%
3. 没用过　47.0%

D23C. 移动外卖

1. 经常用　16.2%
2. 偶尔用　39.7%
3. 没用过　44.1%

D23D. 移动支付

1. 经常用　50.0%
2. 偶尔用　33.8%
3. 没用过　16.2%

D23E. 互联网理财贷款

1. 经常用　8.0%
2. 偶尔用　18.1%
3. 没用过　73.9%

D23F. 电子书报杂志

1. 经常用　25.7%
2. 偶尔用　40.6%
3. 没用过　33.7%

D23G. 知识技能经验共享

1. 经常用　22.0%
2. 偶尔用　42.4%
3. 没用过　35.6%

D23H. 厨师、保洁等网约生活服务

1. 经常用　4.3%
2. 偶尔用　14.6%
3. 没用过　81.1%

D24. 在日常生活消费中，您最经常使用的支付方式是

1. 现金　46.6%
2. 储蓄卡　5.9%
3. 信用卡　11.3%
4. 通过支付宝、微信支付　33.3%
5. 其他第三方支付 APP　2.2%
6. 信用消费贷款（如京东白条等）　0.1%
7. 其他　0.6%

D25. 您是否从事过下列互联网新兴工作：（D25A 至 D25E 均选 3 或 4 者，跳至 D27 题）

D25A. 专兼职开网店、卖东西

1. 正在做　1.9%
2. 曾经做过　5.2%

3. 打算要做 9.5%
4. 没打算做 83.4%

D25B. 专兼职开快车、专车

1. 正在做 0.8%
2. 曾经做过 2.0%
3. 打算要做 5.0%
4. 没打算做 92.2%

D25C. 专兼职送快递、外卖

1. 正在做 0.5%
2. 曾经做过 0.8%
3. 打算要做 3.4%
4. 没打算做 95.3%

D25D. 专兼职做自媒体、公众号

1. 正在做 0.9%
2. 曾经做过 1.1%
3. 打算要做 4.3%
4. 没打算做 93.6%

D25E. 专兼职提供网约生活服务

1. 正在做 0.5%
2. 曾经做过 0.6%
3. 打算要做 3.5%
4. 没打算做 95.4%

D26. 您从事上述互联网新兴工作的情况如何

1. 工作较轻松，收入不错 11.2%
2. 工作很辛苦，收入不错 11.8%
3. 工作较轻松，收入一般 24.7%
4. 工作很辛苦，收入一般 20.6%
5. 说不清 31.7%

D27. 基于互联网技术快速发展的"共享经济"、"数字经济"等新业态，对您的就业有什么影响：

D27A. 对我所在的行业有较大冲击

1. 赞同 14.9%
2. 比较赞同 21.4%
3. 不赞同 19.6%
4. 说不好 44.0%

D27B. 对我的就业岗位有较大冲击

1. 赞同 11.3%
2. 比较赞同 19.7%
3. 不赞同 26.8%
4. 说不好 42.3%

D27C. 对我的就业观念有较大影响

1. 赞同 19.9%
2. 比较赞同 28.5%
3. 不赞同 15.1%
4. 说不好 36.5%

D27D. 给我带来更多的就业选择机会

1. 赞同 24.9%
2. 比较赞同 29.1%
3. 不赞同 10.2%
4. 说不好 35.8%

D27E. 给我带来更多的创业可能性

1. 赞同 25.2%
2. 比较赞同 29.0%
3. 不赞同 8.4%

4. 说不好 37.4%

D27F. 督促我加强学习，提升就业能力

1. 赞同 38.5%
2. 比较赞同 30.4%
3. 不赞同 3.8%
4. 说不好 27.3%

D28. 您是否参与过在网络上（网页、客户端、公众号、群等）开展的工会服务职工活动（选3者跳至D31题，选4者跳至D32题）

1. 经常参加 6.7%
2. 偶尔参加 20.7%
3. 有这些活动但我没有参加 23.9%
4. 没听说过 48.7%

D29. 您是通过什么渠道知道这些网上工会活动的

1. 单位要求参加 52.0%
2. 亲友同事口碑推荐 17.9%
3. 上网时无意发现 16.4%
4. 记不清 13.7%

D30. 您对参与过的网上工会活动的如下方面评价如何：（回答本题者跳至D32题）

D30A. 新颖度、吸引力

1. 很好 43.1%
2. 比较好 52.8%
3. 比较差 2.9%
4. 很差 1.1%

D30B. 网络参与便利程度

1. 很好 47.4%
2. 比较好 48.7%
3. 比较差 2.9%
4. 很差 1.0%

D30C. 带给职工的实惠力度

1. 很好 41.5%
2. 比较好 51.7%
3. 比较差 5.4%
4. 很差 1.5%

D30D. 界面友好、易用度

1. 很好 41.9%
2. 比较好 53.2%
3. 比较差 3.5%
4. 很差 1.4%

D31. 您没有参与这些活动的最主要原因是什么

1. 觉得麻烦浪费时间 15.0%
2. 活动没多大吸引力 19.9%
3. 带给职工的实惠不够 8.3%
4. 操作技术不太熟悉 24.1%
5. 参与活动还要收费 1.7%
6. 其他 31.0%

D32. 您觉得当前网络空间的整体环境如何

1. 处处都是正能量 9.3%
2. 大部分是正能量，少部分消极抱怨 65.0%
3. 大部分是消极抱怨，少部分是正能量 9.8%

4. 基本充斥着抱怨和吐槽 4.0%
5. 不清楚 12.1%

D33. 您在网络空间（论坛、博客、微博、朋友圈、群等）中的发言情况更倾向于哪种

1. 充满正能量 25.9%
2. 大部分是正能量，偶尔抱怨吐槽 33.0%
3. 抱怨吐槽为主，少部分正能量 2.3%
4. 基本都在吐槽，上网就是为了大胆说 1.6%
5. 看得多，说得少 29.6%
6. 平时很少上网 7.6%

D34. 您是否曾在网络空间中，对公共政策和经济社会情况发表一些自己的看法

1. 经常发表 2.2%
2. 有时发表 8.5%
3. 偶尔发表 16.2%
4. 只关注，不评论 54.0%
5. 不太关注 19.0%

D36. 您是否参加过现在居住的社区或村镇的活动

1. 经常参加 5.8%
2. 偶尔参加 27.0%
3. 没参加过 67.2%

D37. 您对现在的“雾霾”问题是否担心

1. 非常担心 51.2%
2. 比较担心 35.1%
3. 不太担心 13.8%

D38. 如果“雾霾”问题在短期内无法解决，您是否有改变生活环境的打算

1. 有，打算回老家或环境好的地方 17.0%
2. 有，打算移民国外 1.9%
3. 没有，但会加强防护 70.2%
4. 没有，觉得没什么大不了的 11.0%

D39. 您感觉您未来的生活会变得怎样

1. 会越来越好 69.9%
2. 不会有什么变化 4.8%
3. 会越来越难 6.7%
4. 说不清 18.7%

E05. 您对坚定不移推进全面从严治党、大力推进反腐倡廉的做法如何评价

1. 非常支持 81.7%
2. 比较支持 9.7%
3. 一般 2.8%
4. 部分支持 1.4%
5. 说不清 4.3%

E06. 您对“十三五”规划的目标怎么看

1. 规划目标切实可行 28.6%
2. 能让老百姓得到实惠 24.7%
3. 虽然对具体内容不很了解，但相信党和政府制定的目标是正确的 24.8%
4. 目标是好的，但落实起来很难，未必能实现 7.5%
5. 那是政府的事情，跟我们老百姓没啥关系 2.3%
6. 说不清 11.9%

E07A. 您是否能从“农村贫困人口实现脱贫，贫困县全部摘帽，解决区域性整体贫困”中获益

1. 能从中获益 46.6%
2. 不能从中获益 8.2%
3. 与自己关系不大 45.2%

E07B. 您是否能从“加快农业转移人口市民化”中获益

1. 能从中获益 38.5%
2. 不能从中获益 15.6%
3. 与自己关系不大 45.9%

E07C. 您是否能从“深入推进大众创业万众创新”中获益

1. 能从中获益 52.0%
2. 不能从中获益 8.1%
3. 与自己关系不大 39.9%

E07D. 您是否能从“产业迈向中高端水平”中获益

1. 能从中获益 55.4%
2. 不能从中获益 7.8%
3. 与自己关系不大 36.8%

E08. 您认为目前的社会总体上是否公平（选 1、2 者跳至 E10 题）

1. 很公平 10.8%
2. 比较公平 57.3%
3. 不太公平 26.7%
4. 很不公平 5.3%

E09. 您认为社会不公平主要体现在以下哪些方面（限选三项）

1. 收入分配不公平 65.8%
2. 社会保障待遇不公平 42.6%
3. 富二代、官二代特权 40.5%
4. 教育资源分配不公平 35.5%
5. 弱势群体得不到帮助 32.0%
6. 贪污腐败 34.9%
7. 普通群众没有表达意见的机会 24.6%
8. 年轻人没有发展机会 8.6%
9. 其他 7.2%

E10. 您认为和以前相比，现在人们的道德水平有何变化

1. 有所提高 64.6%
2. 没什么变化 9.4%
3. 有所降低 17.7%
4. 说不清 8.3%

E11. 如果路上碰到老人摔倒，您会不会去扶

1. 会，有困难就要帮 37.0%
2. 会，但要证明不是我的责任 45.4%
3. 不敢扶，担心被赖上 15.5%
4. 不会 2.0%

E12. 您如何看待学习雷锋

1. 雷锋是我们学习的楷模，人人都应该向他学习 55.9%
2. 雷锋精神固然很好，但不是人人都能做到 35.9%
3. 学习雷锋多是走个形式，实际作用不太大 5.2%
4. 现在是市场经济时代，学习雷锋可能要吃亏的 3.0%

E13. 您对近年来工人社会地位的变化怎么看（选 1、2、3、6 者跳至 E15 题）

1. 有很大提高 23.9%
2. 有所提高 42.8%
3. 没有变化 13.3%
4. 有所下降 8.3%
5. 有很大下降 3.1%
6. 说不清 8.6%

E14. 您认为工人社会地位下降的主要原因是什么（限选三项）

1. 政府的政策落实得不好 27.2%
2. 工人的工作大多是苦、脏、累 46.9%
3. 工人的就业岗位不稳定 46.5%
4. 工人的收入水平偏低 70.9%
5. 工人没有发言权，民主权利得不到保障 33.2%
6. 政府中没多少人代表工人说话 24.8%
7. 人大代表、政协委员中没多少工人 18.8%
8. 新闻媒体对工人的贡献价值宣传太少 13.4%
9. 其他 8.9%

E15. 您是否认同“靠劳动能过上富裕的生活”

1. 认同 47.6%
2. 比较认同 23.3%
3. 一般 9.6%
4. 不太认同 15.0%
5. 说不清 4.9%

E16. 您怎么看待劳动模范

1. 劳模是工人学习的榜样 52.7%
2. 当劳模付出太多，奉献太大 4.9%
3. 大部分劳模能起到模范作用，带动职工努力工作、作出贡献 25.2%
4. 身边有些人也很优秀，但由于名额少等原因当不上劳模 9.2%
5. 说不清 8.1%

E17. 您希望自己成为劳动模范吗（选3、4者跳至E19题）

1. 我就是劳动模范 4.0%
2. 希望成为 64.2%
3. 不希望 5.8%
4. 没想过 26.0%

E18. 您希望成为劳动模范的最主要原因是

1. 收入更高，还有津贴 9.6%
2. 是对自己工作的肯定 63.5%
3. 社会地位更高 2.5%
4. 可以激励更多劳动者，通过努力劳动改善生活 19.1%
5. 能给家里增光 1.0%
6. 可以代表工人说话，帮他们做更多事情 4.3%

E19. 您对“工匠精神”是如何理解的（限选三项）

1. 精益求精、追求卓越，敬业奉献、开拓创新 87.4%
2. “工匠精神”在市场经济背景下有点过时 13.7%
3. “工匠精神”是我国实现从制造大国向制造强国转变过程中需要努力培育传承的 66.4%
4. 发扬“工匠精神”要耗费太多时间、精力和成本，差不多就可以了 5.9%
5. “工匠精神”是弘扬劳模精神、劳动精神的重要体现 53.9%
6. 为了追求效益，大部分企业在生产过程中不太具备“工匠精神” 12.4%
7. 现在中国比较缺乏，但“工匠精神”很有必要 34.8%
8. 没听说过 4.7%

E20. 总的来说，您对您的生活是否感到满意

1. 很满意 16.5%
2. 比较满意 51.1%
3. 一般 27.7%
4. 不太满意 3.8%
5. 很不满意 0.9%

编者后记

为庆祝改革开放四十周年，我们组织编写了《改革开放四十年中国职工状况丛书》，包括《中国工人阶级四十年（1978—2018）》《中国职工状况调查报告（1978—2018）》《中国职工状况调查数据（1978—2018）》《中国职工状况调查个案（1978—2018）》四种。该丛书系统回顾了改革开放四十年来中国工人阶级走过的光辉历程，悉心刻画了中国工人阶级时代肖像，全景展现了中国工人阶级与改革开放同行的伟大历程和共同命运，是新时代社会各界和读者大众了解中国工人阶级历史的重要读物。书中所涉文件、资料等截止时间为2018年5月，为体现时代特点，书中有关提法基本保持原貌。

参与本书编辑的人员有（按姓氏笔画为序）：马惠珺、王娇萍、冯永光、吕国泉、伍德道、闫宇平、阳万雄、杜德军、李羿、李跃平、李睿祎、步志昊、时银龙、吴斌、邹广子、张广、张泽、张龙龙、张妍延、张倩颖、逄国君、夏邑、徐田成、陶志勇、常品超、赖金金、廖枢权、戴文宪。

在丛书编写过程中，我们学习借鉴了大量有关中国工运史方面的研究专著、文章，党政机关、工会组织和科研教学机构专家学者的研究成果，限于篇幅不一一列举，特此说明和致谢。在此，我们向为丛书出版提供指导帮助的各位领导、专家学者一并表示谢忱。

丛书内容涉及时间跨度较大，史料众多，一些观点尚未形成定论，加之编写者水平有限，难免存在不妥之处，敬请广大读者批评指正。

本书编辑组
2018 年 8 月